O Tarô na Arteterapia

E Sua Função Terapêutica por meio de Mitos e Contos para o Autoconhecimento

Elizabeth Merath Reis

O Tarô na Arteterapia

E Sua Função Terapêutica por meio de Mitos e Contos para o Autoconhecimento

MADRAS®

© 2023, Madras Editora Ltda.

Editor:
Wagner Veneziani Costa (*in memoriam*)

Produção e Capa:
Equipe Técnica Madras

Revisão da Tradução:
Ana Paula Luccisano
Jerônimo Feitosa

Revisão:
Ana Paula Luccisano
Neuza Rosa

Dados Internacionais de Catalogação na Publicação (CIP)
(Câmara Brasileira do Livro, SP, Brasil)

Reis, Elizabeth Merath
O tarô na arteterapia : e sua função terapêutica por meio de mitos e contos para o autoconhecimento / Elizabeth Merath Reis. -- São Paulo : Madras Editora, 2023.
Bibliografia.
ISBN 978-65-5620-064-4

1. Esoterismo - Tarô 2. Tarô - Cartas 3. Tarô - Uso terapêutico 4. Terapia holística I. Título.

23-164028   CDD-133.3

Índices para catálogo sistemático:
1. Tarô : Esoterismo 133.3
Eliane de Freitas Leite - Bibliotecária - CRB 8/8415

É proibida a reprodução total ou parcial desta obra, de qualquer forma ou por qualquer meio eletrônico, mecânico, inclusive por meio de processos xerográficos, incluindo ainda o uso da internet, sem a permissão expressa da Madras Editora, na pessoa de seu editor (Lei nº 9.610, de 19/2/1998).

Todos os direitos desta edição reservados pela

MADRAS EDITORA LTDA.
Rua Paulo Gonçalves, 88 — Santana
CEP: 02403-020 — São Paulo/SP
Tel.: (11) 2281-5555 – (11) 98128-7754
www.madras.com.br

Agradecimentos

Agradeço a Deus, às sincronicidades da existência, a todos os colaboradores, visíveis e invisíveis, e às pessoas que, de forma direta ou indireta, contribuíram para a concretização deste livro, possibilitando um trabalho coletivo de enorme riqueza de experiências interiores e exteriores no caminho da luz do autoconhecimento.

Agradeço também a todos os meus clientes, que confiaram em mim abrindo suas vidas e, assim, enriquecendo a minha.

Entre estes últimos, gostaria de agradecer especialmente ao querido amigo Claudio José Miranda, pela colaboração e pela paciência na supervisão e na revisão deste trabalho.

Dedicatória

Dedico este livro a todas as pessoas que, como eu, buscam o autoconhecimento no sentido de se tornarem colaboradoras na construção de um mundo mais humano, fraterno e saudável. E, principalmente, aos meus filhos, Vanessa e Igor, e ao meu neto Luan, fontes da minha inspiração.

Gostaria de fazer uma dedicatória especial à memória do meu querido e amado irmão, Antônio Carlos Merath Reis, de quem eu muito me orgulho por sua força, inteligência brilhante e grande espiritualidade.

Índice

Apresentação 8
Introdução 11
Breve História do Tarô e de Sua Função Terapêutica 16
Arteterapia e os Símbolos como Coadjuvantes no Processo
de Individuação 23
Arquétipos, Mitos e Contos 29
A Conexão do Tarô com a Arteterapia 34
O Caminho Simbólico da Individuação 39
A Jornada Arquetípica do Herói/Heroína por meio do Tarô ... 45
Resumo da Viagem 47
Leitura dos Arcanos Maiores 50
    O LOUCO – ARCANO 0 – O Primeiro Salto Quântico 50
    O MAGO – ARCANO 1 – O Mensageiro 57
    A SACERDOTISA – ARCANO 2 – Introspecção para um
    Trabalho de Autoconhecimento 65
    A IMPERATRIZ – ARCANO 3 – A Grande Mãe Universal 74
    O IMPERADOR – ARCANO 4 – O Pai – O *Animus* 83
    O HIEROFANTE – ARCANO 5 – O Mestre Espiritual
    – O Pontífice 90
    OS ENAMORADOS – ARCANO 6 – As Escolhas 99
    O CARRO – ARCANO 7 – A Iniciação 109
    A JUSTIÇA – ARCANO 8 – O Equilíbrio Cósmico 118
    O EREMITA – ARCANO 9 – O Velho Sábio 126
    A RODA DA FORTUNA – ARCANO 10 – Mudanças 134
    A FORÇA – ARCANO 11 – O Poder Pessoal (a Energia Vital) ... 142
O ENFORCADO – ARCANO 12 – A Entrega
    (o Sacrifício do Ego) 152
    A MORTE – ARCANO 13 – A Transformação 161

A TEMPERANÇA – ARCANO 14 – Integração
(A Alquimia Interior) 172
O DIABO – ARCANO 15 – O Lado Oculto da Psique,
a Sombra 184
A TORRE – ARCANO 16 – Destruição da Ordem Vigente 196
A ESTRELA – ARCANO 17 – A Visão Interior (Renovação) 208
A LUA – ARCANO 18 – O Inconsciente, a Intuição 218
O SOL – ARCANO 19 – A Consciência 229
O JULGAMENTO – ARCANO 20 – Além da Ilusão.
Discernimento. Renascimento 241
O MUNDO – ARCANO 21 – A Totalidade 250
O LOUCO RENASCIDO – ARCANO 22 – A Criança Divina.
Encontro com a Essência. O Salto Quântico 261
Conclusão 266
Referências Bibliográficas 270

Apresentação

Este livro diz respeito à parte teórica e a uma parte vivencial (colagem) do resultado de estudos, pesquisas e vivências arteterapêuticas junto ao Tarô. Está fundamentado nos pressupostos da psicologia simbólica e profunda de Jung, na sua teoria da sincronicidade, acrescida da minha experiência como arteterapeuta desde 2004, além de 23 anos como terapeuta holística e pesquisadora na área do autoconhecimento e com o Tarô.

Desde 2009, venho desenvolvendo um trabalho como criadora e facilitadora do curso "O Tarô Comparado para o Autoconhecimento: a Jornada Mítica do Herói". Esse curso teórico, prático e vivencial foi registrado na Biblioteca Nacional em 2012, sofrendo continuamente modificações e aperfeiçoamentos que resultaram na mudança de seu nome, em 2016, para "O Tarô na Arteterapia e a Jornada Terapêutica do Herói/Heroína"; em 2020, no livro intitulado *O Tarô na Arteterapia – E Sua Função Terapêutica Através dos Mitos e Contos para o Autoconhecimento* e, em 2022, ressurge, agora nesta obra em uma versão adaptada, para que os leitores possam conhecer parte desse nosso trabalho que, temos certeza, despertará seu interesse em aprofundá-lo.

Após anos de estudos, vivências e práticas com o uso do Tarô de forma terapêutica para o autoconhecimento e com a Arteterapia, desenvolvemos uma jornada teórica, prática e vivencial original que acontece por meio do fenômeno da sincronicidade que Jung percebeu como real e a descreveu como um princípio de conexões acausais. Em seu livro *Sincronicidade*, Jung nos traz a ideia de que não estamos separados totalmente do universo, tudo está conectado. E a ampliação da nossa consciência depende do mergulho dentro desse mundo não racional. Os símbolos são os facilitadores desse processo no desenvolvimento de sua linguagem, que é a raiz de todas as linguagens.

Dessa forma, pretendemos contribuir com uma visão mais ampla e profunda, permitindo a completa assimilação da importância desse trabalho de conhecer a si mesmo por intermédio do universo simbólico, psicológico e arquetípico das cartas do Tarô Mitológico e outros. A Arteterapia, com suas expressões criativas, é utilizada como veículo facilitador e esclarecedor de nossas dificuldades, traumas, conflitos e desencontros, assim como traz possíveis soluções para essas questões e descoberta de potenciais ainda ocultos.

Ao longo de todos esses anos, durante as reflexões, as práticas e as vivências em Arteterapia junto ao Tarô, chegamos à conclusão de que seu uso terapêutico poderia ser um valioso instrumento para a clínica arteterapêutica e para o autoconhecimento de modo geral, de forma eficaz e efetiva, possibilitando a transformação de velhos padrões arraigados.

Neste livro, abordaremos unicamente os 22 Arcanos Maiores ou segredos maiores, os quais expressam arquétipos universais e estão relacionados ao inconsciente coletivo, que são as experiências de vida coletiva de cada ser humano desde seu nascimento, bem como o inconsciente individual, os quais se inter-relacionam. Os Arcanos Menores serão objeto de um futuro livro.

Pelo estudo simultâneo dos 22 Arcanos Maiores de diferentes tipos de Tarôs (Mitológico, Rider-Waite e Marselha), percorreremos três fases no caminho da individuação, em que será explorado cada arquétipo contido nas figuras simbólicas e arquetípicas de mitos e contos, relativos a esses Arcanos.

Entre os Tarôs existentes, escolhemos um deles para fazer um estudo mais profundo: o Tarô Mitológico, com o auxílio do livro *Curso de Tarô e Seu Uso Terapêutico*, de Veet Pramad.[1]

Apesar de o Tarô de Marselha ser considerado um dos mais antigos à disposição, optamos por trabalhar preferencialmente com o Tarô Mitológico por causa de sua abordagem psicológica e junguiana, e dos arquétipos contidos nas figuras dos mitos gregos relacionados aos Arcanos Maiores e Menores. Por meio do exame e da análise desses mitos e contos (dentre vários outros) a eles relacionados e com o auxílio do simbolismo das cartas do Tarô, poderão nos ajudar em uma compreensão maior das nossas dificuldades, nos dando pistas

---
1. Publicado em língua portuguesa pela Madras Editora.

e *insights* para conhecermos melhor a nós mesmos, oferecendo possibilidades de superação dos desafios encontrados neste caminho de autorrealização.

Este nosso trabalho é um marco na história do Tarô e da Arteterapia, pois, pela primeira vez, une ferramentas poderosas para o autoconhecimento (Tarô, Arteterapia, mitos e contos), cuja raiz é o símbolo, fornecendo um mapa e um guia para encontrarmos nosso tesouro interior ou *Self*.

Boa viagem!

Introdução

"Conhece-te a ti mesmo e conhecerás o Universo e os Deuses."
(Frase escrita no pórtico do templo de Delfos)

O que percebemos durante o processo de evolução do ser humano, desde os tempos imemoriais até os dias atuais, é que o homem moderno, ao longo dos anos e do desenvolvimento de sua personalidade ou ego, foi perdendo gradativamente o contato com seu eu interior, afastando-se da natureza e de uma vida mais simples. Assim, foi se distanciando de sua verdadeira essência ou *Self*. Em busca de um sentido de vida, vislumbrou novos caminhos, que o puderam conduzir a um lugar dentro de si à procura de silêncio e centramento, a fim de ser capaz de escutar sua verdade e sabedoria interior. E, a partir desse estado, lançar-se em novas experiências e significados de vida e retornar à sua totalidade, religando-se à sua natureza essencial para se sentir pleno e realizado nesta existência, no aqui agora; e torna-se uma pessoa melhor para si mesmo e para o mundo, contribuindo para sua evolução e a do planeta.

Ao se falar de Tarô, penetramos no mundo simbólico, desvelando sentidos e apontando direções. Seu universo expressa arquétipos universais relacionados ao inconsciente coletivo e individual por meio de suas 78 lâminas. Essas cartas abordam temáticas específicas por intermédio de seus símbolos, mitos e contos associados a cada uma delas, sendo agentes condutoras do inconsciente nesta jornada arquetípica, retratando o processo simbólico de individuação em busca do encontro com o *Self*, também chamado de *imago Dei* ou imagem arquetípica de Deus dentro da psique humana.

Um dos conceitos básicos da psicologia analítica junguiana é o de arquétipo, que é um registro simbólico existente no inconsciente coletivo, constituído de padrões não individuais sobre imagens e símbolos universais presentes na história da humanidade e em todos os indivíduos.

Diferentemente de Freud, que definiu o inconsciente apenas como individual, moldado por experiências individuais, Jung reconhece também a existência do inconsciente coletivo, sendo uma camada mais profunda do nosso inconsciente.

O nascimento, a infância, a puberdade, a maturidade, a morte, etc. são considerados experiências psicológicas e arquetípicas, pois sempre iniciamos algo novo ou entramos em uma nova fase, e todos nós passamos por elas. A morte é tida como uma experiência arquetípica, pois todos nós morreremos um dia, e também psicológica, porque a vida muda e todos teremos de igualmente mudar e nos adaptar a uma nova fase. E, todas as vezes em que há um final de qualquer espécie, uma separação ou o fim de uma fase, há um sentido de morte, de mudança, mas, ao mesmo tempo, de transformação.

Da mesma forma, existem outros tipos de arquétipos, por exemplo: o arquétipo do herói, do pai e da mãe, do rei e da rainha, do velho sábio, da bruxa, da princesa e de tantos outros que mantemos em nosso inconsciente e nas mais diversas culturas humanas.

Aqui, encontramos o herói da nossa jornada na carta O Louco, na figura de Dionísio, o nascido duas vezes, que dentre outros vários significados, também simboliza nossa criança interior.

Podemos dizer que O Louco, o eterno aprendiz, é o saber inconsciente, o impulso que ainda não amadureceu; enquanto o Mago, o Arcano seguinte, é o guia de O Louco (o pontífice, aquele que faz a ponte), sua parte consciente que vai lançar luz sobre suas partes sombrias (inconsciente), acessando seus recursos internos que o auxiliarão na jornada, oferecendo orientação. Assim, O Louco vai aprendendo a lidar com suas emoções e a canalizar sua energia instintiva para uma ação, em direção aos seus objetivos, no sentido de uma crescente autonomia, adquirindo sabedoria e iluminação.

As cartas O Louco, O Mago, A Sacerdotisa, A Imperatriz, O Imperador, O Hierofante, Os Enamorados e O Carro simbolizam fases da nossa infância e adolescência, dentre outras leituras.

Como podemos perceber, todas as cartas ou lâminas do Tarô têm suas especificidades, leituras simbólicas e significados. E cada carta desse caminho fala também de processos internos com os quais nos deparamos nesta jornada de autoconhecimento.

Este nosso livro, apesar de recorrer às cartas do Tarô Mitológico (que não utiliza numeração), a seus mitos correspondentes e à parte de sua fundamentação teórica, utiliza-se da numeração e da sequência tradicional da maioria dos Tarôs. Outro diferencial é que reintroduzimos o Arcano 0 no final da viagem depois da carta do Mundo, Arcano XXI (que retrata a completude, inteireza e maturidade), agora como Arcano XXII, ou seja, O Louco Renascido. Este simboliza o segundo nascimento de Dionísio, citado no mito, que ocorre quando ele se descola da *persona* e dá um salto quântico no desconhecido. Dessa forma, ele poderá renascer para novas possibilidades, para experienciar novos cenários, criando novas histórias, sendo cocriador da sua própria narrativa de vida.

A partir de uma abordagem junguiana, dos arquétipos contidos nas imagens dos 22 Arcanos Maiores do Tarô Mitológico e de seus mitos gregos correspondentes, representados em suas figuras e histórias, bem como dos contos de fadas a eles relacionados, iniciaremos nossa jornada em busca da nossa totalidade, a qual Jung deu o nome de individuação que, para ele, era o objetivo principal de nossas vidas.

Além do Tarô Mitológico, também utilizamos os seguintes Tarôs auxiliares: Marselha e Rider-Waite. Nosso foco será na comparação dos diversos símbolos contidos nas imagens dos referidos Tarôs.

Esse trabalho é, na realidade, uma jornada mítica da alma em busca da transcendência. A alma que realiza essa viagem está representada na figura do Arcano 0, O Louco, nosso herói que representa todos nós, seres humanos, que têm um enigma a decifrar e uma tarefa a cumprir: a de saber "quem é" e "qual é sua verdadeira missão no mundo". Para tal intento, necessita enfrentar uma série de desafios até chegar ao cerne da questão, nesse processo de individuação que vai lhe permitir adquirir conhecimento para responder às questões propostas por sua realidade e às de sua alma, sintonizado com sua voz ou orientação interior.

Cada fase da viagem corresponde a sete cartas dos Arcanos Maiores, sendo que o Arcano 0, O Louco, é, ao mesmo tempo, aquele que antecede o Arcano 1, O Mago, e aquele que vem depois do último Arcano de número 21, O Mundo, reaparecendo como Arcano 22, O Louco Renascido.

O curso/jornada que intitulamos: "O Tarô na Arteterapia e a Jornada do Herói/Heroína para o Autoconhecimento", que temos aplicado nestes últimos anos, é um processo que lapida a alma nesse percurso simbólico de individuação. A jornada é feita em dois módulos. Cada um tem uma descrição detalhada dos 22 Arcanos Maiores, incluindo aquele que seria a vigésima terceira carta, e dos 56 Arcanos Menores, com uma parte teórica e outra prática e vivencial (com abordagem junguiana e transpessoal), em que exploramos os mitos e os contos relativos a cada um dos Arcanos, noções de simbolismo, incluindo exercícios de relaxamento, de meditação, de imaginação dirigida com práticas arteterapêuticas, bem como exercícios aplicados para o autoconhecimento, direcionados para cada uma dessas cartas, que irão ajudar em um entendimento maior do símbolo e de si mesmo. No primeiro módulo, após a confecção das 23 lâminas, relativas aos Arcanos Maiores, com materiais expressivos diversos – por exemplo: pintura, desenho, colagem, bordado, etc.–, deixando o fluxo criativo correr livremente, temos como resultado a construção do Tarô Pessoal de cada participante, no qual surgirá a história individual ou mito pessoal de cada um, além de uma nova biografia e compreensão, a fim de renovar-se voltando para si mesmo e para a fonte original do seu ser. No segundo módulo, com os Arcanos Menores, trabalhamos da mesma forma, explorando os quatro elementos da natureza do homem (terra, água, ar e fogo), tanto interna quanto externamente.

> **Observação:** Neste livro só apresentaremos dois exemplos de atividades expressivas, a colagem e a escrita criativa. Os outros recursos plásticos da parte prática e vivencial, por enquanto, estão restritos ao nosso curso/jornada terapêutica "O Tarô na Arteterapia e a Jornada do Herói/Heroína para o Autoconhecimento" que, posteriormente, será apresentada em outro livro.

Escolhemos a colagem por se tratar de um importante recurso expressivo muito utilizado na arteterapia. Ela nos permite uma coleta de dados significativa por se tratar de um procedimento simples, e, ao mesmo tempo, mostra-se em sua complexidade auxiliando no processo de autoconhecimento. A colagem é uma das vertentes norteadoras do processo terapêutico e de fácil acesso que facilita ao paciente/cliente uma maior capacidade de se expressar sem julgamento. Pois existem pessoas que demonstram dificuldades no uso de determinados materiais plásticos como pintura, desenho, escultura, etc. A colagem é uma prática agradável e prazerosa, feita de recortes de revistas, papéis coloridos, fotos, objetos, etc., não exigindo grandes habilidades. É uma prática estruturadora, integradora e organizadora da psique e muito recomendada, principalmente em um primeiro contato com esse universo arteterapêutico, dado sua aplicabilidade e diversidade rica em possibilidades.

A escrita criativa é um recurso terapêutico intuitivo feito de maneira espontânea, por meio de um diálogo interno silencioso, em que escrevemos para termos maior compreensão a respeito de nós mesmos. Na arteterapia, é muito utilizada para dar formas às imagens do inconsciente, unindo seus fragmentos para que se tornem conscientes por meio das palavras, tornando mais claro seus significados.

Breve História do Tarô e de Sua Função Terapêutica

Podemos dizer que o Tarô voltado para o autoconhecimento é como um grande mosaico em que todas as peças se encaixam para formar uma história da evolução do ser humano em um todo harmônico, no qual cada peça ou Arcano nos conta uma parte dessa história. Como foi dito, o Tarô adentra o mundo simbólico, e aciona o que precisa ser acessado e vivenciado, para que a comunicação entre o consciente e o inconsciente flua de maneira natural.

O Tarô é um espelho do pensamento inconsciente, sendo que cada um dos arquétipos contidos em suas cartas é uma mensagem da mente universal. Essa linguagem simbólica lança mão de duas fontes de simbologia: números e imagens. Ao analisarmos as cartas do Tarô, devemos considerar o conceito de sincronicidade de Jung, que representa uma dinâmica do inconsciente para trazer à tona uma percepção, que nos toca de forma profunda. A sincronicidade é o mecanismo que explica o funcionamento dos Tarôs, e podemos relacioná-la àquelas "coincidências" que não podem ser explicadas como meras casualidades. Entretanto, estabelecem algum tipo de correspondência entre as imagens interiores e os eventos exteriores para percebermos a mensagem que a vida está nos mostrando.

Para Jung, a sincronicidade, portanto, "significa, em primeiro lugar, a simultaneidade de um estado psíquico com um ou vários acontecimentos que aparecem como paralelos significativos de um estado subjetivo momentâneo e, em certas circunstâncias, também vice-versa" (JUNG, 2014, p. 35).

Como foi dito por Jung, as coincidências não existem, o que há são sincronicidades. Se dois eventos acontecem sem uma causa específica e carregam um significado pessoal, isso é sincronicidade, ou seja, é o universo que está querendo dizer alguma coisa, estabelecendo conexões significativas do ponto de vista psicológico e também espiritual. Observando as "coincidências" da vida, podemos perceber a mensagem que ela está nos enviando para nosso crescimento.

Jung nos traz, por meio do conceito de inconsciente coletivo, uma visão de que não estamos totalmente separados do universo, mas de que tudo está conectado: o que está fora está dentro e vice-versa; e o que está em cima está embaixo e vice-versa. A ampliação da nossa consciência depende desse mergulho dentro desse mundo não racional, penetrando nas camadas mais profundas do inconsciente constituídas de padrões universais: os instintos e os arquétipos.

Podemos dizer que o comportamento do ser humano é arquetípico, guardado no inconsciente coletivo como herança arcaica da humanidade. E que os arquétipos, segundo Jung, são possibilidades herdadas para representar imagens similares a esses comportamentos humanos, sendo maneiras instintivas de imaginar e também matrizes arcaicas, em que configurações análogas ou semelhantes tomam forma. Podemos citar como exemplos de arquétipo as experiências mais básicas e universais da humanidade, pelas quais em algum momento da vida passaremos: nascimento e morte, casamento e separação, maternidade e paternidade, as escolhas, as mudanças, etc., simbolizando o processo de desenvolvimento e ampliação da consciência do ego atuando nas profundezas da psique nas etapas do processo de desenvolvimento humano, conduzindo à nossa totalidade.

Para Nise da Silveira (1997, p. 69): "A noção de arquétipo, postulando a existência de uma base psíquica comum a todos os seres humanos, permite compreender por que em lugares e épocas distantes aparecem temas idênticos nos contos de fadas, nos mitos, nos dogmas e ritos das religiões, nas artes, na filosofia, nas produções do inconsciente de uma forma em geral – seja nos sonhos de pessoas normais, seja em delírios de loucos".

Jung (2000, p. 17) diz que: "O arquétipo representa essencialmente um conteúdo inconsciente, o qual se modifica através de sua conscientização e percepção, assumindo matizes que variam de acordo com a consciência individual na qual se manifesta".

Dessa forma, podemos dizer que o inconsciente e o consciente coexistem em profundo estado de interdependência, e que o bem-estar de um é impossível sem o bem-estar do outro. Para uma nova visão significativa da consciência, é necessário que esta seja renovada e ampliada, à medida que a vida nos exige que assim seja. E isso é possível pela manutenção de suas linhas não racionais de comunicação com o inconsciente coletivo. O Tarô, com suas imagens arquetípicas, propicia esse diálogo, essa ponte, a fim de que os conteúdos inconscientes e os *insights* se manifestem, para que a pessoa perceba a ação dessa energia arquetípica nesses conteúdos e na sua vida. Assim, a sombra, os medos e as dádivas do arquétipo, por meio da imagem arquetípica, vão emergindo, mediante os conteúdos inconscientes, para serem integrados pela consciência, esclarecendo as questões que surgem em nossas vidas, sendo possível extrair conselhos de sabedoria que vão ao encontro de nossa condição do momento, nos dando orientação de como agir de maneira assertiva.

"Por esse motivo, Jung dava grande valor a todos os caminhos não racionais ao longo dos quais o homem tentara, no passado, explorar o mistério da vida e estimular seu conhecimento consciente do universo que se expande em sua volta em novas áreas de ser e conhecer. Esta é a explicação do seu interesse pela astrologia e é também a explicação da significação do Tarô. Ele reconheceu de pronto que o Tarô tinha sua origem e antecipação em padrões profundos do inconsciente coletivo, com acesso a potenciais e maior percepção à disposição desses padrões. Era outra ponte não racional sobre o aparente divisor de águas entre o inconsciente e a consciência, para clarear noite e dia o que deve ser o crescente fluxo do movimento entre a escuridão e a luz" (NICHOLS, 1988, p. 16).

Podemos utilizar o Tarô de duas maneiras diametralmente opostas e excludentes: uma está relacionada ao jogo adivinhatório ou futurológico que pretende conhecer o futuro; e a outra forma é usar o Tarô de modo terapêutico para o autoconhecimento, procurando a transformação do homem no presente, no aqui e agora. E qual seria a diferença marcante e relevante entre as duas maneiras? O discernimento e a responsabilidade. O jogo adivinhatório coloca a responsabilidade fora, no mundo externo, nas situações e no outro, submetendo os seres humanos à condição de escravos do ego; nunca irão se libertar do falso eu, ficando à mercê da própria sorte e do infortúnio, amarrados no emaranhado de seu pseudodestino, sem consciência, liberdade e responsabilidade sobre suas ações. Já o Tarô utilizado de forma terapêutica, com sua visão direcionada para o autoconhecimento, nos coloca totalmente responsáveis pela vida que levamos e pelas escolhas que fazemos. Desse modo, abstemo-nos de querer mudar o outro, mudando somente a nós mesmos, colocando a felicidade e a prosperidade em nossas próprias mãos, segurando firmes as rédeas da vida para conduzi-la à supraconsciência, a qual também pode ser chamada de Eu Superior, que não foi contaminado por manipulações, chantagens e expectativas alheias, seja da família, seja da sociedade, impedindo a pessoa de ser verdadeira e original.

"As 22 cartas dos Arcanos Maiores do Tarô consistem em uma série de imagens que retratam diferentes estágios de uma jornada. Esta é uma das viagens familiares de muitos mitos, lendas e contos de fadas, assim como de importantes ensinamentos religiosos. Trata-se da jornada de cada ser humano, desde seu nascimento, passando pela infância e o poder e a influência dos pais; a adolescência com seus amores, conflitos e contestações; a maturidade, com suas experiências cotidianas e os desafios éticos e morais, perdas e crises, desespero, transformações e o despertar de novas esperanças para, eventualmente, alcançar e realizar um objetivo – que, por sua vez, leva a outra jornada" (BURKE; GREENE, 2007, p. 23).

As cartas do Tarô são como pinturas artísticas, chamadas pela psicologia de detentoras de projeção. Trata-se de um processo inconsciente, autônomo, que enxergamos primeiramente nas pessoas, nos objetos, nos acontecimentos, nas características, nas tendências, nas potencialidades e nas deficiências que, na realidade, são nossas. Ou seja, projetamos no nosso exterior coisas que habitam nosso interior, e os Arcanos funcionam como detentores dessa projeção por meio de suas imagens arquetípicas, as quais representam simbolicamente forças instintuais que operam de forma autônoma nas profundezas da nossa psique, isto é, os chamados arquétipos.

Como Nichols diz, a viagem do Tarô é, acima de tudo, uma viagem às nossas próprias profundezas. "As cartas do Tarô, que nasceram num tempo em que o misterioso e o irracional tinham mais realidade que hoje, trazem-nos uma ponte efetiva para a sabedoria ancestral do nosso eu mais íntimo. E uma nova sabedoria é a grande necessidade do nosso tempo – sabedoria para resolver nossos problemas pessoais e sabedoria para encontrar respostas criativas às perguntas universais que a todos nos confrontam" (NICHOLS, 1988, p. 18). Portanto, o Tarô não é arte divinatória, mas a sequência da história humana, bem como uma viagem de autodescoberta.

O Tarô faz parte das práticas milenares dos espiritualistas, servindo de fonte de consulta e de orientação mediante o simbolismo de cada carta. Por meio desses símbolos, podemos perceber que as imagens representam manifestações similares de momentos e situações da nossa vida real, sendo possível extrair um conselho de sabedoria para esses instantes numa tiragem de cartas.

O Tarô é o veículo condutor que carrega a mensagem do inconsciente para o consciente, trazendo novas compreensões e perspectivas contextualizadas no nosso momento presente, cujo principal objetivo é levar o indivíduo a novos questionamentos a partir de um novo ponto de vista, elucidando uma situação. E, quando adquirimos grau maior de percepção, nos tornamos capazes de escolhas mais conscientes, nos apartando da multidão, sendo possível nos expressarmos de uma forma única, estando em contato direto com nossa essência. Nesse momento, deixamos de ouvir as vozes de fora para escutarmos nossa voz interior, que nos guiará pelo caminho da individuação. Nesse processo que desenvolvemos durante toda a nossa vida, tratamos dessa integração entre o consciente e o inconsciente, ou seja, daquilo que sabemos a respeito de nós mesmos e do mundo que nos cerca; e do que não sabemos, pois ainda está inconsciente.

Pelas cartas do Tarô, nos conectamos com a mente universal que está presente em todos os indivíduos, os chamados arquétipos do inconsciente coletivo; e com o consciente e o inconsciente de quem as manipula, por intermédio do processo de sincronicidade, quando dois ou mais eventos que não têm relação de causa e efeito entre si estabelecem uma correlação. Portanto, as cartas do Tarô são representações físicas e imagéticas de aspectos do nosso inconsciente pessoal e coletivo, possuindo o poder de revelar à pessoa que as consultar aspectos que ainda não foram observados, os quais ficaram escondidos dela, da situação e do momento que está vivendo.

Essa sabedoria milenar do Tarô, que está representada nas 78 lâminas, contém aquilo que os alquimistas chamavam de "retorno ao lar" ou a própria noção de quem somos verdadeiramente em essência. Podemos dizer que essas cartas são uma escada simbólica que nos conduz desde o céu até a terra e da terra de volta ao céu, nos fazendo retornar ao nosso verdadeiro lar, nossa consciência suprema, *Self* ou Eu Superior.

Muitos estudiosos afirmam que o Tarô surgiu no Egito antigo, talvez até antes, e que também estaria associado à Árvore da Vida da Cabala. Podemos afirmar que o Tarô descreve, por meio de figuras, aquilo que está expresso pelas 22 letras do alfabeto hebraico. Portanto, qualquer carta dos Arcanos Maiores do Tarô está também relacionada a essas 22 letras, que correspondem aos 22 caminhos que ligam as dez *Sephirot* e, juntos, são considerados os 32 Caminhos de Sabedoria da Cabala.

Apesar de a origem do Tarô ser considerada desconhecida, sua versão mais moderna surgiu em meados do século XV, sob a forma do Tarô de Marselha. Os ocultistas e os cabalistas veem o Tarô como uma chave dos mistérios, o segredo da real natureza do homem, do universo e de Deus.

Todos os principais estudiosos do Tarô da Antiguidade e da Modernidade reconheceram a importância de seu universo simbólico. Segundo Waite (*apud* PRAMAD, 2003, p. 48): "O verdadeiro Tarô é simbólico. Uma vez compreendido o significado oculto de seus símbolos, as cartas se transformam numa espécie de alfabeto que é capaz de um número infinito de combinações e faz sentido em todas elas. O Tarô incorpora as representações simbólicas de ideias universais, por detrás das quais estão todos os subtendidos da mente humana. É nesse sentido que o Tarô contém a doutrina secreta, que é a percepção, por uns poucos, das verdades encerradas na consciência de todos, muito embora elas não tenham sido reconhecidas claramente pelas pessoas comuns. Esta doutrina sempre existiu, foi idealizada na consciência de uma minoria, perpetuada, em segredo, de um iniciado para o outro e registrada nos livros secretos de alquimia e cabala".

Como podemos perceber, o Tarô é um misterioso e antigo simbolismo de tudo que somos, e por serem imagens arquetípicas, são atemporais e estão todas ativas em nós. A forma específica que as imagens podem assumir varia de cultura para cultura, de pessoa para pessoa, sendo que seu caráter essencial é universal.

Nichols (1988, p. 24) diz: "As figuras do Tarô estão sempre presentes em nossa vida de várias maneiras. À noite, surgem no sono, para nossa mistificação e pasmo. De dia, nos instigam à ação criativa ou fazem travessuras com nossos planos lógicos".

Podemos afirmar que o verdadeiro Tarô é uma viagem às nossas profundezas, que revela nossa vida interior com uma linguagem universal, símbolos, imagens e significados específicos, sendo um caminho secreto poderoso para a autodescoberta e a transformação pessoal.

Arteterapia e os Símbolos como Coadjuvantes no Processo de Individuação

A Arteterapia é uma das ferramentas que usamos em nosso curso/jornada terapêutica: "O Tarô na Arteterapia e a Jornada do Herói/Heroína para o Autoconhecimento", a fim de elucidar este percurso, pois se utiliza da arte como meio de trazer os conteúdos inconscientes para serem elaborados pela consciência por meio de suas representações simbólicas. Essa expressão da criatividade é realizada por diferentes modalidades expressivas, sendo uma facilitadora na decifração do mundo interno e do processo simbólico de individuação.

Como diz Philippini (2000, p. 13), precursora da Arteterapia no Rio de Janeiro: "As atividades artísticas utilizadas configurarão uma produção simbólica, permitindo o confronto e a gradual atribuição de significado a essas informações, vindas de níveis muito profundos da psique que pouco a pouco vão sendo apreendidos, elaborados e integrados pela consciência, através da amplificação de seus símbolos e de sua ressignificação".

Conforme já foi dito, a arte está presente em nossas vidas desde os primórdios da humanidade. Mas foi a partir do século XIX, com a descoberta do inconsciente por Freud, que a arte começou a ser utilizada em seu aspecto terapêutico, como uma forma de percepção e reconhecimento do que é significativo para o homem, dizendo respeito às suas experiências, tanto internas quanto externas.

Segundo Païne Jarreau (2001, p. 13): "Desde o final do século XIX, psiquiatras estão interessados nas produções plásticas dos alienados; eles facilitaram suas produções, colecionaram-nas e estudaram-nas. Entre eles podemos citar Mohr (1906), Simon (1876 e 1888) e, sobretudo,

Prinzhorn (1922). Paralelamente, pedagogos inovadores encorajaram a expressão criadora na criança, praticando os métodos de pedagogia ativa. Entre eles citamos Decroly, Freinet, Montessori, Rudolf Steiner".

A partir da sua teoria psicanalítica, Freud se interessou pela arte reivindicando a ideia de que o inconsciente se manifesta por intermédio de imagens, que transmitem significados mais diretos do que as palavras, pois escapam mais facilmente da censura da mente e do ego. Em suas observações, Freud percebeu que o artista pode simbolizar concretamente o inconsciente em sua produção artística, retratando os conteúdos do seu psiquismo em forma de catarse; despotencializando o afeto associado a uma experiência traumática; propiciando a integração do ego a essa carga energética; permitindo que ele exerça o controle em relação ao afeto.

Mas foi Jung o primeiro a utilizar a expressão artística em seu consultório, no século XX, recorrendo à linguagem expressiva por meio de desenhos livres, imagens de sentimentos, de sonhos e de situações conflituosas. Jung priorizava a expressão artística e a verbal como componentes de seu trabalho de cura. Para ele, a simbolização do inconsciente individual e coletivo ocorre na arte.

Para Philippini (2000, p. 51): "O fluxo de energia psíquica presente nestes mecanismos expressivos permite que a função transcendente reúna opostos psíquicos, criando conexões mais fluentes entre consciente e inconsciente".

Segundo Nise da Silveira, na qualidade da experiência psíquica, a imagem interna expressa nas criações artísticas será mesmo, em vários casos, muito mais importante do que as imagens de coisas do mundo externo.

Partindo dessas considerações relevantes, podemos afirmar que o indivíduo mediante seus processos expressivos, ou seja, manifestações do seu inconsciente, poderá entrar em contato com esses conteúdos conflitantes que provocam tais desequilíbrios internos e externos para torná-los conscientes, integrando-os à consciência, ressignificando-os, possibilitando sua superação, ativando seus núcleos sadios para uma vida mais saudável e plena de significado. A Arteterapia é uma excelente facilitadora da decifração desse mundo interno.

Os símbolos fazem parte desse caminho de autoconhecimento, facilitando a transformação. Eles alcançam dimensões em que nem as palavras, nem o conhecimento racional podem atingir. Atuam diretamente no eixo Ego-*Self*, ou Si-Mesmo, fazendo a conexão entre o complexo que acompanha a consciência (o ego) e o *Self* (inconsciente), que é o arquétipo da totalidade da psique ou alma humana, como denominou Jung. Portanto, o símbolo é a linguagem utilizada pela psique para fazer essa ponte, pois não podemos acessar o inconsciente diretamente, mas apenas por intermédio dos símbolos e das imagens simbólicas, que são linguagens do inconsciente.

Porém, o símbolo abarca uma parte que acessa a razão e outra que é irracional, oculta no inconsciente, sendo um elo e uma integração desses opostos (consciente e inconsciente) dentro da psique, contribuindo para a expansão da consciência. Esses pares de opostos (antinomia) e a possibilidade de integração (sizígia) levam à transcendência da dualidade.

Podemos dizer que a imagem simbólica condensa na totalidade a expressão de uma situação psíquica. Isso inclui tanto a consciência quanto o inconsciente, mostrando a relação desses dois sistemas, os quais estão interligados. Essa interligação, ao mesmo tempo objetiva e subjetiva, se associa interna e, também, externamente no que concerne à imagem. É possível citar como exemplo a imagem da mãe que internalizamos e a mãe real exterior.

A psicologia de Jung, também chamada de psicologia analítica ou simbólica, reconheceu a importância do papel determinante do mundo simbólico na psique humana. Em função disso, valorizou todos os métodos não racionais de comunicação, como o Tarô, a Astrologia, o I Ching, as Runas e outros meios de expressão não verbal. Na década de 1920, ele começou a utilizar a arte como parte de seu tratamento psicoterapêutico. Para Jung, os símbolos têm vida própria, e quando eles são utilizados pela mente racional, esta é conduzida a ideias que estão fora do alcance dessa sua parte racional.

Para Philippini (2000, p. 17): "A psicologia junguiana parte da premissa de que os indivíduos, no curso natural de suas vidas, em seus processos de autoconhecimento e transformação, são orientados por símbolos. Estes emanam do *self*, centro de saúde, equilíbrio e harmonia, representando para cada um o potencial mais pleno, a totalidade da psique e a essência de cada um. Na vida, o *self*, por meio de seus símbolos, precisa ser reconhecido, compreendido e respeitado".

Podemos concluir que o eixo Ego-*Self* ou Si-Mesmo é a via de comunicação entre o inconsciente e a consciência, que se realiza por meio dos símbolos unindo esses dois sistemas. Exercemos nossas funções psicológicas por esse eixo, e esse processo se dá por intermédio dos símbolos. Essa intermediação da atividade dos símbolos entre a consciência e o inconsciente nos ajuda nesse processo de individuação, pois o símbolo é a linguagem da psique que flui por esse eixo, propiciando essa comunicação.

Aniela Jaffé no livro *O Homem e Seus Símbolos* (1977, p. 232) diz que "a história do simbolismo mostra que tudo que existe pode assumir uma significação simbólica: objetos naturais (pedra, plantas, plantas, animais, homens, vales e montanhas, lua e sol, vento e, água e fogo) ou fabricados pelo homem (casas, barcos ou carros), ou mesmo formas abstratas (os números, o triângulo, o quadrado, o círculo). De fato, todo o cosmos é um símbolo em potencial".

Dessa forma, podemos concluir que essa inclinação do homem em dar uma significação simbólica a tudo que o cerca é uma predisposição natural da sua psique, implicando em uma necessidade de atribuir às coisas um valor psicológico e emocional, fazendo parte da estrutura intrínseca da natureza humana.

Para Philippini (2000, p. 19): "O símbolo tem uma função integradora e reveladora do eixo de Si-Mesmo (eixo Ego-*Self*) entre o que é desconhecido – inconsciente individual e coletivo – e a consciência. O símbolo aglutina e corporifica a energia psíquica, permitindo ao indivíduo entrar em contato com níveis mais profundos e desconhecidos do seu próprio ser e crescer com estas descobertas. O símbolo constelado com a ajuda dos materiais expressivos dinamiza e facilita a estruturação e transformação dos estados emocionais que lhe deram origem".

Podemos afirmar que a Arteterapia Junguiana parte do princípio de que a psique é autorreguladora, tendo uma tendência inata de se organizar, e que dentro de nós existe um movimento para que isso aconteça, no sentido de que sejamos nós mesmos e possamos usufruir ao máximo de nossa energia vital. Esse processo faz com que a pessoa perceba sua singularidade, facilitando a conexão do eixo Ego-*Self* (entre o complexo que comanda a consciência, o ego e o *Self* que representa a totalidade da psique), que se encontra no inconsciente. Segundo Jung, encontrá-lo e colocá-lo a nosso serviço é nosso objetivo de vida. E a arte possui todos os requisitos para facilitar esse processo arteterapêutico por meio de seus diversos materiais expressivos, abrangendo inúmeras possibilidades, estimulando a criatividade, procurando atender à singularidade daquele que está criando.

Grinberg (1997, p. 193) nos diz que: "Com o símbolo na consciência, o ego pode enxergar suas possibilidades e continuar seu caminho de crescimento e diferenciação, num movimento rítmico da consciência que regride/progride, regride/progride sem cessar [...]. Em cada indivíduo esse processo assume as mais variadas formas".

Para Jung, a atividade meramente pictórica, em si, não basta. Além dessas representações, é necessário compreendê-las intelectual e emocionalmente, a fim de integrá-las ao consciente e em sua vida prática.

Como podemos perceber, nas práticas da Arteterapia utilizamos uma gama de recursos expressivos como aliados do fazer artístico para trazermos o símbolo e decodificá-lo, despotencializando sua carga emocional, possibilitando sua reorganização interna e a construção de uma nova realidade.

"Um indivíduo encontra sua descrição mais profunda no símbolo [...]. Este não apenas descreve um ser individual, sua ontologia pessoal, mas o move na direção energética de sua elaboração. Encontramos nosso símbolo a partir do nosso mundo, e ele se torna o 'sinal' secreto de cada um, nossa personalidade simbólica" (BURTON *apud* GRINBERG,1997, p. 171).

Podemos dizer que o dinamismo do processo psíquico se desenvolve por meio de imagens simbólicas, sendo o símbolo fruto da energia psíquica objetivado pelas imagens que, para Philippini (2000, p. 19), "trazem para os indivíduos a possibilidade de conhecer, compreender, refazer, recuperar, rememorar, reparar estruturas e transcender"... A

Arteterapia é, portanto, uma importante aliada desse processo de evolução da consciência.

Silveira (2000, p. 71) nos diz: "O símbolo é uma forma extremamente complexa, nela se reúnem opostos numa síntese que vai além das capacidades de compreensão disponíveis no presente e que ainda não podem ser reformuladas dentro de conceitos". Para a autora, nem toda imagem arquetípica representa um símbolo, mas todo símbolo contém um fator determinante, a imagem arquetípica. Porém, para se construir o símbolo relativo a essa imagem, necessita-se de outros elementos para essa composição.

A Arteterapia inclui qualquer forma de expressão artística, por exemplo, a dança, o teatro, a música, etc., bem como a representação plástica por meio da pintura, do desenho, da colagem, da modelagem, da confecção de personagens, entre outros, sendo mediadora desses processos. Podemos considerá-la um campo interdisciplinar por natureza, que dialoga com diferentes linguagens e disciplinas, como a arte, a educação, a arte-educação, a psicopedagogia, a psicologia, a musicoterapia, a ludoterapia, etc., podendo ser desenvolvida em vários contextos terapêuticos, sociais e de saúde pública, promovendo bem-estar, lazer, crescimento pessoal e autoconhecimento.

Segundo Philippini (2000, p. 19): "Assim, através dos materiais gráficos, das tintas, das colagens, das variadas formas de modelagem, dos fios de tecelagem, dos papéis para dobradura, da confecção de máscaras, da criação de personagens, das miniaturas no tabuleiro de areia, de materiais naturais, como folha, flores, sementes, cascas de árvores, ou da aproximação e experimentação com elementos vitais, como água, ar, terra e fogo e inúmeras outras possibilidades criativas, surgirão os símbolos necessários para que cada indivíduo entre em contato com aspectos a serem compreendidos e transformados".

Arquétipos, Mitos e Contos

Diferentemente do modelo da psique usado por Freud, sintetizado na imagem de um *iceberg* em que a parte visível é o consciente e a maior parte, submersa, corresponderia ao inconsciente, o modelo junguiano utiliza-se metaforicamente da imagem de uma cebola, com várias camadas sobrepostas. A camada mais externa e superficial seria a consciência e as outras camadas mais internas, que estão em níveis mais profundos, seriam o inconsciente individual e o inconsciente coletivo, o qual está em uma camada mais profunda ainda.

Como nos lembra Grinberg, na camada mais externa desse conjunto que representa a consciência encontramos o ego, que é seu centro ordenador e, logo abaixo, numa camada intermediária, se localiza o inconsciente pessoal, formado pelos complexos (agrupamento de ideias de forte carga emocional) que afetam a consciência. Nas camadas interiores mais profundas, reside o inconsciente coletivo formado pelos arquétipos, que são padrões universais e determinantes do comportamento humano, da nossa existência, que independem da cultura, do lugar ou da época histórica. "Entre essas camadas ou 'sistemas dinâmicos' haveria uma constante interação e mudança" (GRINBERG, 1997, p. 67).

Em sua obra, Jung nos esclarece que o inconsciente se divide em dois níveis: o inconsciente pessoal ou psique subjetiva, que se refere aos conteúdos das experiências pessoais, e o inconsciente coletivo, que é a parte mais profunda da psique. Nessa última camada, está o que é comum a todos os seres humanos e não depende das experiências individuais. O inconsciente coletivo ou psique objetiva constitui-se dos conteúdos herdados da humanidade, os quais são comuns a todos os seres humanos, prontos para serem concretizados por meio das experiências reais. Esses conteúdos contêm padrões de comportamento coletivo que se manifestam em motivos mitológicos, e resultam de certas vivências fundamentais repetidas por milênios, de forma que estas ficaram gravadas no inconsciente. Podemos citar como exemplos as emoções e as fantasias suscitadas por fenômenos da natureza, experiências intrauterinas, relações iniciais entre mãe e filho, vivências sobre o poder do mais forte sobre o mais fraco, relações de irmandade, os encontros com o sexo oposto, vivências de situações limite em que o risco de vida é iminente, situações de aborto nas quais algo se inicia, mas não chega ao fim, entre outros. Essas formas que ficaram gravadas na psique humana. Em Jung (2000), os arquétipos seriam padrões hereditários do comportamento psíquico, que vêm estruturando a consciência coletiva através dos tempos.

Segundo os pressupostos da psicologia analítica de Jung, os contos de fadas e os mitos são expressões que existem para os acontecimentos interiores dos processos psíquicos do inconsciente coletivo, e podem ser trabalhados por meio de técnicas expressivas, podendo tornar esses processos inconscientes atuantes, dando oportunidade de integração com o *Self*, sendo um instrumento importante para o trabalho arteterapêutico. Para Jung, os mitos e os contos seriam uma metáfora para as atividades dos arquétipos. Essas imagens simbólicas e arquetípicas nos fornecem pistas para uma melhor compreensão dos processos que se passam na psique coletiva e também individual, sendo fatores de diferenciação progressiva da consciência.

Em seu livro *Os Arquétipos e o Inconsciente Coletivo*, Jung ressalta que o termo arquétipo (do grego *archetypus*) "fica, sem dúvida, mais claro quando se relaciona com o mito, com o ensinamento esotérico e com o conto de fada" (2000, p. 17). Para ele, o assunto fica complicado se tentarmos fundamentá-lo psicologicamente pelo fato de que os mitos são antes de tudo manifestações da essência da alma, algo que nos foi negado pelas abordagens materialistas de modo absoluto até nossos dias.

Na verdade, quando nos identificamos com uma história ou um personagem, na realidade é porque existem elementos naquela narrativa ou naqueles personagens que fazem parte de nós mesmos. São elementos da nossa personalidade, da nossa vida e das nossas histórias que, muitas vezes, não estão conscientes em nós, mas atuando de modo inconsciente. Dessa forma, as imagens, os personagens e situações vividas por eles nos chamam a atenção e não sabemos direito o motivo. Esse material é uma manifestação proveniente do inconsciente coletivo.

Campbell (2007, p. 15) nos lembra: "Em todo o mundo habitado, em todas as épocas e sob todas as circunstâncias, os mitos humanos têm florescido; da mesma forma, esses mitos têm sido a viva inspiração dos demais produtos possíveis das atividades do corpo e da mente humanos. Não seria exagero considerar o mito a abertura secreta através do qual as inexauríveis energias do cosmos penetram nas manifestações culturais humanas. As religiões, filosofias, artes, formas sociais do homem primitivo e histórico, descobertas fundamentais da ciência e da tecnologia e os próprios sonhos que nos povoam o sono surgem do círculo básico e mágico do mito".

Podemos dizer que uma das grandes funções dos mitos, dos contos, das lendas e das fábulas é nos mostrar que não estamos sozinhos em nossos sentimentos, conflitos e aspirações, pois todos os seus personagens têm lições importantes a nos ensinar, lançando luz no nosso inconsciente, a fim de explicar os mistérios da vida e esclarecer a natureza humana.

Os contos de fadas trazem em suas narrativas simbologias e significados diversos. Essas histórias seculares podem servir como representações de conteúdos psicológicos, nos ajudando na compreensão de uma trajetória emocional, podendo ser interpretados de várias maneiras possíveis. Apesar de em uma leitura mais superficial aparentarem um incentivo a comportamentos passivos nas mulheres, e competitivos, sexistas e machistas, tanto nos homens quanto nas mulheres, há também como analisar essas histórias partindo de uma interpretação mais profunda, filosófica e espiritual.

Os arquétipos e os instintos não podem ser acessados diretamente, apenas por meio das imagens arquetípicas, que podem surgir em sonhos, visões, delírios, na produção artística, na mitologia ou nos contos de fadas.

Podemos dizer que "os arquétipos representam essencialmente um conteúdo inconsciente, o qual se modifica através de sua conscientização e percepção, assumindo matizes que variam de acordo com a consciência individual na qual se manifesta" (JUNG, 2000, p. 17).

As imagens e os desenhos produzidos individualmente ou em grupo, durante o processo da jornada do herói/heroína, são análogos aos realizados no processo terapêutico, tornando a trilha mais fácil rumo à integração. Como sabemos, a psique produz de forma natural e espontânea os mitos e as imagens mitológicas nas mais diversas situações, e quando analisamos um mito ou um conto, estes nos auxiliam na estruturação e no melhor entendimento da nossa própria história.

Von Franz, utilizando a metodologia junguiana, vê em cada conto um organismo vivo que tem em seu âmago representações significativas. Para ela, o significado psicológico dos motivos de redenção nos contos de fadas, por exemplo, a cura de um feitiço ou de uma maldição, deve ser examinado cuidadosamente, servindo para que se tenha consciência desses aspectos que foram "enfeitiçados" ou "amaldiçoados" dentro da nossa psique.

Qualquer unidade estrutural da psique inconsciente coletiva ou complexo arquetípico pode ser afetado por essa "maldição" ou "feitiço", podendo nos tornar alvos deles e se transformar numa neurose, quando um complexo é afetado.

No momento em que isso acontece, o complexo tem um efeito neurótico sobre a pessoa e ela sofre de uma forma geral (mente, corpo e espírito), explicando assim os vários graus de neurose dos indivíduos afetados. Quando isso ocorre, a pessoa normal pode se desequilibrar ao atingir alguma parte de sua vida, significando que certa estrutura da psique foi mutilada ou danificada em seu funcionamento, desequilibrando, portanto, o todo da pessoa.

Para Jung, o mito tem um significado vital. Por intermédio do conceito de arquétipo, ele abriu para a psicologia uma possibilidade de perceber nos mitos diferentes caminhos simbólicos no processo de formação da consciência coletiva.

Podemos dizer que o mito representa uma fala divina entre o ego e o *Self*, e também ações entre os mortais e os deuses, entre o cognoscível e o incognoscível, sendo uma das formas pelas quais o inconsciente se manifesta metaforicamente. Assim como os pais ensinam seus filhos por meio de suas experiências de vida, os mitos, num sentido mais abrangente, nos mostram, mediante seus ensinamentos, os caminhos que percorrem a consciência coletiva durante sua formação, bem como o mapa do tesouro cultural no qual podemos continuar a qualquer momento a beber dessa fonte, a fim de nos realimentarmos e continuarmos expandindo nossa consciência, saindo das trevas para a luz, do inconsciente para o consciente. E como diz Campbell (1988, p. 41): "O momento crucial é aquele em que a verdadeira mensagem de transformação está prestes a surgir. No momento mais sombrio surge a luz".

Os mitos condensam experiências típicas dos seres humanos vivenciadas repetidamente durante milênios. Em função disso, temas idênticos são encontrados nos lugares mais distantes e diversos, e "a partir desses materiais básicos é que os sacerdotes e poetas elaboram os mitos, dando-lhes roupagens diferentes, segundo as épocas e as culturas" (SILVEIRA, 2000, p. 114).

Podemos perceber que os mitos, desde o início dos tempos até os dias atuais, constituem modelos de todas as atividades humanas, permitindo ao homem se inserir na realidade e no contexto em que vive. Esses mitos são a manifestação do inconsciente coletivo, podendo consistir na ponte entre o consciente e o inconsciente coletivo, tendo como ideal a busca do ser humano pela conquista de sua individualidade, livrando-se dos invólucros da *persona* (personalidade exterior) no caminho da individuação.

Os mitos, bem como os contos de fadas e os contos iniciáticos, são considerados fenômenos psíquicos que revelam a própria natureza da psique. Eles servem como espelho de nós mesmos e também como metáforas, para elucidar e explicar situações internas e externas de vida. Retratam padrões arquetípicos da vida humana por meio de suas figuras e histórias, que são universais e existentes em todas as pessoas, em todas as culturas e em todos os períodos da história da humanidade, representando uma grande experiência interna no processo de individuação. Para Jung, a importância dos mitos se deve ao fato de eles tornarem disponível ao indivíduo o encontro simbólico consigo mesmo.

A Conexão do Tarô com a Arteterapia

Tarô na Arteterapia representa uma poderosa ferramenta para o autoconhecimento, pois se utiliza da simbologia ligada a tempos antigos e dos chamados arquétipos do inconsciente coletivo, em que alguns iniciados no caminho espiritual formularam como sendo o conhecimento mais profundo das leis espirituais. Também representa o desafio de encaixarmos as peças desse quebra-cabeça, que é o Tarô, nas nossas vidas, neste nosso universo e no nosso caminho de individuação.

Essas antigas representações simbólicas contidas nas cartas do Tarô podem organizar-se e tornar reconhecível o quadro dos mais diferentes tipos de pessoas, de características essenciais, aptidões e traços de sua personalidade. Podemos igualmente conhecer a fonte dessas características e as reações que provocam no mundo exterior; também podem revelar como estamos indo em cada um dos aspectos de nossa vida e como mudar, caso estejamos nos desviando do nosso verdadeiro caminho, que é o encontro com nosso ser espiritual, ou *Self*, o arquétipo da nossa totalidade ou propósito de vida. Philippini, em seu livro *Cartografias da Coragem – Rotas em Arteterapia* (2000, p. 19), nos diz: "O símbolo como linguagem metafórica do inconsciente contém, em si próprio, o significado de todos os enigmas psíquicos".

O trabalho com o Tarô na Arteterapia nos fala da jornada de descoberta de nós mesmos. À medida que O Louco (o primeiro Arcano) sai da caverna e descobre todo um universo lá fora, ele caminha na senda de sua evolução e vai deixando as amarras do passado para trás, tornando-se uma pessoa mais sábia e íntegra. Pode, assim, dar sua contribuição para a harmonia do universo, trazendo beleza e realização para sua existência. A figura de O Louco representa o ser humano em busca da sua evolução e transcendência. Entretanto, para chegar à sua completude, ele necessita caminhar; aprender com os erros; enfrentar seus medos e sua raiva; fazer escolhas; descobrir sua força de vontade e resiliência; ficar aberto para se transformar; se entregar; confiar em si e no outro; quebrar antigos padrões obsoletos que o impedem de crescer; renascer e se tornar inteiro, com todo o seu potencial criador, cocriando sua própria realidade.

Assim, O Louco, que também é O Mago, vai seguindo em frente descontraída e alegremente, dos cumes aos vales e, novamente, dos vales aos cumes, desfrutando de cada passo desse caminho, crescendo com os erros até que eles se tornem acertos.

No nosso curso/jornada "O Tarô na Arteterapia", apresentamos as três fases do desenvolvimento da personalidade no caminho da individuação, junto à Arteterapia, na amplificação dos símbolos, com o material proveniente dos mitos e dos contos de fadas relativos aos 22 Arcanos Maiores e às energias dos arquétipos evocados por eles. Como diz Philippini (2000, p. 23): "A amplificação simbólica tem o propósito de aumentar a possibilidade de compreensão do significado de um símbolo. O processo arteterapêutico, abrangerá um conjunto de procedimentos expressivos e plásticos, cuja meta é facilitar a apreensão do símbolo pela consciência. Este conjunto de estratégias poderá compreender a utilização de uma multiplicidade de modalidades expressivas ou, às vezes, o aprofundamento de uma só modalidade, que vai se intensificando à medida que o cliente consegue explorar com mais facilidade suas possibilidades expressivas através deste determinado material plástico".

O Tarô na Arteterapia retrata a conexão e a restauração entre o eixo Ego-*Self*, representando situações arquetípicas e necessárias à rendição do ego, contribuindo para o restabelecimento e o desenvolvimento da consciência nesse processo de individuação. Essa conexão e restauração se dão por meio dos mitos e dos contos, e do diálogo entre as partes conflitantes surgidas nos desenhos, nas pinturas ou nas modelagens que se apresentam quando trabalhamos plasticamente esses mitos e contos. Por intermédio desses diálogos e do mundo simbólico do inconsciente, vai acontecendo a integração desses conteúdos, dessas partes separadas, libertando o ego de uma visão de mundo unilateral e de uma visão de si mesmo literal, racional, concreta, adentrando o mundo do simbólico, fazendo a integração desses conteúdos psíquicos conscientes e inconscientes, conduzindo à totalidade. Podemos dizer que esse diálogo entre as partes conflitantes e sua integração (reunião das partes ou sizígia, termo utilizado por Jung) estão relacionados à função transcendente, que faz parte do caminho de individuação, e que consiste em suprimir a separação entre a consciência e o inconsciente, reconhecendo a importância dos conteúdos inconscientes para essa união e, assim, poder chegar a uma nova atitude, liberando uma quantidade de energia psíquica determinada, fortalecendo o eixo Ego-*Self.* Para Jung (1984, p. 6), "esta função é chamada de transcendente, porque possibilita organicamente a passagem de uma atitude para outra, sem perda do inconsciente". Essa mudança, feita com a ajuda do terapeuta, faz com que a pessoa adquira novas atitudes mais saudáveis.

Como nos lembra Grinberg (1997), na função transcendente, a psique produz de forma espontânea a união dos opostos dentro de si, e os símbolos são aqueles que propiciam essa união equilibrada, sendo estes considerados elementos comuns a estas duas dimensões opostas: o inconsciente e o consciente, tendo o potencial de abarcar a integração desses opostos dentro da psique e de equilibrar a visão unilateral da consciência do ego, o que possibilita transcender a dualidade, proporcionando uma mudança de um estado psicológico para outro, sem que haja perda do material vindo do inconsciente. É esse aspecto que permite ir além de um conflito, para que a energia psíquica possa seguir seu fluxo livremente sem cair na parcialidade. É da reconciliação desses pares de opostos dentro da psique que algo novo poderá surgir.

Conforme Grinberg (1997, p. 193): "A função transcendente não acontece aleatoriamente, sem propósito ou objetivos. Leva à revelação da essência de cada um, produzindo uma compreensão por meio da experiência. Em cada indivíduo esse processo assume as mais variadas formas".

Segundo Jung, todos nós temos em comum, nesse processo de desenvolvimento da consciência, certos aspectos, como o herói, o velho sábio, o *animus,* a *anima,* a sombra, a criança, o pai, a grande mãe, etc., dentro de nós; devemos dar mais atenção àqueles que estão associados ao processo de desenvolvimento do ego, que são o arquétipo do pai, da mãe, da criança, do *animus* e da *anima.* Esses arquétipos do nosso inconsciente individual e coletivo podem ser elaborados, analisados e integrados por meio do nosso curso/jornada "O Tarô na Arteterapia e a Jornada do Herói/Heroína para o Autoconhecimento", no qual os conteúdos ligados a esses arquétipos mencionados são trazidos à luz da consciência por intermédio de mitos e contos a eles relacionados, levando a pessoa para um patamar mais elevado e diferenciado, e é nesse fenômeno, que acontece dentro da psique, que se realiza a função transcendente.

Podemos afirmar que esse nosso curso/jornada contém os principais ciclos arquetípicos em seu arcabouço, "que estruturam e coordenam os quatro principais ciclos da consciência individual e coletiva", como descreveu Byington em seu livro *Desenvolvimento da Personalidade* (1987, p. 41), pois essa viagem simbólica no caminho da individuação, por meio dos arquétipos do inconsciente individual e coletivo, contempla os principais ciclos da evolução da consciência do ego, sendo eles: o ciclo matriarcal (arquétipo da grande mãe), o ciclo patriarcal (arquétipo do pai), o ciclo da alteridade (arquétipo do *animus* e da *anima* e sua conjunção) e o ciclo cósmico (arquétipo central, o *Self*).

Cada passo dessa jornada expressiva se dá por intermédio do Tarô, dos mitos e dos contos relativos aos Arcanos Maiores, os quais estão dispostos em uma sequência de 0 a 22, incluindo O Louco Renascido, que dividimos em três fases: Infância, Adolescência, Maturidade (alteridade) e Transcendência (encontro com o *Sef*), incluída no final da terceira fase. Essas fases mostram os passos que o herói/heroína vai dar em busca da sua autorrealização ou tesouro interior, ou *Self*, que se inicia no Arcano 0, O Louco, o qual se prepara dentro do útero materno (caverna) para se lançar em sua jornada arquetípica de autoconhecimento, passando de um ciclo de desenvolvimento a outro para alcançar mudanças significativas, vivenciando processos de transformação que irão propiciar uma ampliação de sua consciência e de visão de mundo percebida por ele como uma espécie de renascimento.

Para facilitar e enriquecer o processo de autoconhecimento e transformação, utilizamos técnicas arteterapêuticas com seus recursos expressivos, como via de acesso para o crescimento pessoal, propiciando assim uma vida humana mais plena e realizada.

A primeira fase corresponde às cartas de 1 a 7, e diz respeito à infância e à iniciação de O Louco, na qual, a partir de sua indiferenciação (estado de potencialidade pura), vai adquirindo experiências para seu crescimento e diferenciação. A segunda fase, que vai desde a carta 8 até a 14, fala de uma etapa de diferenciação, de uma vida mais adulta e de uma tomada maior de consciência de si mesmo. A terceira fase, que abrange as cartas de 15 a 21, diz respeito à maturidade, na qual se dá a transformação. No final da terceira fase, O Louco reaparecerá como Arcano 22 simbolizando, nessa etapa, a Criança Renascida ou Curada, representando o segundo nascimento de Dionísio, o nascido duas vezes, citado no mito, que ocorre quando ele se descola da máscara cristalizada da *persona* e dá um salto quântico rumo ao desconhecido, renascendo para novas possibilidades de vida, se transformando agora em um ser único e indivisível.

Dessa forma, nosso curso/jornada terapêutica, que tem como base os símbolos os quais incluem: o Tarô, a Arteterapia, os mitos e os contos, apresenta um rico caminho que reúne essas poderosas ferramentas, que dialogam entre si, fazendo uma conexão e integração inéditas.

O Caminho Simbólico da Individuação

Podemos dizer que, ao nascermos, nosso ego passa a existir como centro da consciência, que é uma característica da relação que se estabelece entre os conteúdos psíquicos e o ego, enquanto o Si-Mesmo é outra dimensão psíquica da nossa consciência, pela qual ela possa existir. Portanto, somente por meio do Si-Mesmo a consciência se manifesta.

Sendo o ego o centro da consciência, ele passa a vivenciar esse "outro" (Si-Mesmo) de forma subordinada a ele, necessitando conquistar sua autonomia. E, para que isso aconteça, o ego deve se diferenciar e se separar do Si-Mesmo, que é sua totalidade (consciente e inconsciente). Analogamente, esse era o estado original de todas as coisas, antes de existir a vida física, sem distinção ou diferenças entre elas, ou seja, ocorria a indiferenciação, tudo misturado. Segundo o que os mitos da criação do mundo nos revelam, foi a partir do caos (processo de diferenciação ou separação) que esse estado primordial com tudo misturado se separou e deu origem à criação. Eis aqui um relato do escritor romano Ovídio sobre o mito da criação:

"Antes de o mar, as terras e o céu que está acima de todos existirem, a face da natureza era só uma abóboda, estado que os homens denominaram caos: uma massa grosseira e desordenada das coisas... E, embora houvesse terra, mar e ar, ninguém podia percorrer essa terra, nem nadar nesse mar, e o ar era sombrio. As formas das coisas se encontravam em constante mutação; todos os objetos estavam errados, porque, num só corpo, coisas frias se chocavam com coisas quentes, o úmido com o seco, coisas duras com coisas moles, coisas pesadas com coisas sem peso. Deus – ou a delicadíssima natureza – ordenou essa confusão; porque separou a terra do céu, e o mar da terra (os opostos), e apartou os céus etéreos da densa atmosfera. Tendo então libertado os elementos, tirando-lhes o jugo do cego amontoado de coisas, ele colocou a cada um em seu próprio lugar e os prendeu vigorosamente em harmonia" (EDINGER, p. 199; *apud* GRINBERG,1997, p. 172).

Dessa forma, podemos dizer que nossa origem é um estado indiferenciado da nossa identidade que precisa caminhar para uma diferenciação, implicando a separação dos opostos entre consciente e inconsciente e, também, o "Eu" do "Outro".

Jung coloca que, sem essa distinção do outro, não podemos exercer plenamente nossas funções psicológicas direcionadas para descobrirmos nossos dúbios aspectos, ou aspectos conflitantes dentro de nós, que para ele é a tarefa mais importante das nossas vidas, ou seja, tornar conscientes esses aspectos. Essa fase de diferenciação do ego é intermediada pelos símbolos. Para Byington (1988) esse processo de diferenciação do ego seria o principal produto de toda atividade arquetípica. Como diz Grinberg (1997, p. 173): "Vimos que, como uma planta que cresce a partir do inconsciente, a consciência desenvolve-se recebendo nutrientes de suas raízes arquetípicas. Os símbolos são a seiva que circula pela planta, sua energia".

Nesse processo de diferenciação e amadurecimento do eixo Ego--*Self* ou Si-Mesmo, o ego vai sendo formado, adquirindo progressivamente um sentido de independência do *Self*, sem perder a íntima ligação com ele. Dessa forma, o ego vai se transformando no sujeito da consciência, enquanto o *Self* na totalidade psíquica, com a inclusão do inconsciente.

Para Jung, o desenvolvimento do eixo Ego-*Self* ocorre na primeira metade da vida, e caso o indivíduo sofra algum tipo de dano nessa fase, pode sofrer sérias consequências na vida adulta, comprometendo seu desenvolvimento, por exemplo: baixa autoestima, falta de confiança em si e nos seus talentos e dons, e, no pior dos casos, desejar a própria morte por não se achar merecedor de viver.

Jung diz que a maior separação desse eixo Ego-*Self*, em seu clímax, ocorre na metade da vida, a qual ele chamou de Metanoia, que seria um movimento de amadurecimento da psique relacionado à segunda metade da vida, a conhecida crise da meia-idade. Para ele, o processo de individuação é uma questão de desenvolvimento psicológico, relacionado à segunda metade da vida, que ocorre quando o indivíduo começa a buscar um novo sentido para sua existência, voltando-se mais para questões inconscientes para vivenciar seu mundo interno, interpretado por ele como uma necessidade de diferenciação do coletivo, uma transformação arquetípica da personalidade que pode levá-lo a se diferenciar dos papéis sociais solicitados, os chamados estereótipos, para atingir a plenitude e a totalidade de seu potencial existencial.

Como disse Wilmer (*apud* GRINBERG, 1997, p. 174): "O filósofo Schopenhauer comparou a vida a um bordado. Durante a primeira metade da vida, enxergamos um dos lados do bordado, o lado 'melhor', e durante a segunda metade da vida, o 'outro' lado, não tão produtivo, porém mais instrutivo, já que, só então, é possível se observar a maneira como os fios trabalharam juntos".

Como nos lembra Grinberg, desde seu nascimento, o potencial da personalidade do homem já está presente nele. Em cada um de nós existe um determinado conjunto arquetípico que se desenvolve, encontrando estímulos pertinentes no meio ambiente em que vivemos, permitindo nossa adaptação à realidade. A programação arquetípica que constitui nosso ser em potencial foi denominada por Jung de *Self*, o qual também é conhecido como Si-Mesmo. Esse arquétipo constitui nossa totalidade, o inconsciente e o consciente, ou podemos chamá-lo de arquétipo de Deus dentro de nós, tratando-se de uma imagem psíquica arquetípica de extremo valor psicológico que habita em nós, sendo a imagem da totalidade transcendente do ser humano.

Podemos dizer que a psique é a fonte de todas as atividades humanas, nada existe sem sua participação. Todas as nossas experiências são produzidas pela psique, que é influenciada pela subjetividade e enraizada na experiência. A melhor forma de conhecer seus conteúdos é por meio dos sonhos, das emoções, dos relacionamentos e dos símbolos. Portanto, a psique é a parte, é o todo, é o centro e a periferia. Tudo nos é transmitido por intermédio da psique, ela é tanto o sujeito quanto o objeto de estudo, sendo tudo que conhecemos e o que não conhecemos.

O confronto da passagem do meio ou a chamada Metanoia (mudança essencial ou transformação) consiste em a pessoa passar da religião exterior para a religião interior, ou *religare*, que é o contato íntimo com seu numinoso, ou seja, com algo maior do que ela mesma, que seria seu centro sagrado ou transcendente. E para que isso aconteça, é preciso estar num processo de desenvolvimento da consciência, o processo de individuação.

Para Hollis (1995, p. 25): "A passagem do meio tem seu início quando a pessoa se vê obrigada a reformular sua vida enfrentando questões até então evitadas, voltando-se às seguintes perguntas: Quem sou eu e para onde estou indo".

O termo individuação, para Jung, significa tornar-se um ser único para entendermos nossa singularidade mais íntima e incomparável, nosso Si-Mesmo ou *Self*. Pode ser considerado um processo que gera um indivíduo psicologicamente indivisível, um todo completo. Esse processo de cura está potencialmente dentro de cada um de nós e na relação com o próprio *Self*. O eixo Ego-*Self* forma a base da saúde psíquica, pelo fato de estabelecer a conexão do ego (personalidade) com o *Self*, nosso curador interno.

A individuação arquetipicamente consiste no confronto do ego com os símbolos dos arquétipos da sombra, da *anima* (na personalidade do homem) e do *animus* (na personalidade da mulher) com os símbolos da totalidade do arquétipo central, denominado *Self*.

Philippini (2000, p. 17) diz: "A abordagem junguiana parte da premissa de que os indivíduos, no curso natural de suas vidas, em seus processos de autoconhecimento e transformação, são orientados por símbolos. Estes emanam do *self*, centro de saúde, equilíbrio e harmonia, representando para cada um o potencial mais pleno, a totalidade da psique e a essência de cada um. Na vida, o *self*, através de seus símbolos, precisa ser reconhecido, compreendido e respeitado".

Podemos considerar, nesse processo de individuação, o homem como um mosaico humano que consiste em grande número de pequenas peças as quais, ordenadas segundo determinado padrão, conduzem a um resultado similar ao de uma obra de arte. Portanto, os homens são formados segundo um padrão interior determinado por diversas características e capacidades, que organizadas, resultam, tal como um mosaico em um quadro lógico ou em uma personalidade individual.

Assim como a obra de arte de um artista pode obter uma infinidade de padrões quando usa as mesmas peças para compor quadros muito diferentes, o homem também é criado com as mesmas qualidades, habilidades e talentos, segundo uma infinidade e variedade de padrões interiores, o que resulta numa variedade infinita de indivíduos.

O tipo de quadro que um artista cria depende inteiramente do padrão que selecionar, ou seja, do modo que relaciona umas peças com as outras. Assim, o artista pode criar quadros totalmente distintos, conforme o objetivo a que eles se destinam. Ele pode usar as mesmas peças ou pedras para criar quadros ou mosaicos de diferentes tipos para pessoas e lugares diversos. Por exemplo, o artista pode criar quadros religiosos, destinados para despertar sentimentos de devoção, como também quadros alegóricos e simbólicos para instituições acadêmicas, como escolas, universidades e bibliotecas; ou quadros alegres, divertidos e humorísticos para lugares de entretenimento (salões de festas, teatros); ou imagens sensuais e obscenas. E com toda essa variedade de possibilidades, ele pode compor com as mesmas peças ou pedrinhas multicoloridas.

Igualmente se dá com os homens, pois das mesmas qualidades e talentos surgem os mais diferentes tipos de pessoas e personalidades. O resultado vai depender do padrão que forma a base da personalidade da pessoa e de como essas qualidades se inter-relacionam. Porém, enquanto o artista cria conscientemente seu trabalho com essa enorme variedade de figuras com suas peças, o homem cria padrões inconscientes dos quais ele não tem conhecimento, do padrão interior ou da imagem que formou seu caráter. O indivíduo não conhece nem consegue enxergar o padrão que constitui a base do seu caráter.

O homem possuidor do autoconhecimento sabe como transformar sua vida e conduzi-la de forma mais consciente e sábia para viver uma existência plena, com significado. A pessoa que não conhece a si mesma está fadada a vagar pela vida como uma criança tateando no escuro ou como em um barco à deriva que segue sem rumo. Como disse Jung: "Ninguém se torna iluminado por imaginar figuras de luz, mas, sim, por tornar consciente sua própria escuridão".

A figura de O Louco representa o ser humano em busca da sua evolução e a capacidade de superação dos conflitos internos. Entretanto, para chegar à sua completude, ele necessita caminhar, aprender com os erros, enfrentar seus medos e se confrontar com seu lado mais sombrio.

Mas, para que isso aconteça, é preciso submeter-se conscientemente ao poder do inconsciente, para poder ouvir e compreender a mensagem que o *Self* traz no aqui e agora, em uma determinada situação, e, dessa forma, ir ao encontro da sua totalidade.

Para Nise da Silveira (1997), todo ser tende a realizar o que existe nele em germe, a crescer, a se completar. Assim é para a semente do vegetal e para o embrião do animal, e também para o homem, tanto em relação ao corpo quanto à sua psique. Muito embora o desenvolvimento de suas potencialidades seja impulsionado por forças instintivas inconscientes, isso adquire um caráter peculiar no homem, pois ele é capaz de tomar consciência desse desenvolvimento e de influenciá-lo, no confronto entre seu consciente e seu inconsciente. No conflito e na elaboração entre ambos, diversos componentes da personalidade amadurecem, unindo-se em uma síntese na realização de um indivíduo único e completo.

A Jornada Arquetípica do Herói/Heroína por meio do Tarô

A jornada do herói/heroína simboliza a viagem que todos nós, seres humanos, devemos fazer para nossa transformação e aprimoramento, enfrentando nossos desafios cotidianos, mergulhando nas profundezas do nosso âmago, a fim de nos defrontarmos com nossa sombra e sairmos mais inteiros para cumprir nossa missão no mundo, respondendo a duas principais perguntas elementares: Quem sou eu? Qual é minha missão no mundo?

Nesse contexto, os mitos e os contos serão nossos grandes aliados, bem como o Tarô e a Arteterapia, os quais se constituirão em nossas ferramentas para ativar os conteúdos de nossas forças criativas, trazendo-os para nossa consciência para, assim, podermos reconhecer nossos potenciais latentes e construirmos nossa trajetória no caminho rumo à nossa inteireza.

Em seu livro *O Poder do Mito*, Campbell (1991, p. 131) afirma: "A saga do herói é uma jornada interior e não precisamos correr sozinhos os riscos da aventura, pois os heróis de todos os tempos a enfrentaram antes de nós. O labirinto é conhecido em toda sua extensão, temos apenas de seguir a trilha do herói, e, lá, onde temíamos encontrar algo abominável, encontramos um deus. E lá, onde esperávamos matar alguém, mataremos a nós mesmos. Onde imaginávamos viajar para longe, iremos ter ao centro da nossa própria existência. E lá, onde pensávamos estar sós, estaremos na companhia do mundo todo". No mesmo livro (p. 132), Otto Rank conceitua que "na realidade, já somos todos heróis ao nascer, pois enfrentamos uma tremenda transformação tanto psicológica quanto física, deixando a condição de criaturas aquáticas, vivendo num fluido amniótico, para assumirmos, daí por diante, a condição de mamíferos que respiram o oxigênio do ar e, mais tarde, precisarão erguer-se com os próprios pés".

A jornada do herói é a representação arquetípica das etapas e dos desafios do crescimento interior e exterior do ser humano em sua vida. Campbell, em seu livro *O Herói de Mil Faces*, paralelamente às teorias de Jung sobre os arquétipos e o inconsciente coletivo, trabalha a noção de que as histórias (todas elas) estão ligadas por um fio condutor comum. Assim, desde os mitos antigos, passando pelas fábulas, pelos contos de fadas, pelos contos iniciáticos e até mesmo pelos mais recentes sucessos de bilheteria do cinema americano e outros, a humanidade vem contando e recontando sempre as mesmas histórias. Nesse exercício de compreender a existência com toda a sua complexidade, buscamos um sentido, um significado para a vida.

Mas, para que ocorra a transformação esperada, o herói deve se comprometer com a jornada, saindo da cegueira e indo em direção à luz. Nesse processo alquímico, os desafios serão inevitáveis, mas devemos seguir em frente, permitindo os impulsos de transformação, desordenação e reestruturação, em que os velhos padrões inconscientes e antigos apegos se manifestarão. Os objetivos do herói devem estar bem definidos em relação à busca de si mesmo para continuar a viagem rumo à sua iluminação. Como Parsifal, no mito do Santo Graal, que também pode ser representado pela figura do Arcano O Louco, faz-se necessário percorrer caminhos obscuros, entrar em confronto com a sombra, saindo da ingenuidade para se conectar com sua verdade interior; aprender a ser humilde, compassivo, a se interiorizar e a assumir responsabilidade pessoal por seus problemas e questões de vida, a fim de que uma mudança efetiva ocorra. É preciso ter coragem e determinação para vencer a resistência, e poder reescrever sua história e expressar seu mito pessoal, libertando-se das máscaras e dos estereótipos.

O Santo Graal simboliza nossa essência, e por intermédio da jornada do herói que se inicia com nosso nascimento, damos os passos rumo ao nosso destino e, a partir das experiências internas e externas, podemos integrar os opostos dentro de nós ao longo de nossas vidas. O percurso denominado "O Tarô na Arteterapia" (e sua função terapêutica por meio de mitos e contos para o autoconhecimento), apresenta uma rota e um mapa como guias para o desenvolvimento do grande potencial que cada um de nós traz em semente para a realização plena, nos religando à nossa fonte original, nossa essência ou *Self*.

No estudo da alquimia, o ouro que os alquimistas procuravam não era exterior e material, mas um ouro interior e imaterial que podemos chamar também de *Self*. Essa magia alquímica tinha uma correspondência entre o interno e o externo. Eles viam nos elementos e nas transformações que ocorriam nesse processo químico de transformar os metais inferiores em ouro um procedimento análogo ao da transformação que acontecia dentro de sua própria natureza psíquica, que denominaram "a libertação do espírito escondido ou aprisionado pela matéria". Podemos dizer que os alquimistas usavam o mesmo processo da individuação, no qual a psique humana evolui passando por várias fases, amadurece e se encaminha para descobrir sua individualidade original.

Resumo da Viagem

Cada um dos 23 Arcanos Maiores, incluindo O Louco Renascido, representa um degrau na escada simbólica do desenvolvimento humano, bem como um tipo particular de "prova" ou de experiência pela qual o herói terá de passar para chegar ao patamar seguinte rumo à sua autorrealização.

Primeira Etapa

0 – O Louco (a criança, o inocente, iniciação, a potencialidade pura).
1 – O Mago (o princípio *yang*, o masculino, a consciência, a extroversão).
2 – A Sacerdotisa (o princípio *yin*, o feminino, a intuição, o poder do inconsciente, a introversão).
3 – A Imperatriz (a mãe arquetípica, a *anima*, a criatividade, a expressão).
4 – O Imperador (o pai arquetípico, o *animus*, a lei, a ordem, a construção).
5 – O Hierofante (as crenças e sua superação, o mestre interior, a quintessência).
6 – Os Enamorados (as escolhas, a decisão, o livre-arbítrio).

7 – O Carro (a morte simbólica dos pais, o fechamento e a abertura de um novo ciclo, o direcionamento, a tomada de consciência).

Segunda Etapa

8 – A Justiça (o corte com o passado, o equilíbrio, a lei de causa e efeito).
9 – O Eremita (a experiência, a maturidade, a sabedoria, a solitude).
10 – A Roda da Fortuna (as mudanças, os cortes inevitáveis, o novo).
11 – A Força (os instintos, a força interior, a coragem para superar desafios).
12 – O Enforcado (a entrega voluntária, o sacrifício, a nova visão).
13 – A Morte (a transformação, a morte do velho, um novo ciclo).
14 – A Temperança (o equilíbrio entre as forças antagônicas, momento alquímico, a harmonia).

Terceira Etapa

15 – O Diabo (a confrontação com a sombra, o condicionamento, o lado oculto da psique).
16 – A Torre (o aprisionamento e a quebra de padrões obsoletos).
17 – A Estrela (a ingenuidade, a visão interior, a cura da ilusão).
18 – A Lua (a fantasia, a intuição, o feminino, vidas passadas, a imaginação, o inconsciente individual e coletivo).
19 – O Sol (a consciência, a individualidade, a iluminação).
20 – O Julgamento (o discernimento, o ir além da ilusão, o renascimento).
21 – O Mundo (a renovação, o espaço sagrado, a abertura, a individuação, a completude).
22 – O Louco Renascido (o mestre construtor, a Iluminação, a autorrealização, a transcendência).

Assim, O Louco nos diz que queremos ser livres para escolhermos nossa própria história; O Mago nos aponta o caminho, nos dando as ferramentas necessárias para a viagem; A Sacerdotisa nos intui o que e como fazer com sua sabedoria instintiva e intuitiva; A Imperatriz nos traz nosso feminino fértil e gesta nossos sonhos com confiança para realizá-los; O Imperador põe a mão na massa e faz acontecer; O Hierofante nos revela nosso mestre interno, fazendo o *religare* com nossa essência, para não nos perdermos de nós mesmos no caminho; em Os Enamorados, devemos renunciar a alguns caminhos para encontrar outros; em O Carro, tomamos as rédeas da vida nas mãos, assumindo nossas escolhas conscientemente, a fim de evitarmos dores maiores no futuro; em A Justiça, colhemos o que plantamos, é o momento da colheita, mantendo dessa forma o equilíbrio cósmico, a lei da causa e efeito; em O Eremita, aprendemos com o passar do tempo e com nossas experiências de vida, nos tornando mais sábios, mais amorosos e mais compassivos, para em A Roda da Fortuna estarmos preparados para as mudanças significativas que virão pela frente; na energia de A Força, aproveitamos os desafios com coragem para vencê-los, tanto externa quanto internamente, domando nosso leão interior; em O Enforcado, sentimos como se nossa vida estivesse virada de cabeça para baixo. Aqui necessitamos de uma nova visão para sairmos da sensação de aprisionamento voluntário e do sentimento de impotência, a fim de que em A Morte possamos fazer as devidas transformações para o término de algo e de um novo começo; em A Temperança, começamos nosso processo de equilíbrio interior, saindo da estagnação, restabelecendo nossa harmonia; em O Diabo, olhamos para nossa sombra e descobrimos nosso condicionamento que nos leva a uma escravidão autoimposta, para em A Torre deixarmos cair nossas máscaras; em A Estrela, saímos da futilidade, da ingenuidade e da paralisia, para recuperamos nosso amor-próprio; em A Lua saímos das ilusões, dos sentimentos desordenados, do espelhamento e das fantasias criadas pela nossa mente e pelos medos infantis; em O Sol, descobrirmos as armadilhas do nosso ego, que nos afasta da nossa essência, para encontramos com nosso sol interior, a fim de que, em O Julgamento, possamos ter discernimento para ver a verdade além da ilusão, de modo que em O Mundo consigamos nos tornar íntegros e indivisíveis, com sensação de plenitude, com uma visão ampla da vida; e, dessa forma, em O Louco Renascido possamos dar o salto quântico, que simboliza o segundo nascimento de Dionísio, com consciência de quem somos nós, de nossas limitações, de nossos talentos, de nossas escolhas, de nossa vocação e de nossas responsabilidades. Finalmente, temos o encontro com nosso *Self* ou o Deus que habita em nós. *Namastê!* (o meu Deus interior saúda seu Deus interior).

Leitura dos Arcanos Maiores

O LOUCO – ARCANO 0 – O Primeiro Salto Quântico

O Louco é o Arcano número zero, que significa o vazio, podendo ser considerado o número da totalidade primordial da unidade universal. Assim, tanto o zero quanto o vazio são a ausência de tudo, mas também a potencialidade absoluta, da qual tudo surge e onde tudo termina. O zero vem do árabe *sifr*, que significa vazio. O Tao transmite uma ideia paralela: "O Tao é um vazio insondável em movimento incessante que nunca se esgota, origem do Céu (Yang) e da Terra (Ying), e ele está no germe de todas as coisas" (Lao Tse, *Tao-Te King*).

Considerando a equação matemática $0 = (+1) + (-1)$ da esquerda para a direita, percebemos o zero dando origem aos opostos, onde surge a polaridade. Se observarmos da direita para a esquerda, entendemos o zero como o ponto em que os opostos se anulam e a polaridade se complementa, exercendo influência sobre todos os outros números. No Tarô, o zero é representado pelo Arcano 0, O Louco. Dessa forma, podemos deduzir que o zero é o abstrato, o potencial infinito que dá origem à existência e desenvolve os princípios positivo e negativo, além da ideia de polaridade. O zero seria o Tao, $0 + 1$ (o princípio *yang*), e $0 - 1$ (o princípio *yin*), que se combina em diferentes proporções.

O Louco é o primeiro impulso, é o início da jornada, é o passo primordial. Ele segue o impulso irracional que ainda não amadureceu, indicando uma vontade de se arriscar, sinalizando uma predisposição para a mudança e abertura dos horizontes frente ao desconhecido. Simboliza o "sair da caverna" (referente ao Mito da Caverna, de Platão), para descobrir um universo lá fora e uma jornada a seguir, cheia de maravilhas e terrores com os quais ele vai se deparar nesse processo de conhecer a si mesmo. O Louco, o inocente, nos revela a qualidade da confiança e da vulnerabilidade presente nas crianças. Ele se entrega ao mundo, saindo da zona de conforto, atendendo ao chamado da vida.

Simboliza o Ser Humano Universal. Representa o próprio homem em sua caminhada se movendo em busca da sua evolução, em seu processo de lapidar a alma. Assim, vai adquirindo maior conhecimento sobre si mesmo, ampliando a manifestação do seu potencial latente, vivenciando a alegria de se recriar.

No alfabeto grego, O Louco está relacionado à letra alfa, o início, e também à letra ômega, o fim da jornada. Ele se lança no desconhecido para chegar à meta desejada, sua totalidade. O Louco é associado ao zero na qualidade de Peregrino, buscador de si mesmo, quando inicia sua jornada de autoconhecimento, e ao Arcano 22, quando termina a viagem, mais maduro e sábio na espiral evolutiva da vida.

"Atribuímos ao Louco a primeira carta da sequência, a primeira letra do alfabeto hebraico: Aleph, cuja tradução é 'boi', seu valor numérico é 1 e corresponde à nossa letra A. Sua forma lembra um arado, que firmemente, rigidamente, abre, penetra e deixa a terra pronta para ser fecundada. Também podemos ver no arado um intermediário ou instrumento entre a força masculina do boi e a receptividade feminina da terra" (PRAMAD, 2003, p. 65).

Título Esotérico: "O Espírito do Éter".

Caminho Cabalístico: os cabalistas consideram as dez *Sephirot* os dez primeiros caminhos da Árvore da Vida. Portanto, este será o 11º caminho. Une e equilibra a *Sephirah* número dois, *Chokmah* (a Sabedoria), com a *Sephirah* número um, *Kether* (a Coroa). É tido como o caminho percorrido pelos iluminados.

Atribuição Astrológica: elemento Ar. Alguns autores o consideram ligado ao elemento Fogo. É associado ao planeta Urano por alguns estudiosos.

O Ar é fruto da união do elemento Fogo (masculino) com o elemento Água (feminino); assim, O Louco terá as características de ambos. Esse enfoque parte de uma visão muito antiga. Em Pramad, "Zeus Arsenothelus, o Senhor do Ar, combina em sua natureza os Princípios

Masculino e Feminino, perfeitamente complementados, sustentando a ideia de que a Divindade integra o masculino e o feminino, coisa que encontra correspondência perfeita com os ensinamentos da cabala" (PRAMAD, 2003, p. 65). É desses dois princípios que a vida se manifesta.

O *Tao-Te-King* exprime com clareza a atribuição universal do zero no seguinte texto: "O retorno é a ação do Tao/ A suavidade é a função do Tao/ Todos as coisas do universo provém do ser/ E o ser tem origem no não ser."

No Tarô Mitológico, podemos encontrá-lo na figura de Dionísio, filho de Zeus. Ele é filho de uma traição de Zeus (casado com a rainha das deusas, Hera), quando se apaixonou por Sêmele, princesa de Tebas, porém mortal. Dioniso ou Dionísio, "o nascido duas vezes", representa as forças não convencionais se contrapondo às religiões tradicionais. Dionísio não pode ser considerado somente Baco, o Deus do vinho, do entusiasmo e do desejo sexual, como faz sua versão romana. Ele é o Deus da libertação, das catarses, da exuberância da vida, da eliminação das proibições e dos tabus, por meio da expressão do irracional. Simboliza as forças que dissolvem a personalidade adquirida, a máscara de "civilizado" que impomos à nossa natureza instintiva.

Podemos fazer uma analogia da imagem arquetípica que está relacionada a O Louco, do Tarô Mitológico, saindo da caverna, com a imagem do Mito da Caverna de Platão. Essas imagens dialogam entre si, no sentido da busca da superação de seus limites e do autoconhecimento. Os dois personagens dos mitos estão saindo da caverna, de uma situação de indiferenciação, indo à busca de sua diferenciação ou identidade em uma jornada de autodescoberta.

O Louco em sua caminhada representa o estado anterior a qualquer manifestação, o não ser de onde espontaneamente surge o ser. Encarna a ideia de potencial absoluto, o caos. Na lenda do Santo Graal, ele é Parsifal, que ilustra a noção de máxima inocência, transformando-se em fertilidade, saindo da inocência irrefletida para a inocência madura que vira santidade.

Também podemos relacionar o Arcano O Louco ao clássico conto de fadas *Chapeuzinho Vermelho*, que, da mesma forma que Parsifal, é a história da inocência, da curiosidade e da animação da infância no início da jornada, das tentações e dos primeiros estágios de conquista da sua individualidade. No plano humano, O Louco é a criança com seus atributos de inocência, pureza, sensibilidade, espontaneidade, alegria, confiança, amorosidade, potencialidade, irresponsabilidade, e seu sentido de aqui e agora, que lhe permite relacionar-se com o tempo, como só os iluminados são capazes.

Sem ceticismos, sem crenças nem critérios preestabelecidos, sem passado, nem julgamento ou expectativas, O Louco se joga no mundo do desconhecido. É o potencial latente dentro de cada um de nós, a potencialidade absoluta a ponto de se manifestar, sendo o resgate da criança interior e dos melhores aspectos infantis. Ele simboliza a Criança Divina, nossa verdadeira essência: original, simples, natural e confiante.

O Louco Indica coragem para confiar na intuição, na sensibilidade para o caminho certo das coisas, seguindo a voz do coração. Seus atos poderão parecer tolos para os outros, ou até para ele mesmo, se tentar analisar pelo lado racional. O Louco está em harmonia com tudo à sua volta.

O número de O Louco, apesar de zero, poderia se denominar inumerável, em que a confiança e a inocência são seus verdadeiros guias, não o ceticismo e as experiências do passado. Quando O Louco se lança rumo ao desconhecido seguindo sua intuição, sem se importar com a opinião dos outros, apesar dos medos e dos questionamentos da mente racional, contrariando expectativas pessimistas de si mesmo e de outrem, terá a percepção de seu valor e de seu lugar neste mundo. E quando isso acontece, é inundado por uma sensação de felicidade plena e harmonia interior.

O Louco é o saber inconsciente que ainda não amadureceu, enquanto O Mago é seu guia, sua parte que vai lançar luz sobre seus aspectos sombrios, acessando seus recursos internos que o auxiliaram na jornada. Assim, O Louco vai aprendendo a lidar com suas emoções e canalizar sua energia instintiva para a ação em direção aos seus objetivos, no sentido de uma crescente autonomia.

Quando aparece num jogo: indica uma abertura para uma nova fase. Diz respeito à curiosidade, à sensibilidade e à disposição para realizar novos projetos. É o momento de a pessoa se lançar na vida, acreditando em seus potenciais. Necessita também levar a vida menos a sério, trabalhando seu lado criança, resgatando sua alegria e espontaneidade. Indica mente receptiva e não programada, bem como descobrimento de novos potenciais. O Louco dentro de nós manda que vivamos no presente, desfrutando o aqui e agora. Fala de entusiasmo pela vida, otimismo, pureza não corrompida. O Louco está pronto para se jogar de cabeça, com confiança, e partir para uma busca pessoal.

O lado negativo de O Louco, quando aparece num jogo, pode indicar indiferenciação, cegueira em ver a verdade, infantilidade, perda da espontaneidade, falta de compromisso, imaturidade, dependência emocional, parasita econômico, falta de objetivos, confusão mental, sem rumo, sem direção, alienação, insegurança, inércia. O indivíduo pode estar preso à infância procurando papai e mamãe, o *"pueraeternus"* ou síndrome de Peter Pan. Pode demonstrar também irresponsabilidade, com dificuldades de extrair lições das próprias experiências. Sem objetivos, procura aprovação e proteção, estabelecendo relacionamentos filiais. Pensa que pode agir de qualquer maneira, com seu(sua) companheiro(a) na obrigação de amá-lo(a) sem restrições.

Na leitura simbólica do Tarô de Marselha: indica indiferenciação, tudo misturado. Sua mochila da cor do cachorro significa que ele carrega seu conhecimento instintual. Caminha com os instintos (sapato vermelho). O solo dourado significa a fertilidade. O pompom na cabeça significa que, apesar de ter ideias indiscriminadas, possui também emoções. O pompom branco fala de um pouco de reflexão e de alguma imaturidade. O branco que se apresenta é o da fase da ingenuidade. O cajado remete ao apoio, à ajuda, e nos fala que, de certa forma, ele está protegido para fazer a viagem. O céu branco mostra que ele ainda não tem noção da sua espiritualidade, pois neste momento se encontra no começo da viagem.

Imagem: O Louco, o Eterno Otimista, a Criança, o Puro, o Amoral, o Palhaço, Parsifal, Chapeuzinho Vermelho, o Bobo da Corte, o Curinga, o Andarilho, o *Hippie*, o Senso de Humor, a Liberdade, a Inocência, o Inconsequente, Erê, Dionísio, Baco, Zorba e Buda. A Criança Divina.

Imagens Arquetípicas

Tarô Mitológico    Tarô de Marselha    Tarô de Rider-Waite

Afirmação para O Louco: "Existem possibilidades e oportunidades ilimitadas diante de mim. Eu sei que estou seguro, protegido e sou aceito à medida que me aventuro no desconhecido" (DICKERMAN, 1998, p. 22).

O Mito da Caverna

Platão descreve que os homens, desde a infância, geração após geração, se encontram aprisionados em uma caverna. Nesse lugar, não conseguem se mover em virtude das correntes que os mantêm imobilizados. Virados de costas para a entrada da caverna, veem apenas o fundo dela. Atrás deles há uma parede pequena, onde uma fogueira permanece acesa. Por ali passam homens transportando coisas, mas como a parede ocultava o corpo dos homens, tudo que os prisioneiros conseguem ver são as sombras desses objetos transportados. Essas sombras projetadas no fundo da caverna são compreendidas pelos prisioneiros como sendo tudo o que existe no mundo.

Certo dia, um dos prisioneiros consegue se libertar das correntes que o aprisionavam. Com muita dificuldade, ele busca a saída da caverna. No entanto, a luz da fogueira, bem como o exterior da caverna, agride seus olhos, já que ele nunca tinha visto a luz. Entretanto, tomado de compaixão pelos companheiros de aprisionamento, ele decide enfrentar o caminho de volta à caverna, com o objetivo de libertar os outros e mostrar-lhes a verdade.

Contudo, o homem que conseguiu se libertar, saindo da caverna, teve dificuldades de comunicar a seus companheiros o que tinha visto, pois eles já estavam tão acostumados com sua inconsciência e escuridão que o consideraram louco. Assim, preferiram continuar na caverna para não correr riscos, permanecendo em sua zona de conforto.

As perguntas do Louco são:

Neste momento, qual é o próximo passo a ser dado na jornada da sua evolução?

Você está pronto(a) para sair da sua zona de conforto e se aventurar no desconhecido?

Que espécie de risco necessário você deve correr para alcançar uma mudança?

Atividade

Colagem do arquétipo do seu Louco (use uma folha de papel canson A4, 220 gramas, dividida ao meio).

Tema: Meu Louco no mundo.

Represente seu Arcano O Louco, por meio de recortes de revistas, podendo pintar, desenhar ou colar materiais diversos (tecido, madeira, pedaço de jornal, papéis coloridos, etc.) e o que mais sua imaginação quiser.

Após a atividade, faça uma escrita criativa e intuitiva a seu respeito.

Dialogando com a colagem

Descreva a imagem que vê:

Quais sentimentos ela lhe desperta?

Qual o caminho ela lhe indica?

A imagem lhe diz:

Eu sou..

Eu quero..

Eu posso..

Eu vou...

Minha mensagem é..

O MAGO – ARCANO 1 – O Mensageiro

Arcano número 1 – O número 1 representa o impulso criador, sendo considerado o princípio *yang*, a energia solar e o masculino dentro de cada um de nós como impulso, iniciativa, ideias, inteligência, inícios, atividade e força consciente. O número atribuído a O Mago é o 1. Ele simboliza a totalidade, todos os outros números descendem dele. Enquanto o zero sinaliza a não existência de algo, a neutralidade, o desconhecido, o potencial do vir a ser, o 1 já constitui uma unidade.

Em Pramad, "O Ser emanou do Nada, como o um emanou do zero [...]. O 1 concentra todas as possibilidades do Ser que no zero existiam num estado informal" (PRAMAD, 2003, p. 71). O um é o ponto de partida, a referência, a inteligência criativa, as possibilidades infinitas, o manifesto, a individualidade, o princípio masculino universal. Concomitantemente ao surgimento do 1, o 2 aparece representando o princípio feminino universal. Quando o 1 surge, automaticamente o 2 aparece como complemento do 1, trazendo a polaridade.

O Mago encarna o *yang*, o princípio dinâmico e ativo do cosmos, representa o princípio masculino universal. Aqui, O Louco começa a identificar seu ego, seu potencial criador e realizador, como também a reconhecer seus aspectos conscientes, de quem ele é e o que quer realizar na jornada de sua vida. Ele está agora na figura de O Mago, cuja meta é a transformação para melhoria de sua realidade e qualidade de vida.

Letra hebraica atribuída a O Mago: *Bet*, que significa "casa", "habitação".

Essa casa é a "habitação" do Espírito que desce em direção à densidade da manifestação. O Mago simboliza aquilo que constrói a casa, ou seja, que dirige e cerceia o Espírito Unitário, simbolizado pela carta O Louco. O Mago sabe que está conectado com o universo à sua volta. Para ele, assim como Hermes Trismegisto: "O que está embaixo é como o que está no alto, e o que está no alto, é como o que está embaixo. E o sagrado não está separado, nem está acima nem fora de nós, mas é uma força que emerge do nosso próprio ser como uma presença que permeia tudo que existe.

Título Esotérico: "O Mago do Poder".

Caminho Cabalístico: este é o caminho de número 12 da Árvore da Vida, une a *Sephirah Binah* (o Conhecimento, o Entendimento ou a Inteligência) com a *Sephirah Kether* (a Coroa).

O 12º caminho da Árvore da Vida é o da "Consciência Brilhante". Pramad diz que esse caminho nos mostra um estado de consciência liberto das aparências do mundo fenomênico. É um estado de felicidade completa, do êxtase de ser contemplado pela espiritualidade, com total discernimento entre a realidade e a ilusão. Podemos dizer que este é um estado de total integração com a Consciência Universal.

A atribuição astrológica de O Mago é Mercúrio que, sendo vizinho do Sol, governa a mente consciente, racional, objetiva, como os processos de pensar, analisar, extrair experiências, comunicá-las e aplicá-las de forma prática nas atividades do cotidiano, com domínio e decisão. Representa a força geradora do universo.

Em nível humano, representa a razão, a vontade, o conhecimento, a comunicação, a diferenciação, a autonomia, o pioneirismo, a liderança. Quando a energia de O Mago desperta no indivíduo, inicia-se um processo de autocompreensão que acende nele a primeira fagulha do vislumbre de sua própria força. É quando descobre que não é um simples fantoche e, pela sua força de vontade, segura firme as rédeas da vida nas mãos para ir ao encontro de sua individualidade, no sentido de se tornar um ser único, indivisível, com poder pessoal e capacidade de transformação.

O Mago marca o começo de um tempo e nos abre para o caminho iniciático do autoconhecimento. Dispõe para isso, em sua mesa, de símbolos dos quatro elementos (Terra, Água, Ar e Fogo), que lhe permitem levar a termo sua ação e tirar proveito de tudo aquilo que surgir. É o início da ação, nossa capacidade de despertar. Quando essa energia de O Mago inicia na pessoa, ela passa a ser dona da própria vida. No nível psicológico, a energia de O Mago indica o começo do processo de autocompreensão que Jung denominou individuação, o qual vem para guiar nossa viagem pelo mundo interior do nosso eu mais profundo; representa também o início do caminho de volta à unidade, em que nos sentimos uno com o universo e com o outro. Por intermédio dos quatro elementos, ele passa pelas experiências da vida para se tornar um homem inteiro em seu corpo físico, emocional, mental e espiritual. É o poder que transcende o ego, nos guiando ao encontro da nossa essência original.

Dentro da experiência de vida, cada um de nós vai usar os quatro elementos de uma forma diferenciada. Esses elementos também dizem respeito às quatro funções psíquicas da consciência (segundo Jung), que são: função sensação (Terra), função sentimento (Água), função pensamento (Ar), função intuição (Fogo). Essas são as quatro funções de adaptação de que todo indivíduo se utiliza para fazer o reconhecimento do mundo exterior e orientar-se nele. Cada um vai usar preferencialmente sua função principal.

A postura de O Mago representa a harmonia entre o que está em cima e o que está embaixo, sua ligação com o céu e a terra, simbolizando sua tomada de consciência na história de seu desenvolvimento; multiplicando os recursos que lhe são disponibilizados; enriquecendo sua vida com as sementes das possibilidades, colocando-as para germinar.

O Bastão (elemento Fogo) é símbolo do guia, do poder, do comando e da clarividência. É o instrumento mágico por excelência, especialmente associado ao fogo que dele brota. Confere o poder de dirigir, comandar e de transformar as situações.

As Moedas (elemento Terra) são um símbolo das aquisições materiais ou da materialidade. Por serem de ouro, metal nobre, escapam da adulteração.

A Taça (elemento Água) é símbolo do feminino, da feminilidade, da fecundidade e da receptividade. Determina o sentimento e a emotividade.

A Espada (elemento Ar) é um instrumento simbólico de clareza mental destinado a cortar pensamentos confusos e negativos, afirmando a intelectualidade, abrindo para a possibilidade de liberação da mente.

A Mesa simboliza o aparato, o apoio, o continente de que necessitamos para o desenvolvimento da nossa consciência. É o campo onde acontece a transformação, a proteção que a consciência nos impõe para fazermos a jornada.

O Chapéu do Mago, em formato de oito deitado, representa o símbolo do infinito (cosmos), possuindo a capacidade humana de atrair as forças cósmicas, como também a conexão entre essas forças. É igualmente a conexão entre o pequeno e o grande Eu (Ego-*Self*), entre a pessoa e sua essência, podendo chamá-lo de princípio de orientação interior, ajudando a reconhecer e desenvolver seus talentos.

Enquanto O Louco significa o saber inconsciente, O Mago é a corporificação da mente consciente, com sua capacidade de conhecer e manipular o mundo físico com as ferramentas que possui em sua mesa. É o conhecimento que vem do coração. É descobrir o que se quer e se realmente está no caminho.

Na mitologia grega, O Mago é Hermes, filho de Zeus, rei dos deuses, e da misteriosa ninfa Maia, também chamada de Mãe da Noite. Segundo o Tarô Mitológico, ele é considerado tanto filho da luz espiritual quanto da escuridão primordial, refletindo as misturas das paixões terrenas e da claridade espiritual que fazem parte da sua natureza e de todos nós, seres humanos. Conta o mito que, ainda bebê, Hermes engatinhou para fora do berço e roubou o rebanho de gado de seu irmão, Apolo. A fim de enganá-lo, Hermes calçou suas sandálias ao contrário, para que o deus irado se desviasse para a direção oposta. Não bastando, presenteou o irmão com uma lira feita por ele, dizendo-lhe ser um presente para honrar seu maravilhoso dom musical. E com essa lisonja, Apolo esqueceu-se do gado e o presenteou com o dom da adivinhação.

Hermes também é conhecido como trapaceiro ou embusteiro por ser ambíguo e enganador, no entanto, ele é o mensageiro de confiança dos deuses e também aquele que guia as almas pelo submundo. Essa forma de trapacear, usando as sandálias ao contrário, também significa autoengano.

O Mago é Hermes (Mercúrio), o mensageiro dos deuses. Usa sandálias aladas, símbolo da elevação. É o mediador entre os dois mundos, o céu e a terra (o consciente e o inconsciente). Como o alquímico Mercúrio, ele possui poderes mágicos para guiar nossa viagem pelo mundo inferior do nosso eu mais profundo, sendo considerado o deus das revelações.

Outra relação que podemos fazer com o arquétipo de O Mago, além do mito de Hermes, diz respeito à história de *O Duende da Ponte*, que fala do desafio do menino Teo de atravessar a ponte todo dia para ir à escola, sem pagar pedágio ao terrível duende que o esperava. Esse duende representa a sombra do personagem que tenta sabotá-lo, impedindo-o de continuar seu caminho. Mas Teo, utilizando os atributos do seu guia interior ou Mago (sagacidade, inteligência, persuasão, persistência, foco no objetivo, criatividade e coragem), conseguiu vencer todos os desafios com as brilhantes charadas que propunha ao duende. Assim, com o auxílio de suas habilidades, consegue atravessar a ponte todo dia sem pagar pedágio, como também convencer o duende a ir com ele todos os dias para a escola.

Outra narrativa, a qual também pode atribuir a esse Arcano, é a de *Aladim e a Lâmpada Maravilhosa*. Em sua odisseia, vamos nos deparar com um gênio todo-poderoso, uma lâmpada mágica e a busca da iluminação pelo caminho do bem e do mal (dualidade).

Qualidades positivas de O Mago: é o empreendedor arquetípico. Associa-se aos seguintes aspectos: inteligência rápida, originalidade, criatividade, determinação, persuasão, consciência de seu potencial, iniciativa, ação, versatilidade, pioneirismo, jogo de cintura, flexibilidade, destreza, habilidade, foco no objetivo, liderança, capacidade de fazer escolhas e de concretizá-las, movimento de expansão, o novo, capacidade de agir e de se transformar, e nova forma de se relacionar.

Outras qualidades relacionadas a esse Arcano são: facilidade de tirar proveito de todas as situações, autoconfiança que acelera as possibilidades de bem-estar material, emocional e físico. É a curiosidade que se abre para o espiritual, possibilitando chegar à autorrealização.

Todos os elementos nesse Arcano lhe são oferecidos para chegar à concretização de seus projetos e objetivos de vida. Mas é essencial acreditar em seus próprios talentos para empreender as ações que se quer alcançar.

Qualidades negativas de O Mago: pode trazer uma situação dúbia por meio da manipulação. Excesso de racionalidade, materialismo, ego compulsivamente ativo direcionado para coisas externas, escondendo seu cansaço por medo de ser rejeitado pela sociedade, pânico de se encontrar consigo mesmo, podendo se tornar um desconhecido de si, desconectado de sua essência e de seu lado feminino (*anima*).

O Mago é o mestre espiritual e o protetor de O Louco. Ele representa o poder inconsciente presente em todos nós, o qual nos protege mesmo quando não o vemos e que se apresenta de forma inesperada, nos momentos mais difíceis da vida para nos oferecer auxílio e orientação. Pode surgir por intermédio de um livro que se esteja lendo, uma visita casual, em palavras ditas por outrem, etc., pelo fenômeno da sincronicidade.

Seguir o guia interior nem sempre significa escolher aquilo que é mais seguro e ter todos os resultados garantidos. Muitas vezes, pode acontecer o contrário do que se espera. Mas Hermes é o mestre dos quatro elementos, e sua sabedoria pode nos guiar desde o momento em que saímos da segurança da caverna maternal, no Arcano O Louco, bem como em todas as fases de nossa vida até o final da nossa viagem. O encontro com nosso Mago interior, ou consciência, nos permite um discernimento das nossas capacidades não exploradas, tornando possível desenvolvê-las para explorá-las em novas possibilidades, utilizando nossos recursos internos, tornando possível a jornada. Em um nível humano, representa a razão, a vontade, o conhecimento e a comunicação.

Leitura simbólica do Tarô de Marselha, segundo os estudiosos: a roupa de duas cores, abaixo da cintura, simboliza o interior; acima da cintura, simboliza o exterior. A parte de cima está ligada à razão (ar), ao racional, ao patriarcal. A parte de baixo está ligada ao inconsciente, às profundezas da terra, ao matriarcal.

A cor azul presente na lâmina simboliza a reflexão, os *insights* e o feminino, o lado mais irracional, mais inconsciente. A cor vermelha simboliza a ação, o masculino.

A roupa é a *persona*, sua proteção, e significa que, neste momento da jornada, ele não está mostrando sua alma. Ele está muito bem-vestido, porque o *Self* ainda está como possibilidade.

O cabelo amarelo significa consciência e percepção. A parte do cabelo branco significa ingenuidade, pureza, seu lado meigo, compaixão e relação com as coisas de uma forma pura.

A cor verde no chapéu significa possibilidades, novas ideias, novos projetos. A cor amarela significa um pouco de consciência. A cor vermelha, mais a amarela, significa uma relação mais calorosa com as coisas de modo geral .

Suas mãos são seus instrumentos de transformação.

Posições dos pés: o pé direito (mais aberto) significa a consciência que o leva à reflexão. Simboliza a trajetória de Hermes. O pé esquerdo significa o inconsciente. A cor vermelha do sapato denota a energia vital, a libido.

O solo amarelo significa um solo fértil, onde ele pode caminhar; o novo vindo, algo a ser germinado.

O Mago nos leva a assumir a responsabilidade de nossa própria vida. É o cocriador da realidade, a integração dos poderes superiores da consciência, a comunicação, a sabedoria, os conhecimentos metafísicos, o discernimento.

Imagem: o Espírito, a Centelha Divina, o Filho de Deus, Cristo, Krishna, Osíris, Apolo, o Sol, o Senhor dos Sonhos, o Ilusionista, o Ator, o Mensageiro, Mercúrio, Hermes Trismegisto, Aladim, o Mágico, o Protetor, Thoth, Enoch, Odin.

Imagens Arquetípicas

Tarô Mitológico

Tarô de Marselha

Tarô de Rider-Waite

Afirmação para O Mago: "Tenho uma nítida compreensão de quem eu sou. Minha base é forte e controlo a mim mesmo e à minha vida. Uso meu poder para transmutar os impulsos inferiores em bênçãos" (DICKERMAN, 1998, p. 29).

O Mito de Hermes

Quando ainda era muito pequeno, Hermes conseguiu sair do berço e roubou um rebanho de gado de seu irmão Apolo, o deus Sol. E, a fim de enganá-lo, calçou as sandálias ao contrário para que o irmão seguisse uma trilha falsa ao se dar conta do ocorrido. Quando finalmente Apolo conseguiu ter com seu irmão e perguntar-lhe sobre quem roubara o gado, Hermes deu-lhe um presente: uma lira feita de casco de tartaruga. Para bajular seu irmão, Hermes lhe disse que o presente era dado para homenagear suas habilidades musicais. O irmão mais velho, encantado com tanta lisonja, esqueceu-se do gado e, em retribuição, concedeu-lhe um de seus próprios dons, o da adivinhação. A partir de então, Hermes tornou-se o mestre dos quatro elementos e, por fim, ensinou aos homens as artes da geomancia (adivinhação pela terra); piromancia (adivinhação pelo fogo); aeromancia (adivinhação pelo ar); e hidromancia (adivinhação pela água). Sempre foi reverenciado nas encruzilhadas, onde é costume erigir estátuas em seu louvor e os viajantes param para invocar suas bênçãos (mito baseado em BURKE; GREENE, 2007).

As perguntas do Mago são:

Qual é seu principal objetivo neste momento de sua vida?

Quais as ferramentas (recursos internos) que você já possui para alcançar esse objetivo?

Como o autoengano pode fazer você se sabotar? O que você tem na cabeça reflete o que está em seu coração?

Atividade

Colagem do arquétipo do seu Mago (use uma folha de papel canson A4, 220 gramas, dividida ao meio).

Tema: Os recursos que você já possui para empreender esta viagem.

Represente seu Arcano O Mago por meio de recortes de revistas, podendo pintar, desenhar ou colar materiais diversos (tecido, madeira, pedaço de jornal, papéis coloridos, etc.) e o que mais sua imaginação quiser.

Após a atividade, faça uma escrita criativa e intuitiva a seu respeito.
Dialogando com a colagem
Descreva a imagem que vê:
 Quais sentimentos ela lhe desperta?
 Qual caminho ela lhe indica?
A imagem lhe diz:
Eu sou..
Eu quero...
Eu posso...
Eu vou..
Minha mensagem é...

A SACERDOTISA – ARCANO 2 – Introspecção para um Trabalho de Autoconhecimento

O 2 é o número desta carta. Surge do zero simultaneamente ao 1. Segundo Pramad, o 1 não pode aparecer, senão o 2 aparece e vice-versa. Se existe luz, há sombra em algum lugar. Se definirmos o bem, definiremos o mal, etc. O 2 e o 1 constituem a primeira grande dualidade de que dependem o movimento e a vida. Sendo o 1 a unidade, o 2 é a polaridade. O 1 é o Princípio Masculino Universal e o 2, o Princípio Feminino Universal. Todas as manifestações do universo são misturas desses dois princípios. Segundo o texto hermético *O Caibalion,* "Tudo é duplo, tudo tem dois polos, tudo tem seu par de opostos":

Um–Dois
Sol – Lua
Masculino – Feminino
Consciente – Inconsciente
Ativo – Passivo
Rígido – Flexível
Criativo – Receptivo
Força – Forma
Impulso – Contenção

O Céu – A Terra
Yang – Yin
Positivo – Negativo

O número 2 corresponde à Sacerdotisa. Nesse Arcano, percebemos que existe algo além da consciência que é mais profundo e faz parte de todos nós, o inconsciente. Aqui, nos deparamos com o princípio *yin*; tudo é voltado para dentro, à nossa interiorização, para acessarmos nossas emoções mais íntimas e intuições, a fim de escutarmos nossa voz interior e sairmos mais fortalecidos, para darmos o próximo passo e seguirmos em frente na nossa jornada do herói.

Durante muito tempo, essa carta se chamou "A Papisa". Segundo Pramad, a aparição desse arcano teve tudo a ver com o resgate do princípio feminino na religião e no pensar coletivo durante a Idade Média. O feminino tinha sido progressivamente enfraquecido pelas culturas patriarcais gregas e romanas e degradado pela Igreja Católica, até o ponto em que o povo, cansado de um Deus inacessível, inflexível, julgador e castigador, sentiu a necessidade de ícones que representassem o amor, a compaixão, a misericórdia e, de preferência, que fossem na figura de uma mulher. Atualmente, essa carta é conhecida como "A Sacerdotisa". Podemos considerar que sua cor é o azul da reflexão.

Título Esotérico: "A Senhora da Eternidade"; e também "A Princesa da Estrela Prateada". Conhece as forças cósmicas de forma intuitiva.

Letra hebraica correspondente: *Guímel*, que significa "camelo" e representa simbolicamente a garganta. Representa a ideia de expansão e de crescimento.

Caminho Cabalístico: é o 13º caminho da Árvore da Vida. Une a *Sephirah Tiphareth* (a Beleza) com a *Sephirah Kether* (a Coroa).

Atribuição Astrológica: o planeta que rege a Sacerdotisa é a Lua. Seu signo é Câncer (água).

As pessoas nascidas sob a influência deste signo são normalmente muito intuitivas, empáticas, sentimentais, gentis e dóceis. Os cancerianos são sonhadores, protetores, carinhosos, possuindo uma imaginação ilimitada e grande estima por seus amigos e familiares, bem como são muito apegados à mãe e ao seu lar. Têm facilidade de expressar suas emoções e necessitam da troca com o outro. Gostam de relacionamentos sólidos e precisam confiar em seus parceiros para entregar-lhes seu coração, podendo se transformar em pessoas possessivas e manipuladoras. Não gostam de ser criticados, pois têm sua sensibilidade muito aflorada, ofendendo-se com facilidade. São leais, inseguros, perceptíveis, amistosos, calmos e silenciosos.

A Lua é considerada a antítese do Sol, "que representa a plenitude e a consciência da vida, tudo o que brilha com luz própria. A Lua é o símbolo da infância, das coisas ocultas, do inconsciente e da ilusão" (PRAMAD, 2003, p. 78). Representa a mente subjetiva e instintiva, bem como nossos sentimentos e emoções mais profundos. Rege nossa imaginação, intuição, sensibilidade, sonhos e receptividade. Cria um forte apego ao passado, à mãe, ao lar e às atividades domésticas. Está associada à ideia de mobilidade, flexibilidade e mudanças, em função da extrema rapidez com que percorre o zodíaco. Governa a fertilidade e o crescimento, tudo o que é cíclico e flutuante, o elemento Água, todos os seres aquáticos e os animais noturnos. Sua relação com a mulher é muito importante, estando intimamente ligada ao ciclo menstrual, o processo de gestação e de parto.

A Lua também representa vidas passadas, e está relacionada com o todo primordial, o atávico, os rituais e a magia. Sendo dona dos nossos sentimentos e emoções mais profundos, rege nossa imaginação, nossa sensibilidade, nossa capacidade de nos impressionarmos, nossas fantasias e receptividade.

A Sacerdotisa simboliza todas as deusas virginais, da fecundidade e da fertilidade. Está associada a Ishtar, Perséfone, Hécate e com a deusa Ísis, a mais ilustre das deusas egípcias, a que protege os mortos sob suas asas e os ressuscita. Representada na sua forma mais espiritual, está relacionada à deusa grega Ártemis, protetora do feminino, equivalente a Diana, a caçadora, deusa dos romanos.

Alguns autores, baseando-se nas qualidades da Lua, veem nesse Arcano um contínuo movimento de vaivém, augúrio de momentos favoráveis e desfavoráveis, atrações e repulsões alternando-se ritmicamente.

Significados gerais: A Sacerdotisa encarna o princípio *yin* universal, o feminino receptivo e conservador do universo. É a fonte mágica da fecundidade e da transformação. É o oposto complementar de O Mago.

Ela se encontra, na maioria dos Tarôs, em uma atitude de silêncio, contemplação, serenidade e observação interior. Segundo Pramad, sua atenção está direcionada para o mundo interior, está ligada com seu íntimo, conhece seu coração. Isso faz com que tenha acesso a toda sabedoria. Seu conhecimento não é racional, dedutivo nem analítico, mas intuitivo e instintivo. Não existe futuro, não existe ação, não está procurando nada. Está totalmente presente em seu não fazer em profunda meditação, sem mente, sem projeções, deixando as coisas acontecerem por si mesmas, em contato com sua essência, sem objetivos, com passividade.

A Sacerdotisa também é conhecida como a depositária da sabedoria oculta, representando o mergulho na inconsciência. Em alguns Tarôs, aparece com um livro nas mãos (Torá), o qual guarda os segredos da nossa alma. E contém todas as possibilidades da vida: posso abrir ou fechar o livro. Ela nos pede para olharmos para o lado oculto das coisas. Simboliza o potencial, aquilo que está em germe, a semente.

Esse arquétipo está relacionado ao mistério, à imaginação, aos sonhos, à intuição e às forças superiores. Também com o mundo sombrio, desconhecido e insondável, com o lado feminino espiritual autossuficiente, com a profunda sabedoria, pureza, integridade e tudo aquilo que é inacessível. Detém o conhecimento de vidas passadas. Está associada à chamada "noite escura da alma". A Sacerdotisa penetra no inconsciente trazendo questões sombrias. Representa o inconsciente coletivo, é considerada "A fonte de todas as águas" e está em semente, representando as possibilidades. Podemos dizer que no inconsciente coletivo se encontram as possibilidades.

O 2 é o conflito que gera o 3. Quando eu alcanço o 4, volto para o 1 (matemática alquímica), retornando a unidade. Exemplo: $1 + 2 + 3 + 4 = 10 = 1$.

A Sacerdotisa está ligada ao ocultismo, ao poder da Lua e seus mistérios. Ela tem a ideia de reter, memorizando as possibilidades.

No Tarô Mitológico, a Sacerdotisa está relacionada ao mito de Perséfone, que, em um nível psicológico, é a imagem do elo com o misterioso e insondável mundo interior que a psicologia denomina "inconsciente".

Em Burke e Greene (2007, p. 42.), Perséfone, A Sacerdotisa, "é a incorporação da nossa parte que conhece os segredos do mundo interior. Mas ela é apenas percebida pela consciência desperta e aparece por meio de fugazes fragmentos de sonhos ou por estranhas coincidências que nos fazem imaginar que existe algum padrão atuando em nossas vidas".

As colunas na lâmina, uma escura e a outra clara, refletem a dualidade contida no mundo das trevas. Tanto o potencial criativo como o impulso destrutivo estão ocultos na escuridão do inconsciente.

O mundo sombrio de Perséfone oferece apenas lampejos dos padrões e da movimentação dentro do indivíduo, desse mundo desconhecido, que requer paciência e tempo antes de serem trazidos à luz.

As sementes da mudança e dos novos potenciais estão protegidas dentro do útero silencioso do mundo das trevas, antes de terem permissão para serem geradas pela Mãe Terra e trazidas à luz no mundo material.

O desafio é: entrar em contato com o mundo inconsciente da Sacerdotisa (mundo sedutor), perscrutar-se para depois ir para a ação na carta da Imperatriz.

Podemos, também, relacionar A Sacerdotisa com a história de "Vasalisa, a Sabida". Nesse conto, a mãe moribunda chama sua filha, Vasalisa, que estava de botas vermelhas e avental branco, a qual se ajoelha ao lado de sua mãe e recebe dela uma minúscula bonequinha. A boneca estava vestida exatamente como Vasalisa costumava se vestir. As últimas palavras da sua mãe foram para ela sempre perguntar para a boneca o que fazer quando precisasse de ajuda, guardá-la consigo e alimentá-la, quando estivesse com fome. E, com essas palavras, a mãe faleceu. Sempre que Vasalisa se sentia ameaçada ou amedrontada, ela enfiava a mão no fundo do bolso e ali estava a boneca lhe indicando o caminho certo.

Esse conto simboliza, entre outras coisas, nossa intuição profunda que sabe o que é melhor para nós e nos pede para prestarmos muita atenção nessa voz interior, a qual está nos orientando no caminho que devemos trilhar para nosso amadurecimento. Vem nos mostrar o poder da intuição, composta pela visão, audição, percepção e pelo conhecimento interior, que precisamos resgatar. Como o conto nos mostra, quando a mãe de Vasalisa morre, deixa para ela um importante legado representado pela boneca dada à filha. Essa boneca representa a intuição, que é uma das características do feminino, tanto na mulher quanto no homem (*anima*).

Em seu livro *Mulheres que Correm com os Lobos*, Clarissa Pinkola Estés diz que a iniciação de Vasalisa começa quando ela deixa morrer valores e atitudes dentro de sua psique que não contribuem mais para seu crescimento. Assim como dogmas há muito aceitos pelas mulheres, que tornam a vida segura demais, que as superprotegem e as fazem se acomodar em um estado de alienação, apatia e postergação.

Esse conto nos incentiva a deixar morrer "a mãe boa demais" dentro da nossa psique, que não é adequada para nossa expansão e amadurecimento, em virtude de seus valores de proteção, os quais nos impedem de nos lançarmos a novos desafios a fim de atingirmos um desenvolvimento mais profundo. Mas, ao mesmo tempo, essa mãe também abençoa a filha com uma boneca (a intuição), para guiá-la nessa transição psíquica da "mãe boa demais" para a mulher madura, que sabe cuidar de si mesma, com amor, garra, serenidade e determinação.

Aspectos positivos: prevê um aumento dos poderes da intuição, implicando uma espécie de encontro com o mundo oculto interior, governado por Perséfone.

Fala de uma situação de recolhimento, passando por um período de introspecção, permitindo que coisas interiores aflorem. É uma fase de descobrimentos internos e de contato com seus sentimentos mais verdadeiros: inspiração, intuição, entrega, mediunidade, clarividência, autoconhecimento, centramento. Pode falar também de segredos que necessitam ser revelados, sentimentos ocultos, poder do feminino espiritual, aquela que cura, de talentos em desenvolvimento, influências misteriosas, ver além do óbvio, confiar em sua intuição, lembrança de algo significativo.

A Sacerdotisa é o símbolo arquetípico de tudo que é desconhecido e fala também que está na hora de tirar o véu da ilusão. Diferentemente de A Imperatriz, que representa os aspectos mais mundanos e materiais da vida, A Sacerdotisa simboliza os aspectos mais espirituais e sagrados, o fator esotérico desconhecido e o instinto feminino que fascinam a humanidade há milhares de anos. Fala de uma situação misteriosa, com algo oculto que necessita ser descoberto; e de segredos do coração que precisam vir à tona, a fim de que você possa encontrar a verdade sobre determinada situação, ou também que, em certos casos, ficar calada é a melhor opção.

Aspectos negativos: passividade na hora errada, dependência. Pode mostrar a pessoa cristalizada numa atitude extremamente introspectiva, tímida, desconfiada, com medo de agir, de tomar iniciativa e de mostrar suas emoções. Pode usar uma máscara de espiritualidade para esconder seu medo de enfrentar a vida, ficando fechada dentro da sua concha. A pessoa pode estar sonhando acordada, com falta de interesse pelo presente, apatia e estagnação. No passado, a carta pode dizer respeito aos primeiros anos de vida, nos quais, ainda criança, a pessoa foi impedida de tomar iniciativa ou ter qualquer atitude ativa ou criativa, ficando tímida e insegura. Suas atitudes expressivas e extrovertidas foram reprimidas. Assim, sentiu-se incapaz, e um forte sentimento de incapacidade ficou gravado profundamente no seu inconsciente, transformando-a em um ser anulado, rejeitado, tímido, solitário, vivendo num mundo de fantasias cheio de príncipes e fadas para aliviar suas dores. Desse modo, prefere esperar sem fazer nada a abrir-se, tomando iniciativas e se aventurando na vida.

Conselho: abra seu coração para o amor. Aceite e desfrute aquilo que a vida tem para oferecer. Deixe a imaginação ser sua guia. Permita-se ser feliz. Mas cuidado para não limitar o amor ao objeto amado. Quando dependemos de alguém ou de algo para sermos felizes, perdemos nossa liberdade de ação, nos tornando seres passivos, submissos, sem luz própria.

Imagem: a Alma, o Amor, o Sentimento, a Emoção, o Plano Astral, o Inconsciente, o Sonho, a Imaginação, a Fantasia, a Mãe do Universo, Maria, Ísis, Iemanjá, a Virgem, a Esposa do Espírito, o Mar, a Lua, a Prometida, a Sibila, a Prostituta do Templo, Avalon.

Imagens Arquetípicas

Tarô Mitológico    Tarô de Marselha    Tarô de Rider-Waite

Afirmação para A Sacerdotisa: "Todo conhecimento e entendimento estão ao meu alcance quando perscruto a mim mesma" (DICKERMAN, 1998, p. 44).

O Mito de Perséfone

Aqui encontramos Perséfone, rainha do submundo, filha de Deméter, a Mãe Terra e guardiã dos segredos dos mortos. Segundo o mito, Hades, senhor do submundo, se apaixonara pela jovem Perséfone, quando ela colhia flores no campo, saindo da sua morada para raptá-la. Levando-a para seu mundo sombrio, ele lhe ofereceu uma romã e ela aceitou. Ao comê-la, ela selou seu destino com Hades em seu reino, ficando assim, eternamente ligada ao deus.

Perséfone governa o submundo durante três meses do ano e, apesar de passar nove meses no mundo da Luz com sua mãe Deméter, ela não podia contar os segredos que lhe foram revelados no mundo dos mortos. O reino de Hades, cheio de mistérios e riquezas, era cercado pelo terrível rio Estige, o qual nenhum ser humano vivo podia atravessar sem a permissão do próprio Hades; mesmo quando Hermes, mensageiro dos deuses e guia das almas, podia escoltar os heróis excepcionais que conseguiam o consentimento do deus. Inclusive, as almas dos mortos não podiam atravessar o rio sem pagar uma moeda a Caronte, o velho barqueiro encarregado da travessia do Estige. Além disso, nos portais do reino de Hades encontrava-se Cérbero, o terrível cão de três cabeças, o qual devorava qualquer intruso, vivo ou morto, que não respeitasse as leis desse reino invisível. Dessa forma, ao comer a romã, Perséfone deixava para trás sua infância inocente, tornando-se guardiã desse mundo sombrio e de seus segredos (mito baseado em BURKE; GREENE, 2007).

As perguntas da Sacerdotisa são:

Você conhece o verdadeiro propósito de sua alma?
Quais são suas reais necessidades?
Você conhece os segredos do seu mundo interior? O que sua intuição lhe diz sobre eles?

Atividade

Colagem do arquétipo da sua Sacerdotisa (use uma folha de papel canson, 220 gramas, dividida ao meio).
Tema: O que você quer escrever no livro da vida?
Represente seu Arcano A Sacerdotisa por meio de recortes de revistas, podendo pintar, desenhar ou colar materiais diversos (tecido, madeira, pedaço de jornal, papéis coloridos, etc.) e o que mais sua imaginação quiser.
Após a atividade, faça uma escrita criativa e intuitiva a seu respeito.
Dialogando com a colagem
Descreva a imagem que vê:
Quais sentimentos ela lhe desperta?
Qual o caminho ela lhe indica?
A imagem lhe diz :
Eu sou..
Eu quero...
Eu posso...
Eu vou..
Minha mensagem é..

A IMPERATRIZ – ARCANO 3
– A Grande Mãe Universal

A Imperatriz é o Arcano número 3, fruto da união do 1 com o 2. Integra suas qualidades e as equilibra. É a síntese completa da harmonia dos opostos. É a criatividade, a expansão, a expressividade, a inspiração e a comunicabilidade. Sendo o número 1 o princípio masculino ativo, o 2, o princípio feminino passivo, o 3 é a síntese da ação desses dois princípios. É o florescimento do feminino.

Segundo Pramad, "na China o 3 é considerado um número perfeito, expressão da totalidade, ao qual nada pode ser acrescentado. É a conclusão da manifestação, o número do ser humano, filho do céu (1) e da terra (2), com os quais completa a Grande Trindade" (PRAMAD, 2003, p. 82 a p. 83). Na numerologia pitagórica é considerado o número do matrimônio, por ser a soma do 1 (energia *yang* masculina), o primeiro número ímpar, e o 2 (energia *yin* feminina), o primeiro número par. Essa soma resulta no 3, representando a união das polaridades (princípio ativo com o passivo) que se complementam.

A Imperatriz combina a espiritualidade com suas funções materiais, como vemos no símbolo astrológico de Vênus em que, acima da cruz da matéria, está o círculo do espírito. É o primeiro número a formar uma figura geométrica, o triângulo. A influência desse princípio é o equilíbrio dos opostos estendendo-se a todas as religiões e filosofias, expressando a síntese espiritual das diferentes trindades. Na religião cristã, manifesta-se como Pai, Filho e Espírito Santo.

Na lâmina A Sacerdotisa estava tudo muito indiscriminado, em A Imperatriz, ela já está no domínio de suas emoções e da ação. O que A Sacerdotisa não realiza, A Imperatriz vai realizar. Ela está sentada num trono, símbolo da manifestação universal em seu florescimento total, suporte da expressão gloriosa da divindade. Ela se apropria do seu trono e se empodera.

O número 3 é ímpar, de energia, *yang*, podendo significar o número do conflito que nasce do 2. A mulher que estava lá germinando (no Arcano A Sacerdotisa) se deixou manifestar (no Arcano A Imperatriz).

A Imperatriz é o arquétipo universal da Grande Mãe, que confere segurança, amor e proteção.

A letra hebraica de A Imperatriz é *Dalet* e se traduz como "porta" ou "útero". Representa simbolicamente os seios femininos, e tudo aquilo que é nutritivo e abundante.

Caminho Cabalístico: é o 14º caminho da Árvore da Vida. Une e equilibra a *Sephirah Binah* (o Entendimento ou a Inteligência) com a *Sephirah Chockmah* (a Sabedoria).

Título Esotérico: "A Filha dos Poderosos".

Atribuição Astrológica: Vênus é o planeta que lhe é atribuído. Ele rege o amor, a sensualidade, a volúpia, a alegria, a beleza, a doçura e os relacionamentos. É considerado o princípio da atração entre os seres.

Os signos que rege: Libra (ar, relacionamento, casamento); Touro (terra, matéria, segurança); e Câncer (água, maternidade, emoção).

Sendo Vênus um planeta de harmonia, seus efeitos nos deixam sensíveis perante todas as manifestações de beleza, estimulando-nos a sermos belos e atraentes. Podemos ver em Vênus a antítese de Marte. Enquanto Marte governa a ação, a força, os impulsos instintivos e a agressividade, Vênus favorece a procura da tranquilidade, da harmonia, da paz, do amor e dos prazeres. É o espírito idealista, da vida alegre e despreocupada.

Em Burke e Greene (2007), o Arcano A Imperatriz fala a respeito da experiência da maternidade, que não se restringe apenas ao processo de gestação, nascimento e alimentação, mas também à experiência interior da Grande Mãe, que está relacionada com a conscientização do corpo como algo valioso a ser preservado, que requer muita atenção. Igualmente, de sermos parte da natureza e de estarmos ligados à vida natural. É a apreciação, em todos os sentidos, dos prazeres simples da vida cotidiana. Representa a Grande Mãe interna. É o portal, o passo do inconsciente para o consciente, onde se dá a transição. Se não cultivarmos a Grande Mãe dentro de nós, não poderemos gerar nada nem darmos bons frutos, ficando áridos. É o aspecto da natureza humana que sabe ter paciência e tranquilidade, e sabe esperar até que as coisas estejam maduras a fim de termos condições de agir. Sem ela não gostaremos do nosso corpo, ficando desligados do sentido natural, colocando-nos de forma puramente intelectual e fantasiosa, não respeitando os limites da realidade.

A imagem de A Imperatriz está ligada à sensação interna de segurança e proteção de cada ser humano. Sua gravidez pode ser individual ou universal. Ela é sábia, sem jamais ser racional, pois sua sabedoria vem da natureza, que compreende que tudo se movimenta em ciclos e amadurece na hora certa. Enfeita-se com as riquezas do universo e está ligada ao sentimento mais puro (emoção). Ela está relacionada à grande deusa Deméter, Mãe da Terra, que rege toda a natureza e entende que todas as coisas se movimentam em ciclos, amadurecendo no seu devido tempo. Sua sabedoria vem da natureza. Ela é a Grande Mãe, gerando todo o universo, sem ela nada frutifica. Deusa das ideias, da imaginação e da criatividade. São dois os aspectos que fazem parte de sua personalidade: o destruidor e o criativo.

A Imperatriz tem relação com o milagre do nascimento, de poder gerar, de ser fértil. É a deusa da agricultura, garante a abundância. Num nível mais abrangente, podemos dizer que A Imperatriz simboliza as forças da vida, atuando e se reproduzindo no cosmos. Representa o princípio feminino material, assim como A Sacerdotisa encarna o princípio feminino espiritual.

Na natureza, representa as forças que vivificam, nutrem e favorecem o crescimento de todos os seres. Simboliza a fecundidade em todos os planos e todas as riquezas do feminino. É a imagem matriarcal, do poder das entranhas da terra, da qual "não necessita de nenhum reconhecimento espiritual do céu".

Na leitura simbólica do Tarô Mitológico, ela é retratada como uma bela mulher grávida, de longos cabelos castanhos, em pé, no meio de um campo de cevada em maturação. Em volta de seu pescoço há um colar com 12 pedras preciosas, simbolizando os 12 signos do zodíaco. Como regente da natureza, Deméter governa o ciclo ordenado das estações e as leis cósmicas. Ela tem em sua cabeça um diadema de castelos e torres, que representa seu domínio sobre o instinto de construir casas seguras de pedra e madeira, lugares de segurança e de paz. Atrás dela, um cenário de campos férteis e água que flui para um lago. A queda-d'água sugere o fluxo de sentimento e de fertilidade do mundo de Deméter. Ela preside os rituais de casamento e abençoa o fruto dessa união.

A imagem de A Imperatriz está ligada ao sentimento de segurança e de confiança no presente. Mas, como todas as outras figuras do Tarô, Deméter tem seu lado obscuro, sombrio, de estagnação e apatia que neutralizam qualquer possibilidade de mudança. Deméter não é somente uma boa mãe, em seu aspecto destruidor pode ser também repleta de amargura, ressentimento, tornando-se vingativa, ciumenta, possessiva, sufocadora e apegada, fechando-se às mudanças e às separações que a vida requer para que finalizações e novos começos aconteçam.

Podemos também relacionar A Imperatriz com o conto "O Patinho Feio". Clarissa Pinkola Estés (1994) nos diz que a mãe da história é interpretada como símbolo da nossa própria mãe exterior, a qual deixa como legado uma mãe interior, tratando-se de um aspecto da nossa psique que atua e reage de maneira idêntica à experiência da infância que tivemos com nossa mãe. Quando essa experiência se traduz em algo concreto e negativo no passado, mesmo quando não exista mais no presente, fica registrada na psique uma cópia dessa mãe que nos influencia de forma negativa. Esta mistura confusa foi chamada por Jung de complexo materno, que cada um de nós acumula ao longo da nossa existência por meio de um grande número de recordações relativas à própria figura materna. Esses aspectos não podem ser negligenciados, necessitam serem olhados, reconhecidos, reforçados em certas características, corrigido em algumas, arrancados pela raiz em outros e, se for o caso, deve-se começar tudo de novo.

Para Estés, no conto "O Patinho Feio", a mãe pata é uma genitora ambivalente, frustrada, uma mãe sem mãe. Ela é tratada com zombaria por ter um filho muito diferente dos outros e, então, sentindo-se emocionalmente dividida, curva-se ao desejo de sua comunidade em rejeitá-lo, desistindo do filho, abandonando-o à própria sorte. E quando isso acontece com uma criatura, antes mesmo de chegar à adolescência, ela terá uma enorme ferida psicológica.

No conto, as diversas criaturas da comunidade onde vive o patinho feio o examinaram e o declararam inaceitável. Quando na realidade ele não era feio, só não combinava com os outros aparentemente. Tanto seus irmãos como os outros membros da comunidade o atacam, o bicam e o atormentam. A intenção deles era fazer com que o patinho feio fugisse indo embora. E ele sente, ao perceber essa rejeição, uma enorme dor no coração. Na verdade, o "patinho feio" não fez nada além de ter uma aparência diferente dos outros e, no final da história, descobre sua verdadeira identidade: o protagonista do conto não era um pato, mas um magnífico cisne. Assim, ele foi se juntar aos seus iguais que o receberam de braços abertos, com cuidado e com carinho, cercado de aceitação e de reconhecimento pela família a qual pertencia verdadeiramente.

Estés diz que essas pessoas consideradas "diferentes", em geral, são torturadas pelas proibições relativas aos seus desejos naturais e se deixam sabotar por indivíduos que não querem vê-las se expandir. Elas sentem que, ao tentar fazer um movimento de expansão, são tolhidas por alguém que vai querer espalhar "sal na terra" para nada crescer ali. "Se eram filhas da natureza, eram mantidas entre quatro paredes. Se eram cientistas, diziam-lhes que deviam ser mães. Se queriam ser mães, diziam-lhe que, então, era melhor que se adaptassem perfeitamente ao papel" (Estés, 1994, p. 242), e assim sucessivamente. Sempre que sentiam vontade de criar e inovar, as tarefas domésticas tomavam todo o seu tempo e energia. Assim, deixavam seus sonhos de lado, amputando-os, passando a viver uma vida estéril.

Muitas pessoas devem se perguntar por que nasceram em uma família tão estranha e tão diferente delas. E passam sua vida se sentindo como um estranho no ninho, um "alienígena" totalmente diferente das outras pessoas que as cercam, no que diz respeito à família, aos amigos ou à sociedade na qual está inserida. Na maioria das vezes, sem que percebam, elas tentam se adequar a qualquer situação indesejada ou a padrões que lhe são impostos de fora. Até que um dia descobrem quem verdadeiramente são e como desejam viver.

É possível dizer que na fantasia dos pais qualquer um de seus filhos deverá ser perfeito, refletindo o jeito que eles consideram correto. Se acaso a criança for rebelde, ela pode, infelizmente, ser alvo das inúmeras tentativas dos pais em realizar uma cirurgia psíquica nela, visando modelá-la. Embora a alma da criança clame por sua verdade, ela é forçada a se calar, fechando-se no silêncio de sua solidão, causado pela falta de compreensão e de autoexpressão.

A grande Mãe é um arquétipo que corresponde à imagem primordial, condensando todas as experiências relacionadas à maternidade acumuladas pela humanidade ao longo dos séculos. Em sua polaridade positiva, representa o amor, o carinho, a proteção, a nutrição, a aceitação e tudo o que acalenta, afaga, sustenta, propiciando o crescimento e a fertilidade. Em seu lado negativo, ela aprisiona, sufoca, seduz e abandona, sendo considerada uma mãe devoradora que anula e mutila seu filho, a bruxa malvada dos contos de fadas.

No Tarô de Marselha, a figura central da carta é uma mulher coroada imperialmente, indicando que ela é o complemento feminino de O Imperador. No entanto, suas atribuições são muito mais universais. Combina a espiritualidade com suas funções materiais, tal como encontramos no símbolo de Vênus em que, acima da cruz da matéria, está o círculo do espírito.

A cruz é um símbolo que demonstra a integração com Deus. O cetro e a coroa são símbolos da majestade.

Observa-se o vermelho, significando paixão, e o azul, denotando o feminino e também muita emoção.

A forma de segurar o cetro é descansando, pois tem consciência do seu poder. Está com o poder, mas é flexível, sabe que não precisa ser rígida.

A coroa de ouro simboliza a consciência mais clara, junto ao vermelho, mostra que o racional de A Imperatriz é mais apaixonado. Carta que fala da paixão.

A águia remete a ideia de espiritualidade, sendo a representação do espírito e a ligação com o mundo espiritual.

Ela abraça o escudo. A Imperatriz só consegue uma espiritualidade mais avançada quando ela o abraça, o que simboliza sua autoproteção e aura.

O verde que brota significa possibilidades do novo. O ouro (amarelo) remete ao espírito, ao *Self*. A asa que está atrás dela simboliza a liberdade, a transformação.

Aspectos positivos: ação, expansão, cuidado, feminilidade, criatividade, fertilidade, amor incondicional, abundância, prosperidade, compaixão, espiritualidade, lógica e intuição.

Aspectos negativos: submissão, dependência, estagnação do espírito, apatia, lentidão, que impedem qualquer possibilidade de mudança. Apego à família, mãe enlutada, que não consegue abrir mão de suas posses. Essa mãe está relacionada com a deusa Deméter. Ela pode se transformar numa pessoa cheia de rancores e mágoas, lutando contra as mudanças que a vida requer, bem como contra perdas e separações.

Quando sai num jogo, indica tempo de paixão, criatividade, prazer e de dedicação aos outros (filho, marido, etc.). Momento de receptividade, de se apaixonar pela vida e por si mesmo. Também pode indicar que a pessoa é muito sedutora ou necessita trabalhar aspectos de seu feminino, sendo homem ou mulher.

Pode denotar uma ligação com atividades humanitárias e no desenvolvimento espiritual que reflete no material. É possível também falar da mãe que podemos ser: generosa, amiga, sensível e com aspectos criativos.

Quando desequilibrada, pode mostrar-se a supermãe que se anula em função dos filhos. Sua atitude hiperserviçal pode se manifestar em uma dificuldade de dizer não e uma submissão, principalmente junto ao Arcano O Enforcado. Prefere fugir da vida por medo de se responsabilizar por ela, escolhendo cuidar dos outros, por se sentir incapaz e impotente de ir à busca da sua realização, perdendo sua individualidade. Essa atitude submissa e a vontade de ser útil estão ligadas à sua necessidade de aprovação, esquecendo-se de si mesmas. Tendência à dedicação obsessiva e à manipulação, com aspectos de autopiedade e martírio.

Essa pessoa está necessitando tratar-se com mais respeito, doçura e carinho, permitindo-se as coisas boas da vida, descobrindo o prazer, a sensualidade, a criatividade e as necessidades do próprio corpo, cultivando a beleza interna e a vitalidade.

Imagem: a Sensação, o Instinto, o Universo Criado, a Natureza, a Terra, o Corpo Físico, o Matriarcado, a Mulher Sensual, Vênus, Oxum, a Amante, a Energia Vital, o Sexo, o Dinheiro, o Ouro, o Trabalho, o Lar, A Grande Mãe.

Imagens Arquetípicas

| Tarô Mitológico |  Tarô de Marselha |  Tarô de Rider-Waite |

Afirmação para A Imperatriz: "Tenho um jardim em flor de potencial criativo que é alimentado para frutificar em prol da minha mais elevada realização pessoal" (DICKERMAN, 1998, p. 62).

O Mito de Deméter

Deméter, a deusa-mãe, morava com sua querida filha Perséfone, a donzela da primavera. Elas viviam na mais completa harmonia, alheias a conflitos e disputas terrestres. Certo dia, essa vida tranquila e feliz foi violentamente alterada. Perséfone afastou-se muito quando estava colhendo flores com suas companheiras em uma campina e não voltou mais. Hades, o senhor dos mortos e do submundo, apaixonou-se perdidamente por Perséfone e levou-a embora em sua carruagem.

Quando Deméter soube do rapto da amada filha, procurou-a em todos os lugares da superfície terrestre. Finalmente, foi informada de que Perséfone estava debaixo da terra, entre os mortos espectrais.

Deméter chorou a filha perdida. Na sua dor, retirou seus poderes de todas as colheitas e a terra tornou-se árida. Nada crescia, nenhuma semente brotava e o inverno cobria a terra. A deusa recusou-se a permitir que a terra frutificasse enquanto não reencontrasse sua filha, porque não conseguia aceitar as mudanças bruscas em sua vida. Mantinha-se irredutível, embora Perséfone tivesse comido de boa vontade os grãos de romã – a fruta das trevas – e Hades a tratasse com todas as honras de rainha. Nada a faria mudar e o mundo estava condenado a perecer por falta de alimentos.

Depois de muitas queixas dos deuses, Zeus enviou seu mensageiro Hermes ao mundo subterrâneo para trazer Perséfone de volta. Finalmente, graças à intervenção do astuto e bondoso Hermes, chegaram a um acordo: durante nove meses do ano, Perséfone viveria com sua mãe, devendo retornar para o marido nos outros três meses.

Deméter ficou extremamente feliz com a volta da filha e enriqueceu os campos com abundantes colheitas. Mas, embora o acordo fosse mantido, ela nunca se conformou totalmente com a perda da filha e todos os anos, nos três meses em que Perséfone estava ausente, a Mãe Terra chorava e se lamentava. As flores desapareciam, as folhas caíam das árvores e a terra se esfriava e não produzia nada. Entretanto, todo ano, no regresso de Perséfone, iniciava-se a primavera (mito baseado em BURKE; GREENE, 2007).

As perguntas da Imperatriz são:

Você tem escutado as reais necessidades de seu corpo?
Como você pode tornar sua vida mais fértil?
O que você quer gestar para oferecer ao mundo?
Qual seu lado obscuro que você se apega que impede sua expressão?

Atividade

Colagem do arquétipo da sua Imperatriz (use uma folha de papel canson A4 de 220 gramas, dividida ao meio).

Tema: Minha expressão no mundo.

Represente seu Arcano A Imperatriz por meio de recortes de revista, podendo pintar, desenhar ou colar materiais diversos (tecido, madeira, pedaço de jornal, papéis coloridos, etc.) e o mais que sua imaginação quiser.

Após a atividade, faça uma escrita criativa e intuitiva a seu respeito.

Dialogando com a colagem
Descreva a imagem que vê:
 Quais sentimentos ela lhe desperta?
 Qual o caminho ela lhe indica?
 A imagem lhe diz:
  Eu sou..
  Eu quero...
  Eu posso...
  Eu vou..
  Minha mensagem é...

O IMPERADOR – ARCANO 4
– O Pai – O *Animus*

O número 4 está relacionado simbolicamente com a cruz e o quadrado. Representa o sólido, a organização, a estrutura, a estabilidade, a totalidade do universo manifesto.

O Arcano de O Imperador representa a concretização dos objetivos, bem como a liderança, a praticidade, a racionalidade, o poder de realização pessoal, a autossuficiência, a responsabilidade e o patriarcado. É a lei, a ordem e a moral que regem a sociedade. É o pai, a autoridade que controla nossos instintos e emoções. É o intelecto, a capacidade de pensar, estruturar e definir a realidade por meio das palavras. O Imperador é a parte da personalidade que toma consciência de si, de sua individualidade e livre-arbítrio para direcionar sua vida de acordo com sua vontade pessoal. Direciona seus objetivos com vontade e clareza. Utiliza-se da força do pensamento lógico para se desvencilhar daquilo que o atrapalhe, não permitindo que as emoções interfiram nas suas ações.

O Imperador tem a mente voltada para a afirmação do ego e da razão, para a compreensão e a definição do mundo sensível.

Enquanto em A Sacerdotisa o poder de realização está no imaginário, na ideia, em A Imperatriz está no sentimento, na paixão. Em O

Imperador está na realização, na concretização das ideias. Ele vem para realizar, traz a força, o objetivo, o poder da manifestação.

A letra hebraica correspondente é *He* – janela, comunicação. A janela é a comunicação para o mundo externo.

Caminho cabalístico: é o 15º caminho na Árvore da Vida. Une a *Sephirah Chokmah* (a Sabedoria) com a *Sephirah Tiphareth* (a Beleza).

Título Esotérico: "Sol da Manhã"; "Senhor entre os Poderosos".

O signo que corresponde a O Imperador é Áries, o primeiro signo do zodíaco.

Áries é um signo de fogo, associado ao planeta Marte. Governa no corpo a cabeça e é representado por uma bigorna, símbolo da tenacidade, vontade e progresso. Sua missão é iniciar.

As pessoas regidas pelo signo de Áries são energéticas, destemidas fortes, leais, desbravadoras, competitivas e aventureiras. Valorizam a individualidade e a sinceridade. Sua maior fraqueza é a impaciência, necessitando controlar seus impulsos. Os arianos anseiam por emoções fortes sendo impetuosos, intensos e impulsivos, com propensão a acidentes. No amor, costumam ser diretos e honestos. Seus maiores medos são: monotonia, escuro, perder a autonomia ou alguém importante. Gostam de ser pioneiros em tudo, são cheios de energia, persistentes, determinados, sociáveis, mergulham de cabeça em tudo o que fazem. Podem se tornar agressivos quando intimidados, cruéis e até violentos. Dificilmente abaixam a cabeça para alguém, mantendo-se altivos em suas posições. Gostam de pessoas animadas e de alto-astral, de surpresas e aventuras. São líderes natos e gostam de comandar.

O Imperador, em termo microcósmico, simboliza o poder da mente a serviço do mundo material. Representa o sistema, o *status quo*, o peso da matéria e de suas leis. Ele olha fixamente para um objetivo, representando o universo manifestado, material e sólido. Sua maneira de realizar não é tão fluida quanto à de A Imperatriz. É a estrutura rígida, radical e a segurança material, a ordem imposta, o chefe, podendo representar a tirania. Coloca-nos no mundo do pai (reino do patriarcado), da razão, do limite, do pensamento e do conceito das coisas.

No Tarô Mitológico, O Imperador está relacionado com o mito de Zeus, o rei dos Deuses. Representa o lado concreto, racional e patriarcal.

Traz a possibilidade de trazer mais consciência das coisas. Significa deixar o mundo matriarcal e entrar no mundo patriarcal dos limites. O Imperador não age pelo emocional, mas, sim, com o racional. É o líder prático e objetivo. O mais importante para ele é a ação. Podemos relacionar a carta O Imperador à função psíquica do pensamento, segundo a tipologia de Jung.

Simbolismo no Tarô de Marselha: homem maduro, com o rosto de perfil mostrando o lado esquerdo, racional, lógico e masculino. Sua postura revela que já alcançou segurança e satisfação em sua posição. Nada pode atingi-lo.

A seus pés encontra-se um escudo com o desenho de uma águia, que representa seu lado espiritual e sua sabedoria, mostrando que O Imperador está, de certa forma, ligado a isso, e você necessitando agora aprender a usá-los em sua vida.

O colar de ouro representa toda a ligação desse metal com a riqueza e a clareza que já alcançou.

Enquanto A Imperatriz pisa em terra verde significando novidades, O Imperador pisa em terra firme (o amarelo). Ele tem consciência do que já alcançou e do que está fazendo. Não tem nada verde, ou seja, não tem nada novo. O amarelo representa o maduro. Possui um olhar determinado e firme. Tem clareza e liderança, assumindo o controle de uma situação. Já está realizando o que estava só em semente no arcano A Sacerdotisa. Ele representa um empreendedor de sucesso.

Aspectos positivos: independência, concretização, proteção, força, objetivação, autoestima, liderança, clareza mental, praticidade, realização, confiança, empenho, arrojo, disciplina, centramento, discernimento, perseverança, pensamento estruturado e autocontrole.

Aspectos negativos: incapacidade de relaxar, rigidez, fechamento emocional, trabalho compulsivo, tirania, perfeccionismo, manipulação, mão de ferro, vaidade, vulnerabilidade encoberta, necessidade de vassalos para dominar, repressão, cegueira materialista, necessidade de controlar a situação para se autoafirmar perante os outros. Pode ter doenças cardíacas ligadas à rigidez e à negação da expressão emocional. Pode indicar também que a pessoa faz mau uso do poder e da autoridade.

Podemos relacionar a carta O Imperador a exemplos de *animus* negativos poderosos, como aquele que encontramos no conto de Perrault, "Barba Azul", e no conto de Anderson, "A Roupa Nova do Imperador", em que temos a figura de um rei arrogante, vaidoso, voltado para os próprios interesses e satisfação. Em função desse seu orgulho, ele teve de passar por um grande vexame em público para aprender as lições do verdadeiro líder: a da humildade, a da lealdade e do serviço aos interesses de seu povo.

Em relação ao conto "Barba Azul", Estés nos diz que esse personagem é o predador natural da psique, principalmente da psique feminina, que aparece ocasionalmente nos sonhos das mulheres, irrompendo no meio de seus planos mais significativos e profundos, isolando a mulher de sua natureza intuitiva e selvagem, fazendo-a se sentir frágil, fracassada e sem ânimo. Podemos dizer que o Barba Azul é um inimigo, ao mesmo tempo, ancestral e contemporâneo de ambos os sexos, podendo relacioná-lo ao patriarcado opressor e à figura de um masculino tóxico.

Podemos afirmar que o masculino ferido e distorcido pela figura de um pai opressor e autoritário é capaz de deixar marcas profundas que geram uma atitude de negação a tudo que vem dessa energia masculina, bem como seus atributos. Nesse caso, necessitamos dar maior atenção a esses aspectos negativos para redirecionarmos essa energia de uma forma saudável para nossa realização no mundo material. Esse masculino positivo ou negativo pode ser encontrado tanto nos homens como nas mulheres.

Segundo Estés, quando as mulheres conseguem emergir da ingenuidade trazem consigo algo inexplorado: a energia masculina interna, que na psicologia junguiana é denominada animus. Esse elemento que se apresenta – nos contos de fadas e na simbologia dos sonhos, na figura de um irmão, de um filho, do marido, de um estranho ou de um amante – pode se mostrar de forma ameaçadora, dependendo das circunstâncias psíquicas do momento. Porém, essa figura psíquica possui um valor marcante e especial, podendo ser atribuída de qualidades de um masculino saudável que, quanto mais forte e amplo, mais poderá ajudar a libertar as mulheres de situações difíceis. Por exemplo, no caso da irmã caçula da história "Barba Azul" que, por sua ingenuidade, caiu em uma armadilha, mas foi salva por seus "irmãos psíquicos", que são os elementos masculinos saudáveis da sua psique.

Quando sai em um jogo: dependendo da sua posição, pode-se dizer que é hora de a pessoa realizar algo no mundo prático. Se for mulher, pode significar que está precisando concretizar algo (coagular), tomar as rédeas da vida em suas mãos. Ou que a pessoa (a mulher) está dominada por um *animus* negativo poderoso, que suga toda a sua energia, impedindo que ela realize seus planos e objetivos de vida, deixando-a insegura para seguir adiante.

É possível indicar também que a pessoa está muito preocupada com o lado material da vida, dando as costas para seus instintos e emoções. Seu lado lúdico e aspectos infantis necessitam ser resgatados. A pessoa pode se tornar rebelde, em uma atitude compulsivamente questionadora, insurgindo-se contra qualquer tipo de ordem ou figura de autoridade, uma espécie de "rebelde sem causa", sobretudo se teve um pai extremamente autoritário e castrador na infância. Essa atitude pode demonstrar um enorme sentimento de desvalorização, insegurança, medos escondidos, com falta de confiança nos seus sentimentos, podendo fazer a pessoa se tornar fria e calculista, como seu pai teria sido. Indica também que esse indivíduo precisa assumir a responsabilidade por sua vida; que lute e trabalhe para conseguir sua independência, fortalecendo sua vontade e capacidade de organização, para concretizar suas ideias na prática e atingir suas metas.

Quando aparece num jogo falando da parte material, pode significar estabilidade ou segurança obtida por meio do marido ou do pai. Mostra, igualmente, posição de liderança no trabalho.

Em O Imperador, podemos encontrar aspectos do masculino na mulher e de masculinidade no homem, também pioneirismo, ação dinâmica, capacidade de assumir iniciativas, autoridade e resolução de questões ligadas ao pai.

Imagem: a Civilização, a Ciência, a Palavra, a Comunicação, o Patriarcado, o Super-Homem, Zeus, Júpiter, Xangô, o Ego, a Personalidade, o Juízo, a Lei, a Ordem e o Progresso.

Imagens Arquetípicas

Tarô Mitológico  | Tarô de Marselha  | Tarô de Rider-Waite

Afirmação para O Imperador: "Terei força de vontade, autoridade, disciplina, poder e coragem, usando minha racionalidade para concretizar minhas metas superiores e atingir meus objetivos" (Reis Merath, Elizabeth).

O Mito de O Imperador – Zeus

Aqui encontramos o Grande Zeus, rei dos deuses, que os gregos denominavam Pai de Todos, criador do mundo e soberano dos deuses e dos homens. Na mitologia, Zeus era o filho mais jovem dos Titãs Cronos e Reia. Uma profecia havia sido revelada a Cronos de que, um dia, um de seus filhos o destronaria e ocuparia seu lugar. Para se salvaguardar, ele decidiu destruir seus filhos e, durante cinco anos seguidos, à medida que Reia dava à luz seus filhos e filhas, Cronos os arrancava de seus braços e os engolia antes que abrissem os olhos.

É claro que isso não agradava Reia, que, quando soube que um sexto filho estava para nascer, fugiu secretamente para Arcádia e, em uma gruta, deu à luz Zeus. Então, ela envolveu uma grande pedra em faixas e apresentou-a a Cronos como seu filho. Ele imediatamente a engoliu. Com o tempo, Zeus cresceu e apresentou-se a Cronos disfarçado de copeiro. Ele preparou uma porção para seu pai, a qual o enjoou tão violentamente que vomitou as cinco crianças ilesas que havia engolido, assim como a pedra que Reia havia deixado no lugar de Zeus. Ele, então, levou seus irmãos e irmãs a uma rebelião contra Cronos e, destronando-o, inaugurou um novo reinado (mito baseado em BURKE; GREENE, 2007).

As perguntas do Imperador são:

O que você quer concretizar no mundo?
O que estaria impedindo essa concretização?
Você assume sua autoridade e liderança interiores ou delega a outros? O que você pode fazer para se empoderar?

Atividade

Colagem do arquétipo do seu Imperador (use uma folha de papel canson A4, 220 gramas, dividida ao meio).
Tema: Minha realização no mundo.
Represente seu Arcano O Imperador por meio de recortes de revistas, podendo pintar, desenhar ou colar materiais diversos (tecido, madeira, pedaço de jornal, papéis coloridos, etc.) e o que mais sua imaginação quiser.
Após a atividade, faça uma escrita criativa e intuitiva a seu respeito.
Dialogando com a colagem
Descreva a imagem que vê:
Quais sentimentos ela lhe desperta?
Qual o caminho ela lhe indica?
A imagem lhe diz:
Eu sou..
Eu quero..
Eu posso..
Eu vou...
Minha mensagem é...

O HIEROFANTE – ARCANO 5
– O Mestre Espiritual – O Pontífice

O Hierofante é o arcano de número 5. Encarna o Princípio Masculino Espiritual. Também pode ser chamado de Sumo Sacerdote. Integrando a quaternidade em si mesmo, atinge sua quintessência, que faz com que a pessoa busque o significado da vida. Representa os quatro elementos da natureza mais um, o éter, o espírito, a quintessência. É o Mestre Espiritual que ajuda os buscadores a reencontrarem sua Divindade Interna, auxiliando a desfazer as programações limitantes adquiridas na infância. É o iluminado que faz despertar a centelha divina em cada um de nós.

A palavra "Hierofante" vem de *hier-phaine*, que significa "revelar". É o revelador de nossa verdadeira natureza e dos mistérios da vida.

A maioria das religiões, especialmente a judaico-cristã e a muçulmana, fez tudo para acabar com a ideia de que somos seres divinos e de que nossa essência é divina. Elas colocaram Deus fora de nós, inacessível para os comuns mortais. Em função disso, criou-se uma série de dogmas e doutrinas, que eram muitas vezes contrários à natureza humana, incutindo as noções de pecado, culpa, castigo, bem e mal, céu e inferno, etc. O contato entre Deus e a humanidade "pecadora" foi monopolizado pelas figuras dos seus sacerdotes. É pela força e pela imposição que governam a religião externa. Assim, na falta da consciência da Divindade interna, o Mestre perdeu seu significado mais profundo e se transformou no Papa: aquele que ensina a doutrina, dá as ordens e os padrões de comportamento, publica as encíclicas, catequiza, impõe a moral e faz a cabeça do povo.

Enquanto A Sacerdotisa representa a via feminina, interna e intuitiva de atingir o conhecimento sendo a guardiã da sabedoria oculta, do esotérico, esse Papa tem a função de ditar a lei e instruir na doutrina, na dimensão exotérica. Nesse sentido, O Hierofante acaba sendo o poder da ideologia e da moral dominante. Na Idade Média, no Ocidente, estava totalmente vinculado à religião católica, cuja sede é o Vaticano.

O Papa está ligado à Papisa (Sacerdotisa), que é o lado oculto do Papa. Eles formam um casal. A Papisa representa o lado feminino e a intuição do Papa.

Atualmente, temos a oportunidade de ampliar nossos horizontes por meio do autoconhecimento, a fim de que O Hierofante volte a ser o mestre iluminado ou o mestre interno vivo dentro de cada um de nós.

Segundo Pramad, no pentagrama, símbolo gráfico do número 5, pode-se ver a livre vontade ou consciência, pois sem ela não seria possível que a vontade fosse livre, projetando-se sobre a quaternidade que integra o ser humano. Assim, ela harmoniza os quatro aspectos e os integra no pentagrama ascendente, símbolo do movimento evolutivo e do poder do amor. Quando a consciência não nutre nem libera a vontade, esta cai no conflito da quaternidade programada e se perde na loucura destrutiva que se expressa no pentagrama invertido, símbolo do movimento involutivo, do amor ao poder e da magia negra.

Letra hebraica: *Vau*.

Vau significa prego e audição. É um agente mediador que une o espírito e a matéria.

Hieroglificamente simboliza o nó que une o Ser ao Não ser.

Caminho Cabalístico: é o 16º caminho na Árvore da Vida, une a *Sephirah Chesed* (a Compaixão ou a Misericórdia) com a *Sephirah Chokmah* (a Sabedoria).

Aqui, a individualidade ruma em direção ao espírito, recebendo suas influências, ligando o corpo ao espírito, fazendo uma conexão integral e real com a vida.

Atribuição Astrológica: Touro (terra/matéria). Em Pramad, "Touro é um signo de Terra e, como tal, é prático, utilitário e realista. Se Áries é a ação, Touro é a conservação e a luta para conservar o conquistado. Seu verbo é: "Eu tenho"; sua frase integradora é: "Regozijo-me com minhas realizações e estou aberto às surpresas e mudanças da vida" (PRAMAD, 2003, p. 97).

Como nos lembra Pramad (2003), Touro é regido por Vênus, sendo afetuoso e pacífico, podendo explodir de forma inesperada quando ultrapassa seus limites. Sendo apaixonado e sensual, pode às vezes se mostrar tímido. Não gosta de teorias abstratas. Apesar de possuir uma personalidade forte, é inclinado a lentidão. É prudente, tenaz, paciente, acumulador, perfeccionista e apegado aos seus hábitos. Tem tendência a ficar escravo de suas rotinas caindo na mesmice por falta de flexibilidade e dificuldade de adaptação ao novo. Possui atração pelo belo e aprecia uma boa comida. Sendo tranquilo, não gosta de correria. Tem tendência à introversão, sendo muito reflexivo. As mulheres do signo de Touro são consideradas muito maternais. No corpo físico, Touro governa o pescoço e a garganta, onde geralmente seus nativos costumam somatizar, sofrendo de dores.

Título Esotérico: "O Mago do Eterno". É a energia psíquica que junta nossa personalidade (ego) com nossa essência *(Self)*.

O prego da letra significa juntar. Faz uma mediação. É considerado o Pontífice, ou seja, aquele que faz a ponte. Junta as coisas para ficar sólido, unindo as partes para formar um todo. É o que passa adiante o que aprendeu.

Num jogo, pode indicar que a pessoa precisa fazer essa ponte ou está sendo seu próprio Hierofante. Pode também dizer que a pessoa está necessitando de um terapeuta ou de um instrutor espiritual.

Faz a ligação do mundo externo com o mundo interno. Traz os ensinamentos superiores. É o mestre, o terapeuta que toca em algo muito maior do que o ego. A carta transmite sabedoria, profundidade, maturidade, coerência, valores, maturidade emocional e espiritual.

No Tarô de Marselha, vemos um homem maduro vestido com uma túnica. De todas as roupas dos Arcanos, essa é a que tem a conotação mais religiosa. Usa uma coroa papal e um cetro que termina em cruz tríplice, simbolizando a presença de Deus nos três mundos: divino, intelectual e físico. As sete pontas dessa cruz simbolizam as sete virtudes teologais (caridade, temperança, castidade, diligência, paciência, bondade e humildade) necessárias para vencer os sete pecados capitais (orgulho, preguiça, inveja, ira, luxúria, gula e avareza).

As duas figuras à sua frente representam os dois opostos da personalidade. O Sumo Sacerdote vai fazer essa intermediação. Essas pessoas são personificadas por coisas menores, cindidas. A pessoa do lado esquerdo significa coisas mais subjetivas e, a do lado direito, denota coisas mais objetivas. Com a mão direita, o Hierofante abençoa e com a esquerda segura um báculo com a cruz tríplice.

No Tarô de Rider, duas chaves repousam a seus pés. Esotericamente, possuir a chave significa ser um iniciado e, também, ter a capacidade de abrir ou de fechar as portas externas e internas. A carta retrata uma figura de poder obtido pelos conhecimentos das leis universais. Ele é o mestre supremo da ciência e dos mistérios sagrados.

No Tarô Mitológico, o Arcano O Hierofante está ligado ao mito de Quíron (Sagitário), que é o curador ferido, o mestre e a autoridade espiritual. Esse Arcano é o primeiro a entrar em contato com a espiritualidade. Ele mostra que o poder de cura tem relação com nossa própria doença. No nível psicológico, Quíron representa a parte do ser humano que se eleva às questões do espírito para compreender aquilo que Deus deseja de nós. Ele simboliza o mestre espiritual interno, o intermediário que estabelece a ligação entre a consciência terrena e o conhecimento intuitivo da lei divina. O ferimento de Quíron transformou-o no curador ferido, aquele que por meio da própria dor pode compreender e tratar a dor do outro.

Assim, Quíron, O Hierofante, representa a parte ferida dentro de nós, simbolizada por algum problema ou limitação que nos leva a sermos benevolentes e compassivos com o sofrimento alheio. É um caminho de iniciação pelo encontro com a experiência da dor. Se não experimentássemos a dor, talvez não tivéssemos a capacidade para a empatia, a bondade e a compaixão. Podemos dizer que o verdadeiro mestre está sempre aberto às dores do mundo, porque ele também sofre.

As feridas dentro de nós, embora causem sofrimento, vem de alguma forma nos levar a questionamentos e a abrir caminho para um entendimento maior sobre as leis da vida. O paradoxo vem na forma do próprio Centauro, pois sendo metade homem e metade cavalo, mostra que ele tem a capacidade de compartilhar tanto os instintos como o espírito, contendo a dualidade própria do ser humano. O desafio é aprender a conviver com ambas as partes. Dessa mistura vem a sabedoria do Centauro, que compartilha o conhecimento de Deus, bem como do conhecimento das leis naturais que regem a vida. Ao se deparar com O Hierofante, O Louco encontra uma parte de si mesmo que pode começar a reformular e expressar uma filosofia própria, uma visão espiritual que o guiará pela existência, a partir do momento em que abandona a infância e mergulha nos desafios da vida adulta.

Uma narrativa que podemos relacionar ao Arcano O Hierofante é o conto chinês "O Pote Vazio", o qual nos fala da história de um garoto chamado Ping. Ele tinha uma compreensão elevada das coisas, pois seu pai o incentivava a ser verdadeiro consigo mesmo e desenvolver o que sua alma lhe pedia, sendo coerente com seus valores e atitudes para agir de forma sábia. Essa orientação do seu pai era totalmente diferente daquela dos pais de seus amigos, que tentavam sempre manipular e modelar seus filhos, segundo sua própria vontade e vaidade, refletidas em suas falsas verdades, crenças, atitudes e valores, forçando-os a se desviarem dos ditames de suas almas. Em função de sua honestidade, Ping acaba sendo premiado pelo rei, herdando seu reinado.

Conta-se que, na China, vivia um menino chamado Ping, que adorava flores. Tudo o que ele plantava florescia maravilhosamente. Flores, arbustos e até imensas árvores frutíferas desabrochavam como por encanto. Todos os habitantes do reino também adoravam flores. Eles as plantavam por toda a parte e o ar do país inteiro era perfumado. O imperador gostava muito de pássaros e de outros animais, mas o que ele mais apreciava eram as flores. Todos os dias ele cuidava de seu próprio jardim.

Acontece que o imperador estava muito velho e precisava escolher um sucessor. Quem podia herdar seu trono? Como fazer essa escolha? Já que gostava muito de flores, o imperador resolveu deixá-las escolher. No dia seguinte, ele mandou anunciar que todas as crianças do reino deveriam comparecer ao palácio. Cada uma delas receberia do imperador uma semente especial.

– Quem provar que fez o melhor possível dentro de um ano – ele declarou – será meu sucessor. A notícia provocou muita agitação.

Crianças do país inteiro dirigiram-se ao palácio para pegar suas sementes de flores. Cada um dos pais queria que seu filho fosse escolhido para ser o imperador, e cada uma das crianças tinha a mesma esperança. Ping recebeu sua semente do imperador e ficou felicíssimo. Tinha certeza de que seria capaz de cultivar a flor mais bonita de todas. Ping encheu o vaso com terra de boa qualidade e plantou a semente com muito cuidado. Todos os dias ele regava o vaso. Mal podia esperar o broto surgir, crescer e depois dar uma linda flor.

Os dias se passaram, mas nada crescia no vaso. Ping começou a ficar preocupado. Pôs terra nova e melhor num vaso maior, depois transplantou a semente para aquela terra escura e fértil. Esperou mais dois meses e nada aconteceu. Assim se passou o ano inteiro. Chegou a primavera e todas as crianças vestiram suas melhores roupas para irem cumprimentar o imperador. Então, correram ao palácio com suas lindas flores, ansiosas por serem escolhidas.

Ping estava com vergonha de seu vaso sem flor. Achava que as outras crianças zombariam dele, porque pela primeira vez na vida não tinha conseguido cultivar uma flor. Seu amigo apareceu correndo trazendo uma planta enorme:

– Ping – disse ele – você vai mesmo se apresentar ao imperador levando um vaso sem flor? Por que não cultivou uma flor como a minha?

– Eu já cultivei muitas flores melhores do que a sua – disse Ping. – Foi essa semente que não deu em nada.

O pai de Ping ouviu a conversa e falou: – Você fez o melhor que pôde, e o possível deve ser apresentado ao imperador. Ping dirigiu-se ao palácio levando o vaso sem flor.

O imperador estava examinando as flores vagarosamente, uma por uma. Como eram bonitas! Mas ele estava muito sério e não dizia uma palavra. Finalmente, chegou a vez de Ping. O menino estava envergonhado, esperando um castigo. O imperador perguntou:

– Por que você trouxe um vaso sem flor?

Ping começou a chorar e respondeu: – Eu plantei a semente que o senhor me deu e a reguei todos os dias, mas ela não brotou. Eu cuidei dela o ano todo, mas não deu em nada. Por isso hoje eu trouxe um pote vazio. Foi o melhor que pude fazer.

Quando o imperador ouviu essas palavras, um sorriso foi se abrindo em seu rosto e ele abraçou Ping. Então, ele declarou para todos ouvirem:

– Encontrei! Encontrei alguém que merece ser imperador! Não sei onde vocês conseguiram essas sementes, pois as que eu lhes dei estavam todas queimadas. Nenhuma delas poderia ter brotado. Admiro a coragem de Ping, que apareceu diante de mim trazendo a pura verdade. Vou recompensá-lo e torná-lo imperador deste país.

O Hierofante também pode ser considerado um pai, cujos aspectos estão mais relacionados com o espiritual do que com o material. Ele pode ser um pacificador, ter valores mais elevados, agindo de maneira apropriada. Ou pode ser um pai catequizador que impõe suas crenças, com regras tradicionais.

O arquétipo de O Hierofante nos fala espiritualmente do caminho da iluminação, do despertar do homem para a consciência do Eu Divino. Aqui se dá um passo importante para entendermos nossa fragmentação e o início da nossa reintegração consciente ao Todo.

Sendo o símbolo do guia, daquele que orienta, ele é aquele que se une e une as pessoas no caminho da autodescoberta.

Em uma visão freudiana, essa seria uma carta de sublimação (transformação de impulsos instintivos em comportamentos socialmente aceitáveis). E, para Jung, representaria o impulso religioso que todo homem tem dentro de si. Simboliza o *religare* do homem com o Deus, dentro e fora dele.

Qualidades positivas: essa carta pode significar responsabilidade, ação com sabedoria, coerência, disciplina, vocação da alma, talento que vem da consciência. Fala do uso correto da palavra (verbalização) e da intuição.

É o pacificador, o mediador e o conciliador do Tarô. Pacífica os lados conflitantes. O cetro de O Imperador remete ao plano material; já o de O Hierofante liga os três planos: físico, intelectual e espiritual.

Aspectos negativos: exigência, futilidade rigidez, tirania, ortodoxia, obediência cega, atitude subserviente. Delega a responsabilidade. Pode ser dogmático, cheio de conceitos e preconceitos, ou um juiz limitado e parcial.

Quando aparece num jogo, indica o momento de agir com sabedoria, podendo indicar uma pessoa madura, a própria pessoa ou alguém que a esteja influenciando. Pode falar de um maior entendimento em relação às suas dificuldades. Indica igualmente que se está vivendo um processo terapêutico ou necessitando disso. Pode falar de um casamento que precisa equilibrar os opostos, ou um casamento consigo mesmo.

Necessidade de ouvir ou de dar conselhos. Se a pergunta for sobre uma associação, representa uma união.

Diz respeito à manifestação da espiritualidade nas ações do cotidiano. Indica abertura para novos níveis de consciência, comprometimento com a busca espiritual e contato com o *Self*. A pessoa pode estar precisando encontrar seu próprio sentido de vida. Indica que chegou a hora de fazer sua própria síntese. Podemos falar também de uma evolução positiva no caminho do autoconhecimento, no estudo específico em alguma área ou do encontro profundo com o mestre interno e/ou externo.

Imagem: a Luz Espiritual, o Mestre, o Padre, o Papa, o Iniciador, o Pai de Santo, o Guru, o Professor, o Terapeuta, o Filósofo, o Curandeiro, o Xamã, o Santo, o Curador Ferido, Quíron.

Imagens Arquetípicas

Tarô Mitológico	Tarô de Marselha	Tarô de Rider-Waite

Afirmação para o Hierofante: "Sou guiado e dirigido pela minha sabedoria superior em prol do bem maior, em mim mesmo e no mundo" (DICKERMAN, 1998, p. 82).

O Mito de Quíron

Aqui, encontramos Quíron, rei dos centauros, curador, sacerdote e sábio educador de todos os jovens heróis da mitologia. O próprio nascimento de Quíron foi um mistério, pois ele nasceu da união de Íxion – filho do deus da guerra, Ares – com uma nuvem que Zeus formou à semelhança de Hera, a fim de impedir que Íxion fizesse amor com a própria deusa. O centauro foi educado por Apolo, o deus do Sol, e Ártemis, a deusa da Lua. Graças à sua grande sabedoria e espiritualidade, ele foi eleito rei dos centauros, cuja tarefa era incutir nos jovens príncipes gregos os valores espirituais e o respeito pela lei divina que eles deveriam aprender, antes mesmo das artes de reinar e das proezas das armas.

Quíron também era um grande curador e conhecia o segredo das ervas e das plantas. Mas era incapaz de curar a si mesmo. Um dia, seu amigo Héracles visitou-o em sua caverna; o herói grego acabara de matar a Hidra com suas nove cabeças venenosas. Acidentalmente, Héracles arranhou o centauro na coxa com uma de suas flechas que haviam sido embebidas no sangue do monstro. Esse sangue era puro veneno, e todo o conhecimento que Quíron possuía não conseguiu fazer com que ele o extraísse da ferida. Como era imortal, ele não podia morrer e, assim, foi condenado a conviver com a dor, sacrificando sua felicidade no mundo, dedicando-se a ensinar a sabedoria espiritual (mito baseado em BURKE; GREENE, 2007).

As perguntas do Hierofante são:

O que você valoriza na vida?
Você vive coerentemente com seus ideais?
Qual é sua filosofia pessoal? Sua vida está coerente com ela?
O que dá significado à sua vida?

Atividade

Colagem do arquétipo do seu Hierofante (use uma folha de papel canson A4, 220 gramas, dividida ao meio).
Tema: Meu ideal de vida.

Represente seu Arcano O Hierofante por meio de recortes de revistas, podendo pintar, desenhar ou colar materiais diversos (tecido, madeira, pedaço de jornal, papéis coloridos, etc.) e o que mais sua imaginação quiser.

Após a atividade, faça uma escrita criativa e intuitiva a seu respeito.
Dialogando com a colagem
Descreva a imagem que vê:
Quais sentimentos ela lhe desperta?
Qual o caminho ela lhe indica?
A imagem lhe diz:
Eu sou..
Eu quero..
Eu posso..
Eu vou...
Minha mensagem é...

OS ENAMORADOS – ARCANO 6 – As Escolhas

O Arcano Os Enamorados ou Os Amantes representa a harmonia dos dois lados, o direito e o esquerdo, o masculino e o feminino, o *yin* e o *yang*. A imagem simboliza a unidade e a síntese dos opostos, numa intimidade compassiva e amorosa.

Conforme nos lembra Pramad, o seis é o número da perfeição e do equilíbrio. Na Antiguidade, era consagrado a Vênus ou Afrodite, deusa do amor físico. Não podemos esquecer que a raiz latina de seis é *sex*, que significa "sexo". Se o sexo é a união carnal entre o macho e a fêmea, o seis é a união do Masculino e do Feminino Universal.

Esotericamente, o 6 representa o homem universal ou o macrocosmo. É o hexágono estrelado, com dois triângulos invertidos (um voltado para cima e o outro voltado para baixo), simbolizando o equilíbrio entre o masculino e o feminino do universo. Diremos que o número 6 representa a União Criativa, produto do equilíbrio e da complementação dos opostos.

O número 6 é o número do relacionamento, simbolizando a estrela de seis pontas: o triângulo voltado para cima representa o masculino, o fogo, o espírito; e o triângulo voltado para baixo, o feminino, a água, a emoção. A estrela de seis pontas representa o macrocosmo, e grande sabedoria e espiritualidade desenvolvidas.

Na tipologia junguiana, Os Enamorados representam a função sentimento.

No Tarô de Marselha, um homem entre duas mulheres traz a ideia de escolha entre ambas; elas representam o passado (a mãe) e o presente (a futura esposa). No baralho de Crowley, elas estão nos cantos superiores, são Lilith e Eva. Lilith representa a força sexual, a independência, a liberdade ou a mulher sem moral, livre, a amante. Eva representa a submissão a Adão, a esposa legal, a mãe. O cupido, disparando sua flecha, traz a vontade de unir-se. Na versão de Crowley, o cupido apresenta uma venda nos olhos, mostrando a cegueira em relação à sua escolha.

No Tarô Mitológico, em um concurso de beleza, Páris deve escolher entre Hera, Afrodite e Atena, que lhes oferecem o poder, o amor e a lucidez mental. O caso de Páris representa o primeiro e grande desafio da vida para o desenvolvimento individual: a escolha no amor. O dilema não se restringe apenas a decidir entre duas ou mais possibilidades amorosas. Representa também nossos valores, uma vez que nossa escolha nos remete ao tipo de pessoa que queremos nos tornar. Páris, em razão de sua juventude, beleza e vigor sexual, não pôde realmente fazer a seleção com maturidade. Sua escolha está vinculada aos seus desejos e não ao do seu ser mais profundo. Aqui estamos diante de um dilema: livre-arbítrio *versus* compulsão instintiva.

As consequências das escolhas amorosas são inúmeras, pois afetam todos os níveis da vida. A escolha compulsiva de Páris resultou em um grande conflito: a Guerra de Troia. Não que ele tenha feito a escolha errada, mas não estava preparado para tomar uma decisão madura, se deixando seduzir pelos apelos eróticos de Afrodite, que lhe ofereceu como prêmio Helena, a mulher mais bonita de todas. Só que ela era casada, o que acabou causando o conflito bélico.

A vida nos coloca diante de desafios para os quais, muitas vezes, não estamos preparados; de alguma forma, o "erro" de Páris foi necessário e inevitável. O fato de desejarmos outra pessoa obriga o indivíduo a desenvolver os próprios valores e aprimorar seu autoconhecimento por meio dos conflitos que resultam dessa escolha.

Essa é uma experiência arquetípica da qual não podemos escapar. Conforme o Tarô Mitológico, Páris simboliza aquela parte de nós governada pela ânsia incontida do desejo e da satisfação imediata, que não consegue enxergar que todas as escolhas levam a uma consequência e que somos, inevitavelmente, responsáveis por elas. Dessa forma, passando por provas de fogo, podemos extrair experiências para criarmos um futuro mais consciente frente às nossas decisões. Já não poderemos mais culpar o destino ou outra pessoa por nosso insucesso ou infortúnio, mas assumirmos responsabilidade por nossas escolhas pessoais, não nos deixando conduzir pela irreflexão cega dos nossos impulsos, nos conduzindo à nossa própria derrota.

Os Enamorados indicam a necessidade de escolha, quase sempre no plano amoroso, mostrando também uma dificuldade em fazê-la. Pode estar falando da multiplicidade de opções, gerando estagnação decisória.

No Tarô Mitológico, O Louco, tendo aprendido sobre a própria dualidade, deve agora testar seus próprios valores. Algumas vezes, a escolha está implícita num triângulo amoroso, mas também pode refletir no problema de um casamento precipitado, na escolha entre carreira e o casamento, ou mesmo entre em um projeto criativo e outro mais concreto. Essa carta mostra a necessidade de estarmos mais conscientes das nossas decisões e de suas implicações.

O Arcano Os Enamorados significa a união dos opostos, integração, vontade de união promovida pela força do amor. Diz respeito também à dúvida de se unir ou de se separar, às escolhas, ao livre-arbítrio, à encruzilhada entre dois caminhos, ao processo de integração entre o consciente e o inconsciente, ao caminho da superação da vontade do ego, bem como a tudo que reprime a expressão interior e a entrega ao amor. Indica também amor pelas artes, amor verdadeiro e profundo, assim como sentimentos antagônicos.

Podemos relacionar o Arcano Os Enamorados com o conto "A Mulher-esqueleto". Segundo Estés, essa é uma história de amor, no entanto, não de um encontro romântico entre dois amantes, mas de um encontro de dois seres, cuja força reunida permite a um deles ou aos dois a entrada e a comunicação com o mundo da alma, assim como a participação no destino, como uma dança com a vida e a morte. Esse conto nos lembra de que a morte está sempre no processo de incubar uma nova vida, mesmo quando nossa existência foi retalhada até os ossos, como aconteceu com a protagonista da história, podemos nos curar e renascer para a vida. Para Estés, "o amor não significa um flerte ou uma procura de mero prazer para o ego, mas um vínculo visível composto da força psíquica da resistência, uma união que prevalece na fartura ou na austeridade, que passa pelos dias e noites mais simples e mais complicadas" (ESTÉS, 1994, p. 167).

Devemos nos tornar conscientes de que nosso parceiro funciona como um espelho que reflete partes nossas, as quais, a princípio, estão inconscientes e que projetamos no outro, a chamada projeção. Dessa forma, podemos perceber que o amor não pode ser construído com base em expectativas ilusórias a respeito do outro e nem nas nossas necessidades. O amor maduro e consciente nos possibilita a liberdade de sermos nós mesmos, indo em direção ao amor universal e incondicional que tudo abarca, integrando nossos aspectos sombrios e nossas polaridades *yin* e *yang*, proporcionando nossa totalidade.

A letra hebraica atribuída a Os Enamorados é *Zain*. Significa espada, símbolo da polaridade. Como nos lembra Pramad, enquanto "com um gume destrói, com o outro constrói, e com os dois se consagra. Colocada em posição vertical, une a Terra com o Céu" (PRAMAD, 2003, p. 104). *Zaine ou Zayin representa os dois lados de uma situação sugerindo* percepção e discernimento. A espada representa a mente, que também é polar, podendo afirmar ou negar e, quando se acalma até o ponto em que se torna não mente, nos leva a transcendência ou iluminação.

Caminho Cabalístico: é o 17º caminho na Árvore da Vida (A Consciência dos Sentidos). Une a *Sephirah Binah* (o Entendimento ou a Inteligência) com a *Sephirah Tiphareth* (a Beleza).

Atribuição Astrológica: Gêmeos. Signo de Ar, mutável e governado por Mercúrio, que no corpo humano rege os pulmões, os braços e os ombros.

As pessoas desse signo estão inclinadas a ser psiquicamente instáveis, vivenciando uma profunda contradição entre a idealização e a concretização. Necessitam eliminar a distância entre a teoria e a prática para poder construir algo sólido para elas mesmas, fortalecendo seu eu pessoal e sua autoconfiança. Segundo Pramad, a missão de Gêmeos é a de estimular os outros intelectualmente com sua inteligência aguçada e brilhantes ideias. Possuem uma mente viva, ágil, com grande facilidade de entendimento. São pessoas curiosas e apreciam aprender coisas novas, com intensa paixão pelo conhecimento. Porém, sua mente intelectual pode restringir sua profundidade. Apreciam uma boa conversa e gesticulam muito enfatizando suas ideias. O geminiano tem os olhos expressivos, com grande vivacidade e profundidade. É muito sagaz, sociável, comunicativo, alegre e bem-humorado. Sempre conectado, tem facilidade de fazer amigos sendo considerado o mais extrovertido dos signos. Gosta de fazer várias coisas ao mesmo tempo, o que facilita a falta de foco e concentração.

No que diz respeito ao seu potencial afetivo, este não se encontra muito desenvolvido. Os geminianos desconfiam de seus sentimentos, sensações e impulsos intuitivos. Adoram as mudanças, pois necessitam estar sempre em constante movimento que os levam a ser inconstantes, tendo pouco interesse pelas responsabilidades do cotidiano. Adoram conversas estimulantes e desafiadoras e estão sempre dispostos a explorar novos assuntos aprendendo coisas novas e interessantes. São muito inquietos, necessitando acalmar a mente para poderem se concentrar no aqui e agora e viver no presente.

Seu Verbo é "Eu duvido" e sua frase integradora "Eu dou profundidade ao meu conhecimento por meio da sabedoria e da concretização".

É o símbolo geral da dualidade, expressão de todas as oposições que se resolvem numa ânsia criadora. Esta carta pode falar de dualidade em relação à própria sexualidade. E também da ruptura de padrões familiares. Fala de um desabrochar. Quando você escolhe, você floresce. Ela ainda pode simbolizar a sedução da criança pela mãe. Fala da questão do *pueraeternus*, aquele que não amadurece, ficando preso na figura materna. Na hora em que escolho a mulher, eu vou crescer. Isso pode acontecer com ambos os sexos.

No simbolismo do Tarô de Marselha, a mulher mais velha representa o passado e, a mais nova, o novo, o desconhecido. Essa mulher mais velha (a mãe devoradora) está tentando impedir o filho de partir. A mão que está apontando para baixo simboliza a tentativa de conter a energia vital dele. Se ele cortar laços com a mulher antiga, ele vai para o mundo. Se ele cair na tentação de cortar com a nova, vai continuar *pueraeternus* (eterno adolescente). A mulher mais nova é um aspecto da *anima*. Nesse sentido, Helena de Troia também é um aspecto da *anima*.

O conto que podemos relacionar ao Arcano Os Enamorados é "Manawee", do livro *Mulheres que Correm com os Lobos* (Estés, 1994), o qual nos fala da união da mulher selvagem com o homem selvagem. Ele nos revela a natureza dual das mulheres e ensina ao homem como lidar com ela, ajudando-o para também poder encontrar seu masculino selvagem.

Segundo Estés, se quisermos realmente, como mulheres, que os homens nos conheçam de verdade, teremos de lhes ensinar algo de nós que devem aprender e que diz respeito ao nosso conhecimento profundo, a intuição. "Manawee" é um conto iniciático que responde a questões muito antigas relativas à natureza do feminino. Todos que se empenham na direção que a história aponta serão amantes e companheiros da mulher selvagem para sempre.

Nesse conto, iremos compreender a natureza dual das mulheres e, para tal, vamos encontrar nele todos os fatores essenciais para nos relacionarmos intimamente com essa mulher selvagem, a fim de conhecer as duas mulheres que existem dentro dela: uma que vive no exterior (aquela que vai à luta dos seus objetivos) e outra que vive no interior (o feminino sábio), que tem paciência e sabe esperar o tempo certo de as coisas acontecerem e, assim, poder se relacionar da melhor forma com elas.

No início do conto, Manawee ia cortejar duas irmãs gêmeas. Mas o pai só permitiria que ele se casasse com elas sob uma condição: se adivinhasse o nome das garotas. Toda tarde, ele ia até a casa das gêmeas para as adivinhações. E por mais que tentasse, não conseguia desvendar o tal mistério. Para resolver essa questão, ele vai ter de recorrer ao seu *Self* instintivo, simbolizado pela figura de seu cão.

Um belo dia, ele resolveu levar seu cãozinho para uma dessas visitas. Dali em diante, o cão farejador passou a frequentar a casa das gêmeas sem que ninguém o percebesse, para observar as duas moças, descobrir seus costumes, gostos e nomes. Por fim, por intermédio de seu fiel cão (seu *Self* instintivo), Manawee adivinhou os dois nomes das moças, ou seja, as duas naturezas do feminino representado pelas gêmeas do conto.

Nesse conto, Estés nos mostra que a mulher adquire enormes poderes quando os aspectos duais individuais de sua personalidade são reconhecidos conscientemente e considerados em uma unidade, mantendo-se juntos ao invés de separados. Além disso, o poder de ser dois é muito forte e nenhum desses dois lados deve ser negligenciado, devendo ser alimentados da mesma forma, pois unidos propiciam ao indivíduo um poder extraordinário.

Outro conto que relacionamos à carta Os Enamorados é "Jorinda e Joringel", do livro *Os Contos de Grimm*. Ele fala de uma jornada do masculino que se volta para o feminino dentro de si, para poder agir e salvar sua amada das garras de uma velha feiticeira que a transformou em um rouxinol, prendendo-a em uma gaiola, desaparecendo com ela. Joringel procurou Jorinda por toda parte, aprendendo a ter paciência, resiliência e a conviver com o sofrimento momentâneo das vicissitudes da vida, a suportá-lo para ajudar sua amada. Por fim, descobriu como desencantá-la, graças a um sonho que teve, indicando-lhe o caminho. Assim, encontrou Jorinda, e os dois viveram alegres e felizes para sempre.

Aqui falamos também da sabedoria do feminino e do encontro do masculino (*animus*) com o feminino (*anima*), presentes na maioria dos contos de fadas.

Quando sai num jogo, indica a necessidade de fazermos uma escolha para irmos em busca dos nossos objetivos. Diz respeito à capacidade de seguir a voz do coração no caminho que está se apresentando. Implica comprometimento, amar com todas as nossas sombras, investindo no processo de autoconhecimento. A pessoa deve aprender a se entregar na relação para se aprofundar, indo além da página dois, sem medo de ser ferida; também aprender a dar e receber amor na mesma proporção, ou seja, amar e ser amado. Fala da capacidade de entrega, significando a importância do amor na vida daquela pessoa naquele momento. Pode indicar igualmente casamentos prolongados que necessitam receber o novo. Ou algum relacionamento significando união e integração.

Refere-se à imaturidade afetiva, e que a pessoa está dividida e não sabe o que fazer, principalmente se sair junto a carta O Louco, podendo significar dúvida, insegurança ou que naquele momento pode ter de esperar para se decidir. Em uma atitude perante a relação, a pessoa pode mostrar que quer, mas hesita, pode amar e querer profundamente, mas achar que não deve se entregar e fica na dúvida, no meio do caminho. Pode indicar triângulo amoroso. Aqui se exige que se coloquem as coisas em ação.

A pessoa pode estar cindida internamente e dividida externamente, podendo significar mediunidade ou esquizofrenia. Pode estar com dificuldade de escolher, indecisa e/ou se negando em aceitar a verdadeira vontade do coração por influências externas. Torna-se necessária uma decisão, levando-se em conta suas consequências.

Esta carta pode indicar dificuldades provenientes de vidas passadas, ou mesmo desta, em relação à vida afetiva e com as escolhas. A pessoa pode estar repetindo um padrão, levando-a várias vezes à mesma situação.

Imagem: Escolhas, Responsabilidade, Fidelidade, Harmonia, Divisão, Dúvida, Páris, Caminho, Romantismo, Relacionamento, Os Amantes, Vênus, Afrodite, O Belo, O Poder do Amor, Compromisso, Plenitude, Tentação, Gêmeos, Bipolaridade, Decisão, União, A Estrela de Davi.

Imagens Arquetípicas

| Tarô Mitológico | Tarô de Marselha | Tarô de Rider-Waite |

Afirmação para Os Enamorados: "Estou em harmonia e em um estado de equilíbrio, tanto com meu aspecto masculino quanto com meu aspecto feminino, bem como com minha consciência e meu inconsciente. Estou, portanto, em equilíbrio harmonioso comigo mesmo e com os outros" (DICKERMAN, 1998, p. 97).

O Mito de Páris

Estamos agora diante do príncipe troiano Páris, que recebeu de Zeus a incumbência de presidir um concurso de beleza entre as três deusas: Hera, Afrodite e Atena. Quando Páris nasceu, um oráculo previu que o menino seria a ruína do império do pai, o rei Príamo, de Troia. Com medo da profecia, o pai mandou que o menino fosse condenado à morte, abandonado à própria sorte no topo de uma montanha. Por obra do destino, o garoto foi salvo por um pastor generoso que o criou e ensinou-lhe seu ofício. E, assim, Páris cresceu e se criou como pastor de ovelhas. Ao se tornar adulto, além de cuidar de seu rebanho, ele passava todo o tempo livre envolvido em façanhas amorosas, pois era muito bonito e sedutor.

Ao surgir a questão da escolha, no monte Olimpo, entre Hera (rainha das deusas), Afrodite (deusa do amor) e Atena (deusa da justiça) para saber quem era a mais bonita, Zeus decidiu que Páris, justamente por sua enorme e variada experiência com as mulheres, seria o melhor juiz para o concurso. Assim, Hermes foi enviado para informar ao jovem sua responsabilidade perante o rei dos deuses.

Sabiamente, Páris recusou o privilégio sabendo muito bem que, qualquer que fosse sua escolhida, restaria sempre as outras duas, as quais jamais o perdoariam. Contudo, Hermes ameaçou-o com a ira de Zeus. Em seguida, Páris gentilmente se ofereceu para cortar a maçã, que recebeu para dar à escolhida, em três partes, pois jamais poderia escolher uma dentre as três belezas esfuziantes. Hermes também não aceitou a proposta do rapaz e, assim, as três deusas se colocaram diante dele. Hera ofereceu-lhe o império do mundo caso a escolhesse. Atena prontificou-se a fazer dele o guerreiro mais valente e mais justo de todos os tempos. E Afrodite, despindo-se das poucas vestes, ofereceu-lhe a taça do amor, prometendo-lhe por esposa a mais linda mulher mortal.

O resultado não poderia ter sido outro. Páris, jovem e imaturo, além de ainda não ter consciência dos valores morais e espirituais, escolheu Afrodite sem a menor hesitação. Sua recompensa foi a famosa Helena, rainha de Esparta e, para seu azar, a esposa de outro homem. Hera e Atena, preteridas e humilhadas, simularam um sorriso, declarando que não poderiam forçá-lo a nenhuma outra decisão, senão a que já havia tomado, e partiram unidas, tramando a destruição de Troia. Assim, foi deflagrada a famosa Guerra de Troia, que começou com a fúria do marido enganado de Helena, e terminou com a destruição total da cidade e de seus governantes. Mais uma vez, o oráculo confirmou suas profecias (mito baseado em BURKE; GREENE, 2007).

As perguntas dos Enamorados são:

Você já fez sua escolha de vida?
Você está inteiro e comprometido com essa escolha?
Qual é seu verdadeiro objetivo em um relacionamento?
Você acredita que dá o melhor de si no campo relacional? O que você precisa melhorar nesse aspecto?

Atividade

Colagem do arquétipo do seu Enamorados (use uma folha de papel canson A4, 220 gramas, dividida ao meio).

Tema: Uma escolha de vida.

Represente seu Arcano Os Enamorados por meio de recortes de revistas, podendo pintar, desenhar ou colar materiais diversos (tecido, madeira, pedaço de jornal, papéis coloridos, etc.) e mais o que sua imaginação quiser.

Após a atividade, faça uma escrita criativa e intuitiva a seu respeito.

Dialogando com a colagem

Descreva a imagem que vê:

Quais sentimentos ela lhe desperta?

Qual o caminho ela lhe indica?

A imagem lhe diz:

Eu sou..

Eu quero..

Eu posso..

Eu vou...

Minha mensagem é..

O CARRO – ARCANO 7 – A Iniciação

O Carro é a primeira iniciação de O Louco. Neste momento, ele se sente impelido inconscientemente a procurar alguma coisa nova, não sabe ainda onde buscar, mas se sente pronto a abandonar as velhas estruturas, condicionamentos, rotinas e hábitos do passado, jogando-se rumo ao desconhecido. É movido pela necessidade de buscar a si mesmo, desapegando-se de tudo aquilo que sufoca sua essência. Essa é uma carta de representação do caminho espiritual, em que o indivíduo vai buscar o verdadeiro sentido de sua vida, o encontro com o Santo Graal, que significa a essência do próprio Ser ou a Supraconsciência. Achar o Graal denota atingir a plenitude. Em um nível macrocósmico, O Carro representa uma renovação criativa, na qual se fecha um ciclo de mudanças quantitativas que levam a uma transformação qualitativa.

São sete as cores do arco-íris; sete planetas; sete dias da semana; sete notas musicais; sete chacras, etc. Os quatro períodos do ciclo lunar são também de sete dias e as principais transformações na vida do ser humano acontecem a cada sete anos (setênios), o que nos remete a um novo rumo e a uma nova direção na existência.

O Carro é a iniciativa de se dirigir a vida por conta própria. É a coragem de agir, de se desvencilhar do passado, tomando as rédeas da vida nas próprias mãos em busca de novos rumos. É o impulso de partida, a força de vontade pessoal para atingir os objetivos. É a necessidade de autonomia e independência para se afirmar como indivíduo no mundo. É o símbolo do nosso próprio corpo, uma estrutura psicofísica móvel, dentro da qual nosso ego, nosso centro de consciência individual, pode explorar suas possibilidades e conquistas na vida. Para tanto, é preciso manter a força de vontade e o equilíbrio diante das intempéries do caminho, segurando com firmeza as rédeas da vida, com determinação, para alcançar nossas aspirações com consciência, discernimento e diplomacia.

Para alguns autores, essa carta representa a vitória. No exemplo do Tarô Egípcio, podemos encontrá-la com o nome de "O Triunfo". Pode se afirmar que essa carta representa uma grande libertação, porém parcial, pois seu cavaleiro ainda se encontra dentro de uma armadura. É uma carta de inícios e não de resultados. Uma vitória significativa só poderá ser alcançada a partir do Arcano 14, A Temperança e/ou A Arte, em que nosso herói, O Louco, já leva à prática de maneira consciente suas manifestações essenciais. A grande vitória, porém, só acontecerá efetivamente no Arcano 21, O Mundo. Em O Carro, com maior consciência, ele já toma a direção de seu coração e, no decorrer da viagem, irá largando suas couraças, armaduras e máscaras, a fim de se encontrar com sua verdadeira natureza essencial.

Aqui podemos também nos encontrar com o mito de Arjuna e Krishna, cuja mensagem principal é o desapego e a desidentificação com os aspectos da *persona*.

No Tarô Mitológico, podemos encontrá-lo na figura de Ares, o deus da guerra, um deus sem pai, representando algumas vezes a agressividade natural e o instinto de competição do ser humano, pois não tem o espírito arquetípico do pai para lhe oferecer um código de ética ou uma visão adequada da situação. Porém, sua vontade de ferro e sua coragem imensurável são dimensões necessárias à personalidade humana, pois só a visão espiritual dissociada da material não sobrevive neste mundo altamente competitivo.

Então, após ter invocado um conflito como resultado de suas escolhas no amor, na carta Os Enamorados, O Louco deve se deparar com uma nova grande lição na vida: a manipulação e a utilização dos ímpetos violentos e turbulentos do instinto natural, encarando a própria agressividade. Assim, por meio da figura de Ares, o condutor de O Carro, O Louco poderá chegar à maturidade. Na carta Os Enamorados ele ainda é um adolescente, levado pelo desejo romântico e pela vontade de possuir algo muito bonito e atraente. Porém, por intermédio de O Carro, ele aprende a tomar consciência de seus atos e de suas consequências como uma pessoa adulta, enfrentando a ira e o conflito que invocou tanto interna como externamente. Podemos dizer que Ares representa o conflito e a luta que, por sua vez, resultam em crescimento e fortalecimento da personalidade. É possível que O Louco tenha de enfrentar não apenas a agressividade dos outros, mas também os próprios impulsos e os anseios agressivos. Esse conflito não poderá ser evitado, mas sim encarado com consciência, honestidade, força e comedimento. Dessa forma, O Louco poderá entrar em harmonia consigo mesmo por meio das suas próprias contradições, saindo da adolescência, passando para o próximo estágio de sua jornada.

Podemos relacionar o conto "O Urso da Meia Lua", do livro *Mulheres que Correm com os Lobos*, de Estés, ao Arcano O Carro, em que a raiva é tida como mestra que vai ensinar como ser direcionada de maneira construtiva, por meio da paciência e do perdão. Em Pinkola (1994, p. 437), "mesmo as emoções grosseiras e confusas são uma forma de luz, que estala e explode de energia". Em se tratando da energia da raiva podemos canalizá-la de maneira construtiva iluminando certos lugares escondidos dentro de nós onde ela se encontra camuflada, identificando-a, tratando-a e transformando-a em algo que tenha utilidade para nós e para o mundo de forma mais produtiva e criativa. Para Estés, "o conteúdo dessa história nos diz que a paciência ajuda a aliviar a raiva, mas a mensagem maior trata do que a mulher deve fazer para restaurar a ordem na psique, curando com isso o *self* enfurecido" (ESTÉS, 1994, p. 436). A prática da tolerância e do perdão é um importante aliado para que possamos sanar os danos que a raiva provoca em nossa psique.

Dentro de todos nós existe uma sombra escondida por trás da máscara que utilizamos para os outros e, por baixo da máscara que usamos para nós mesmos, vive um aspecto oculto da nossa personalidade que necessita ser confrontado para atingirmos nossa totalidade. Um conto que ilustra bem isso é "A Toalha Mágica" do livro... *E Foram Felizes para Sempre*, no qual nosso lado inferior, escuro e primitivo é personificado pela velha sogra invejosa da história. Esses aspectos simbolizam nossas características desagradáveis, nosso lado negativo e escuro, tudo aquilo que desejamos esconder. Por outro lado, fazem parte também nossas qualidades personificadas na figura da sua linda e jovem nora, que a cada dia ficava mais bonita, fazendo aumentar a raiva, a inveja e o despeito da sogra em relação à moça. Quanto mais a sogra se negava a enxergar esse lado, mais ele crescia, transformando-se em um horripilante monstro; quando, por fim, ela se confronta com essa sombra, pôde finalmente se transformar e mudar de atitude.

Letra hebraica correspondente: *Chet*, que significa "campo", "recinto" ou "cercado".

Hieroglificamente, simboliza a existência elementar, o princípio da aspiração vital.

Caminho Cabalístico: este é o 18º caminho na Árvore da Vida. Une a *Sephirah Geburah* (a Justiça ou a Força) com a *Sephirah Binah* (o Entendimento ou a Inteligência). A força, o poder e a coragem são atributos que levam o caminhante a atravessar o Abismo, possibilitando atingir o supremo entendimento e a compreensão do sentido da dor na *Sephira Binah*. Une a Justiça da Lei com a Compreensão ilimitada do Espírito.

Títulos Esotéricos: "O Filho dos Poderes da Água"; "O Senhor do Triunfo da Luz".

Atribuição Astrológica: Câncer, signo de água, considerado o mais sensível dos signos. Conforme diz Pramad os cancerianos, "como o caranguejo, se vestem de uma casca protetora para esconder sua vulnerabilidade. São imaginativos e temperamentais e perdem visivelmente sua autoconfiança em ambientes hostis, chegando a imaginar críticas e ataques inexistentes" (PRAMAD, 2003, p.112). São tímidos e não apreciam a solidão, com inclinação a viver por intermédio dos outros. São regidos pela Lua o que lhes confere uma forte sensibilidade, intensas emoções, apego às origens, aos amigos, à família, ao lar, à mãe e ao passado. Possuindo uma sensibilidade profunda e senso de coletividade.

A imaginação do canceriano é ilimitada, sendo considerado um dos mais sensíveis do Zodíaco. São dóceis, sonhadores, dedicados, fiéis, imparciais e ótimos mediadores. Detestam brigas e discussões e são capazes de ver os vários lados de uma situação para manter a conjuntura da família. Entretanto, podem se tornar muito dramáticos até ao ponto de fazerem chantagens emocionais usando de seus sentimentos. Não gostam de receber críticas, reagindo negativamente, alterando o tom da voz quando se sentem ofendidos, já que seu ponto fraco é uma sensibilidade bastante aflorada. São dóceis, emotivos e perceptivos, possuindo uma grande necessidade de dar e de receber proteção.

Em se tratando de amor, os cancerianos são bastante exigentes e desconfiados. Para se entregar em uma relação precisam se sentir seguros das intenções do outro. Gostam de conquistar e de ser conquistado, de dar e receber carinho na mesma proporção. São muito dedicados e apegados ao parceiro podendo se tornar manipuladores e ciumentos por medo se serem abandonados. Precisam cuidar da mudança constante de humor, que é uma característica forte desse signo. E quando estão com raiva, se fecham em seu mundo interior e dificilmente você conseguirá tirá-lo de dentro de sua concha onde se protegem.

No corpo humano, Câncer rege o peito e o estômago. Seu verbo é: Eu Sinto, e sua missão é contribuir para o bem-estar da comunidade e para o progresso do ser humano.

No Tarô Mitológico, o condutor de O Carro é o deus Ares, deus da guerra, regido pelo planeta Marte.

A experiência interna do Arcano O Carro é chamar nosso herói O Louco para a viagem. A função de O Carro é proteger o herói na caminhada. Esse herói está relacionado ao Espírito Santo (centelha divina) que se encontra dentro de nós. O ego é fundamental nessa fase de O

Carro, que é o cercado de que necessitamos para fazer essa viagem. A chave da grande missão de O Carro é fazer a viagem interna e o enfrentamento com o mundo interior.

Os cavalos preto e branco no Tarô Mitológico representam a dualidade (o *yin* e o *yang*), as duas forças antagônicas e complementares do universo, da mesma forma que as duas colunas da carta A Sacerdotisa. Essas são duas forças opostas que o condutor do carro tenta controlar. E não é com a força física que ele vai conseguir dominar o carro, mas com a energia da sua força interior.

O outro nome de O Carro é A Vitória. Está relacionado com o herói conquistador. Ele tem grande necessidade de compartilhar seus ganhos e feitos com a humanidade. O Carro simboliza o Espírito que liga a matéria à psique (alma). É o líder semeador. Se o líder não estiver conectado com sua matéria e seu espírito, o símbolo acaba saindo no corpo em forma de doença física ou psíquica. Em um nível psicológico, O Carro representa o adulto jovem que desenvolveu seu ego. É também o herói, o *animus*, ou seja, um masculino confiante em busca de suas realizações. Ele olha para frente, mostrando que tem força para vencer suas dificuldades com pulso firme, direcionando sua vida com firmeza.

No Tarô de Marselha, o simbolismo das carinhas no ombro da figura de O Carro também representa a dualidade. Todas as cartas até agora (de 1 a 7) serviram para formar esse herói. É o fechamento e a abertura de um novo ciclo, a saída da adolescência para uma vida mais adulta, comprometida com seu próprio desenvolvimento e maturidade. A coroa dourada simboliza a força mental. Nosso herói necessita dominar e equilibrar os aspectos conscientes e inconscientes do seu ser, mantendo o pulso firme e as coisas sob controle.

O número sete marca o ciclo de Saturno (Cronos–Tempo). Saturno nos questiona: Será que vamos conseguir? Será que é isso mesmo que devemos fazer? Será que estamos no caminho certo?

O Carro é o símbolo da vontade humana e da civilização. É um instrumento de poder e de força. Nossa jornada externa é um reflexo da nossa jornada interna. O aspecto negativo do herói é o aumento excessivo do ego, e o antídoto para isso é o altruísmo, fazendo com que ele saia do egocentrismo. A jornada é voluntária, por isso é necessária uma força mental constante, pois ele precisa concretizar sintonizado com essa força; precisa ser fiel a uma verdade superior em seu caminho espiritual, buscando sua transformação a serviço do *Self*.

Quando sai num jogo, você pode estar sob a influência de uma vontade poderosa. O Carro tem o livre-arbítrio, que é a força voluntária, tanto pode ir ou ficar preso à mãe. O herói já tem o ego estruturado e pode fazer a viagem conscientemente. Essa carta pode dizer que a pessoa está de modo consciente controlando uma situação. Tem a ver com: controle de uma situação, vitória, sucesso, saúde, movimento, direcionamento, consciência e domínio sobre si mesmo. Exemplo de pergunta em um jogo: Devo fazer um determinado curso? Resposta: Vá em frente, é seu caminho. Quando sai perto da carta O Mago, A Lua ou O Diabo, pode estar falando de ego inflado. Dependendo da pergunta, pode significar que a pessoa não vai dar conta sozinha da situação, podendo precisar de ajuda. Pode indicar energia agressiva positiva ou negativa, e quando sai perto da carta O Mundo pode mostrar uma viagem e também o momento da entrada do herói na vida adulta. Fala de postura de enfrentamento, da necessidade de seguir seus impulsos internos ou de transformar suas relações familiares. Chegou a hora de harmonizar seu cotidiano com as expressões de sua vontade mais íntima. Instante de se libertar do que não serve mais para sua evolução. É fundamental estar conectado com a voz do coração. Momento de criar vínculos saudáveis ou de abandonar velhas formas de se relacionar.

Qualidades positivas: consciência, coragem, iniciativa, confiança, autoafirmação, percepção aguçada, controle, determinação, livre-arbítrio, discernimento, confiança inabalável em si mesmo, ação, liberdade, força de vontade e escolhas conscientes.

Qualidades negativas: o rebelde sem causa, divisão interna, indecisão, falta de propósito, de firmeza, de confiança em si mesmo e de determinação, dúvida, controle excessivo, excesso de força. Faz tudo de forma rápida, atropelando coisas e pessoas.

Imagem: Ogum, Ares, Marte, o Super-Herói, o Adolescente, o Egocêntrico, o Exagerado, o Desenraizado (falta de *ground*), o Viajante Perpétuo, Filosofia, Inteligência, Netuno, Espiritualidade, Erudição, Análise, Meditação, Consciência, Profundidade, Especialização.

Imagens Arquetípicas

| Tarô Mitológico | Tarô de Marselha | Tarô de Rider-Waite |

Afirmação para o Carro: "Dirigindo todos os meus esforços na direção da minha meta, serei vitorioso" (DICKERMAN, 1998, p. 107).

O Mito de Ares – O Carro

Aqui nos deparamos com Ares, o deus da guerra que, de acordo com a mitologia grega, foi concebido por Hera, rainha dos deuses, sem o concurso da semente masculina. Como deus da guerra, as atividades de Ares se concentravam nas lutas. Seus dois escudeiros, Deimos (Medo) e Fobos (Terror) – que também diziam serem seus filhos –, acompanhavam-no nos campos de batalha. Diferentemente da deusa Atena que, como deusa guerreira, representava a estratégia e a previsão, Ares adorava o calor da batalha com uma exultante liberação de sua força ao desafiar o inimigo.

Ares não era um deus apreciado por estar ligado ao conflito e ao derramamento de sangue, e Zeus e Atena não gostavam dele em razão de sua força bruta e da falta de refinamento. Mas Afrodite, deusa do amor, possuía gostos diferentes. Impressionada com o vigor do formoso guerreiro que, sem dúvida, comparava ao seu pouco favorecido marido Hefesto, o deus ferreiro, ela se apaixonou por Ares. O sentimento foi logo retribuído. Ares tomou a inescrupulosa vantagem da ausência de Hefesto para desonrar a união conjugal. Mas o marido descobriu o caso adúltero e planejou uma bem engendrada vingança. Secretamente, forjou uma rede tão fina que era quase impossível de ser detectada, mas tão resistente que não podia ser quebrada. Ele colocou a rede sobre a cama em que os amantes se amavam. No encontro seguinte, no momento em que estavam repousando, Hefesto deixou cair a rede e chamou todos os deuses para testemunhar a vergonha da esposa e de seu amante. Mas a paixão de Ares ainda era ardente, apesar do ocorrido, e, mais tarde, dessa sua união com Afrodite, ele gerou uma filha, Harmonia, cuja qualidade, como o nome sugere, era o equilíbrio harmônico entre o amor e a discórdia (mito baseado em BURK; GREENE, 2007).

As perguntas do Carro são:

Você tem consciência do seu caminho?
O que você quer de verdade?
Você direciona seus esforços em busca da sua realização?
Está seguro quanto a suas escolhas?

Atividade:

Colagem do arquétipo do seu Carro (use uma folha de papel canson A4, 220 gramas, dividida ao meio).
Tema: Minha realização no mundo.
Represente seu Arcano O Carro por meio de recortes de revistas, podendo pintar, desenhar ou colar materiais diversos (tecido, madeira, pedaço de jornal, papéis coloridos, etc.) e o que mais sua imaginação quiser.
Após a atividade, faça uma escrita criativa e intuitiva a seu respeito.
Dialogando com a colagem
Descreva a imagem que vê:
 Quais sentimentos ela lhe desperta?
 Qual o caminho ela lhe indica?

A imagem lhe diz:
Eu sou..
Eu quero..
Eu posso..
Eu vou...
Minha mensagem é..

A JUSTIÇA – ARCANO 8
– O Equilíbrio Cósmico

O 8 é o número do equilíbrio cósmico. Mostra o universo em movimento e transformação, equilibrado e estabilizado pelas leis cósmicas. O 8 deitado é considerado o símbolo do infinito. Para manter tal equilíbrio, essas forças vão construindo aqui, destruindo ali, ajustando os fenômenos particulares. Esse ajustamento ou reorganização contínua da existência pode ser compreendido como carma (ação e reação). Em um universo, onde tudo está interligado, quando agimos individualmente desconectados das leis universais, produzimos carma negativo. Nos níveis humanos, o ajustamento consciente é o que nos leva ao equilíbrio e estará nos libertando desse carma. Enquanto nossa percepção do mundo está fragmentada – agradável e desagradável, certo e errado, bem e mal, passado e futuro, etc. –, acreditamos que somos entidades separadas do meio em que vivemos e pensamos que podemos agir independentemente dele. Assim, ficamos presos ao carma. Libertar-se desse laço significa compreender a unidade e a harmonia do universo, concretizada também dentro de nós, e agir de acordo com tal entendimento.

Outra maneira de definirmos o carma é dizer que ele está diretamente relacionado com a lei de causa e efeito, do plantar e colher. Em outras palavras, podemos dizer que nós mesmos somos os responsáveis pelo nosso próprio destino, usando nosso livre-arbítrio. Portanto, poderemos transformá-lo com nossas ações. Para isso, necessitamos conhecer nossa verdadeira natureza. Por meio do autoconhecimento, temos a oportunidade de nos conscientizarmos da nossa divindade em fusão com o Cosmos, ou seja, alcançarmos a iluminação que nos permite receber orientações diretas de fontes superiores, guiados pela nossa natureza divina. Amor, Sabedoria, Imparcialidade, Integridade, Disciplina, Decisão, Resolução, tudo é colocado em seu devido lugar, trazendo a ordem e a harmonia.

A ilusão ou Maya nos empobrece nos tornando seres embotados, alienados, enlatados, rotulados e programados. Dessa maneira, somos impedidos de evoluir em nosso nível de consciência pela nossa programação mental com bases no passado. Toda norma de comportamento e padrões que herdamos, de antepassados, de vidas passadas, etc., nos tornam seres desconectados desta Fonte Original, nos impedindo de retornarmos ao nosso verdadeiro lar, à nossa essência divina.

Na carta A Justiça, temos a oportunidade de reavaliarmos nossas vidas, colocando na balança nossas decisões e passos que queremos dar de agora em diante.

A letra hebraica é *Lamed*, que significa "a canga" ou "aguilhão" do boi. Segundo Pramad, podemos perceber uma relação interessante com O Louco, cuja letra significa "boi". Sem a canga, a força do boi não pode ser aproveitada, assim, sem a Justiça, os potenciais de O Louco não são operacionais.

Em outras palavras, podemos dizer também que o aguilhão é a vara comprida que cutuca O Louco, para que ele se direcione e busque o equilíbrio.

Hieroglificamente, *Lamed* representa uma serpente desenrolando-se ou também a asa de um pássaro se esticando para levantar voo. Em *O Livro dos Sinais*, *Lamed* é chamada "Mestre dos Mestres", cuja função é como uma canga que guia os adeptos pelos caminhos da existência.

Caminho Cabalístico: é o 22º caminho na Árvore da Vida. Une a *Sephirah Geburah* (a Justiça ou a Força) com a *Sephirah Tiphareth* (a Beleza).

É o caminho da consciência fiel que possui virtudes espirituais desenvolvidas. Essa consciência fiel é como um guia interno, sempre pronto a nos transmitir as lições necessárias para nossa evolução. É um processo de autoavaliação, no qual aquilo que é inútil para nosso crescimento é eliminado, atuando como uma ordenação.

Seus títulos esotéricos são: "A Filha dos Senhores da Verdade"; "O Governante da Balança".

Atribuição Astrológica: todos os Tarôs concordam em atribuir o signo de Libra a esse arcano. Libra é um signo de ar governado por Vênus, possui índole dócil, amável e muito espontânea na manifestação de seu afeto. Muito vivo e atraente, exerce fascínio especial sobre as pessoas com um sentido estético muito apurado. Possui talento artístico, gosto pelas artes, pela cultura e pela espiritualidade. De acordo com Pramad, os librianos procuram por amor, prazer e beleza passando por um filtro intelectual, podendo se apaixonar por várias pessoas ao mesmo tempo. Esse signo governa os rins, que são os órgãos eliminadores que purificam o sangue. Libra é o primeiro signo social; para ele, relacionar-se é tão importante quanto respirar. Sua missão é harmonizar, embelezar e equilibrar o ambiente que o rodeia. Não suporta grosserias, discussões, exaltações e brigas de maneira em geral, de modo que, para evitá-las, muitas vezes se deixa dominar pelo outro que tenha temperamento mais forte, não sabendo dizer não, tornando-se permissivo. Esconde sua agressividade natural atrás de verdadeiros ideais de paz, harmonia, beleza, tentando sempre resolver amistosamente um conflito.

Pramad nos lembra de que esse signo necessita do outro para dialogar e argumentar. Procura sucesso social e tem enorme necessidade de ser apreciado, porém não suporta multidões, preferindo a tranquilidade, a vida fácil, alegre e confortável. É inconstante e indeciso, com tendência a escapar dos problemas, especialmente se estes incluem um confronto. Contudo, sua capacidade de empatia o leva a desenvolver grande sentido de equidade, justiça e equilíbrio, embora essa tendência possa levá-lo a esquecer suas próprias emoções e necessidades.

Seu verbo é: "Eu Equilibro"; sua sentença integradora é: "Eu gero harmonia com beleza e autenticidade".

Sendo o número 8 duas vezes 4, ou seja, $4 + 4 = 8$, mostra plena e total encarnação do Espírito numa matéria que se torna criadora e autônoma, originando suas próprias leis em harmonia com as leis cósmicas: "assim em cima como embaixo".

No Tarô de Marselha, a figura da Justiça usa um capacete com um círculo no centro, simbolizando o terceiro olho, que está ligado à intuição. Ela tem muita sabedoria, porque possui intuição e razão equilibradas.

Aqui temos a oportunidade de tomarmos nossas decisões de modo consciente, diferentemente de O Carro, porque em A Justiça, O Louco, neste momento da viagem, está mais consciente. No Arcano O Carro, nosso herói toma suas decisões ainda muito baseadas no ímpeto e, assim, pode ir atropelando quem estiver à sua frente. Em A Justiça, ele tem a oportunidade de equilibrar os opostos. Ela vem para ponderar, nos incentivando a refletir, colocar na balança e analisar com clareza as situações.

No Arcano A Justiça, estamos sempre procurando lealdade conosco, ou seja, com nossa essência. Às vezes, A Justiça nos pede que, antes de tudo, sejamos justos conosco, mesmo que essa "justiça" possa parecer injusta para com os outros. A pergunta que fazemos aqui é: Com que olhos eu me vejo?

Em A Justiça, podemos nos tornar implacáveis. Aqui, há a espada para cortar, simbolizando a mente. A espada na mão corta dos dois lados. Não pega levemente, mas para cortar com firmeza. Enquanto um lado destrói, o outro constrói, significando a lei, a ordem, a disciplina, o método e a estratégia.

Mas, muitas vezes, o indivíduo é justo demais com a situação, abrindo mão de si, podendo se tornar crítico e severo demais consigo mesmo. Nesse caso, a pessoa pode estar querendo matar algo que está brotando, cortando exatamente aquilo que poderia ser criativo. A espada é uma energia que transforma. É muito utilizada na consagração de cavaleiros, transformando o jovem em homem adulto. Quando conseguimos equilibrar nossas forças (*yin* e *yang*), passamos por uma experiência renovadora e luminosa.

É uma carta de ação, movimento, ensino e formação do outro. Para desenvolvermos nosso equilíbrio interno, necessitamos aprender o momento certo de agir.

Na mitologia egípcia, a deusa Maat da Justiça costumava pesar o coração dos mortos. De um lado da balança, colocava o coração e, do outro, uma pena. Se o coração estivesse leve, iria equilibrar com a pena.

Ela tem relação com a justiça, mas não com a dos homens, a qual tem os olhos vendados.

Há muitos planetas associados à carta de A Justiça: Vênus, Marte, Sol, Saturno e Júpiter, que traz a abundância.

A carta fala de ação, como em O Mago. Age como O Mago com a compreensão de A Sacerdotisa. Podemos falar também de uma androginia (pessoa andrógina), com um *animus* poderoso positivo, um masculino muito atuante. A espada fala da atividade do guerreiro. Podemos pensar em uma pessoa poderosa, que atua com seus dois princípios (masculino e feminino).

No Tarô de Marselha, a espada voltada para cima liga os dois polos: céu e terra. Ela faz essa ponte o tempo todo, trazendo experiências passadas e futuras. Esse Arcano vem com muitas coisas do passado, ou seja, sua bagagem, e com esta traz o aprendizado para o futuro. A pessoa pensa, pondera, equilibra, percebendo o movimento das coisas, tomando o rumo certo.

Em sua cabeça traz uma coroa muito grande, parecendo pesada e de uma cor só. Ela é toda amarela, indicando muita consciência.

Quando sai em um jogo, é hora de colocar as questões na balança e de procurar um caminho para torná-las mais leves, dialogando com as partes. É hora de perguntar: como posso dialogar com essas partes? A resposta é: procurando um caminho que você queira trilhar verdadeiramente. Saber o limite da nossa responsabilidade está também em não saber as respostas. Mas poderemos fazer as perguntas: o que me faria sentir mais feliz? O que minha essência quer de verdade?

Significa que o que está acontecendo faz parte do seu processo, e a pessoa é responsável por isso, podendo sugerir que ela necessita se equilibrar entre razão e emoção e/ou está passando por um momento de equilíbrio. Pode significar algo na justiça ou, então, momento de se disciplinar, colocando as coisas em ordem. Fala também de enraizamento, indicando uma história com começo, meio e fim.

Os pratos vazios na balança podem significar que você pode receber o que vier. A espada pode querer dizer ficar firme com o ego para que a consciência possa receber o material vindo do inconsciente. Ou seja, depois que estivermos conscientes do que realmente queremos, podemos baixar nossa guarda.

Essa carta significa proteção, mas vai fazer você passar por experiências transformadoras para sua maturidade e individuação. Uma escolha com maturidade é sofrida: já olhamos, pesamos, ponderamos e estamos prontos para nos movermos para a próxima etapa. A Justiça nos diz que, se trabalhamos, vamos ter o retorno.

No Tarô Mitológico, A Justiça está relacionada com a deusa grega Atena, imagem do julgamento reflexivo e da racionalização. O julgamento de Atena não tem por base o sentimento pessoal, mas a avaliação imparcial e objetiva de todos os fatores contidos numa situação. Seu julgamento se estrutura nos princípios éticos que servem de parâmetros rígidos para qualquer escolha. Sua castidade pode ser entendida como símbolo da pureza e da limpidez de seu caráter reflexivo, que jamais se influencia pelo desejo humano e pessoal.

Um conto de fadas clássico da literatura que podemos relacionar à carta A Justiça é "Dona Ola", do livro *Os Contos de Grimm*. O conto nos mostra como a humildade, o respeito e a presteza de uma jovem são recompensados, enquanto a inveja, a falta de consideração e a preguiça da outra são colocados na balança para serem pesados, analisados. Ao final da história, cada uma delas tem a recompensa merecida pela semente que plantou com suas ações e pelos seus esforços empreendidos.

Imagem: Clareza Mental, Discernimento, Senso de Justiça, Senso Crítico, Análise, Julgamento Imparcial, Recompensa, Culpa, Censura, Certo e Errado, Bem e Mal, Lei, Carma, Causa e Efeito, Retorno, Retribuição, Compensação, a Espada e a Balança, o Juiz, o Advogado, o Crítico, Palas Atena, Iansã, Maat, Salomão.

Imagens Arquetípicas

Tarô Mitológico  | Tarô de Marselha  | Tarô de Rider-Waite

Afirmação para A Justiça: "Sou capaz de distinguir claramente o verdadeiro do falso. Assumo o comando da minha vida e enfrento com coragem as questões que vão surgindo" (DICKERMAN, 1998, p. 159).

O Mito de Atena

Segundo a mitologia, Atena é filha de Zeus, rei dos deuses, e Métis, deusa da prudência, sua primeira mulher. Quando Métis ainda estava grávida, Urano previu que aquela criança seria mais poderosa que o pai. Para impedir que a profecia se cumprisse, Zeus engoliu a mulher antes de a criança nascer. Logo depois, foi acometido de uma dor de cabeça tão forte que quase enlouqueceu. Para curá-lo, Hefesto, o deus ferreiro, abriu-lhe a cabeça com um machado de bronze. Para espanto de todos, da ferida aberta Atena saltou vestida e armada, dançando uma dança de guerra, soltando um grito guerreiro triunfante. Diante dessa visão, todos os imortais ficaram pasmos. Mais tarde, a deusa tornou-se a filha favorita de Zeus, preferência esta que suscitou ciúme e inveja por parte dos outros deuses.

A inclinação guerreira de Atena foi reconhecida a partir de seu nascimento, entretanto, a deusa era diferente de Ares, o deus da guerra. A arte que Atena cultivava tinha como base o amor e não a batalha sangrenta. Na verdade, toda a postura de Atena estaria relacionada com seus altos princípios e sua frieza de ponderação sobre a necessidade de lutar para preservar e manter a verdade. Atena era uma estrategista e não simplesmente uma deusa guerreira, equilibrando a força bruta de Ares com sua lógica, intuição, diplomacia, sabedoria e sagacidade.

Atena foi uma exceção no seio do Olimpo, principalmente em função de sua castidade. Além disso, deixou um importante legado para a humanidade ao ensinar ao homem como domar cavalos e às mulheres a arte de tecer e bordar. Suas atividades diziam respeito não somente ao trabalho útil, mas também à criação artística (mito baseado em BURKE; GREENE, 2007).

As perguntas da Justiça são:

O que lhe dá equilíbrio na sua vida?
Como você pode tornar sua vida mais leve?
Você é justo (a) consigo mesmo (a)? Como?
Como você está em relação à sua flexibilidade?

Atividade:

Colagem do arquétipo da sua Justiça (use uma folha de papel canson A4, de 220 gramas, dividida ao meio).

Tema: Meu equilíbrio.

Represente seu Arcano A Justiça por meio de recortes de revista, podendo pintar, desenhar ou colocar materiais diversos (tecido, madeira, pedaço de jornal, papéis coloridos, etc.) e mais o que sua imaginação quiser.

Após a atividade, faça uma escrita criativa e intuitiva a seu respeito.

Dialogando com a colagem

Descreva a imagem que vê:
Quais sentimentos ela lhe desperta?
Qual o caminho ela lhe indica?
A imagem lhe diz:
Eu sou..
Eu quero..
Eu posso..
Eu vou...
Minha mensagem é..

O EREMITA – ARCANO 9
– O Velho Sábio

O 9 é a manifestação do 3 nos três planos da existência: espiritual, psíquico e físico. É o símbolo da multiplicidade que retorna à unidade, o fim de um ciclo, simbolizando a transição. Após o número 9 todos os outros números são a redução numérica dos arquétipos básicos (de 1 a 9), que começam no 1. Exemplo: Depois do Arcano 9, O Eremita, vem o Arcano 10, a Roda da Fortuna, que na redução numérica dá 1. O próximo Arcano é o de número 11, A Força, que na redução numérica dá 2 e assim sucessivamente, até chegar ao Arcano 22, O Louco Renascido, que na redução numérica dá 4. E como já vimos anteriormente, na matemática alquímica, o número 4 contém uma viagem completa: $1 + 2 + 3 + 4 = 10 = 1$ (retorno à unidade). Esta qualidade de transformação e desenvolvimento está intrinsecamente ligada ao Arcano de número 9, O Eremita. Podemos dizer que O Eremita é o dinamismo, a liberalidade, a evolução e o desenvolvimento do ser humano para alcançar a maturidade. É o impulso que provoca a evolução.

O Eremita é um velho sábio dotado do conhecimento adquirido pela experiência, trazendo o comprometimento com a busca da verdade e da sabedoria, transformando a solidão em solitude. Representa o princípio universal da introspecção e da contemplação interiores. Ele, acima de tudo, procura se conhecer, distanciando-se da vida mundana e das coisas passageiras, inconsistentes e fúteis. Observando e analisando seu mundo interior, ilumina gradualmente seu inconsciente com a chama de sua consciência, realizando um trabalho de autoconhecimento. É aquele que conhece a si mesmo e pode compartilhar com os outros suas experiências de transformação. Ele pode ser nutritivo para aqueles que o cercam, os quais absorvem seu conhecimento advindo da observação, da reflexão e da experiência de uma vida bem aproveitada. Relaciona-se com meditação analítica e a profunda sabedoria interior.

A atitude de A Sacerdotisa é meditativa e leva à sabedoria, enquanto o caminho de O Eremita é o da auto-observação, que conduz ao conhecimento de si mesmo. Ele não está preocupado em divulgar seus conhecimentos, nem promulgar doutrinas, nem instruir discípulos, como no caso de O Hierofante. Apenas segue o mandamento socrático: "Conhece-te a ti mesmo", que aparece na entrada do Oráculo de Delfos.

Iluminando com sua lanterna seu lado inconsciente, vai se conhecendo e, conhecendo-se, vai se resolvendo; resolvendo-se, vai se centrando e, centrando-se, vai se tornando fértil até o ponto em que pode nutrir o mundo com sua simples presença.

Tudo isso não quer dizer que O Eremita se torne um ser solitário, um monge, que vive afastado do mundo, fugindo do impacto das possíveis "tentações" que possam provocar respostas em seu inconsciente. Pelo contrário, tais respostas são muito importantes para ele. Vive no mundo, mas sua atenção está fundamentalmente voltada para seu interior. Pode viver em contato com as pessoas, transcendendo seus desejos, aceitando e sendo permeável aos acontecimentos. Dessa forma, vai iluminando seu inconsciente, tornando-se uma luz viva para si e para os outros, com a inocência e a experiência de um mestre iluminado.

Esse velho sábio segura uma lanterna em uma das mãos, símbolo da consciência e do conhecimento esotérico e, na outra mão, leva um bastão, vestindo o manto da prudência e da circunspecção.

No Tarô Mitológico, O Eremita traz a foice que promove os cortes e as mudanças cíclicas da vida. Ele é o deus grego Cronos (o tempo). A lição que O Eremita nos dá é aquela que pode ser apreendida pela vivência e experiência de vida que levam à reflexão. Dessa forma, Cronos se contrapõe a Héracles (Hércules), pois a luta não pode impedir a passagem do tempo. Somente a aceitação dessa passagem é que poderá trazer as recompensas da Era Dourada de Cronos. Por meio da limitação e das circunstâncias que o tempo impõe, O Louco aprenderá que não é por intermédio do uso da força bruta ou da batalha violenta que ele poderá se libertar, então, passa a desenvolver as características de Cronos: a introversão, a solitude e a reflexão. Além disso, Cronos também é humilde, virtude que se inicia sempre que somos humilhados ou nos sentimos frustrados por não conseguir aquilo que queríamos. Mas essas experiências podem resultar em silêncio e serenidade, sem os quais não podemos enfrentar os obstáculos e as frustrações que a vida nos traz.

O aspecto negativo de Cronos é a calcificação, ou seja, uma resistência feroz a mudanças e à passagem do tempo. Inércia, egocentrismo, solidão e excesso de confiança na sabedoria de outros que considere sábio, fazendo-o estagnar.

Porém, o lado positivo e altamente criativo desse deus antigo e ambivalente é a sagacidade, a perspicácia para mudar aquilo que podemos mudar, para aceitar aquilo que não podemos alterar e para esperar em silêncio até que o tempo nos mostre a diferença entre essas coisas.

É preciso encontrar o Eremita dentro de nós, nosso mestre interior que habita nas profundezas do nosso inconsciente, escondido por nossos medos, inseguranças, falta de fé e de confiança em nós e na existência, desenvolvendo nossa capacidade de abrirmos nosso próprio caminho, emanando a luz que vem do nosso interior.

Um conto que podemos relacionar ao Arcano 9, O Eremita, é "O Velho Alquimista", do livro "... *E Foram Felizes para Sempre*". Nessa história, um velho e sábio alquimista ajuda um jovem rapaz inexperiente, aprendiz de alquimia, a alcançar a verdade e a sabedoria com a experiência da prática e da objetividade. Foram essas características que o levaram à iluminação das ideias e ao desvendamento das soluções ocultas, as quais permitiram resolver as questões práticas de sua vida junto à sua esposa. A sabedoria e a clareza profundas do velho alquimista levaram o jovem rapaz a se tornar independente e capaz de resolver seus problemas cotidianos.

A letra hebraica atribuída ao Arcano O Eremita é *Yod*. Significa "mão", "a ferramenta mais perfeita". A palavra "mão" tem a mesma raiz que "manifestação", e nos traz ideias de atividade, poder, habilidade e domínio. Simboliza o início, a semente, o princípio masculino fecundante. Hieroglificamente, representa a manifestação potencial.

A mão aberta é símbolo de inocência, que pode dar e receber livremente, sem impedimentos mentais ou restrições morais.

Caminho Cabalístico: é o 20º caminho na Árvore da Vida. O caminho de *Yod* une a *Sephirah Tiphareth* (a Beleza) com a *Sephirah* Chesed (a Misericórdia ou Compaixão). Nesse caminho está o início da manifestação.

Título Esotérico: "O Profeta do Eterno"; "O Mago da Voz do Poder".

Atribuição Astrológica: Virgem e Capricórnio.

Planetas que rege: Mercúrio e Saturno.

Os virginianos são pessoas metódicas, sistemáticas, organizadas, exigentes, perfeccionistas, tímidas, discretas, detalhistas e inteligentes. Regidos por Mercúrio, estão sempre em busca do saber. São dedicados ao trabalho para obter segurança material e estabilidade financeira, sendo meticulosos e racionais. Gostam de estabilidade e de ter os pés bem fincados no chão para atingir seus objetivos. Estão sempre buscando a perfeição e novos conhecimentos, pois necessitam aprender coisas novas. Entretanto, podem se tornar muito críticos com dificuldade de ver o panorama de uma situação, fazendo com que só consigam ver a árvore e não enxerguem a floresta, levando-os a uma visão fragmentada da vida. Os virginianos podem acumular conhecimento, resistindo a mudanças, tornando-se rígidos e inflexíveis em seus pontos de vista. Necessitam parar de setorizar os assuntos e integrá-los a um todo harmônico para galgar níveis de consciência mais elevados. Esses nativos precisam unificar a mente, o coração e a razão para perceber as sincronicidades, abrindo-se para os mistérios da vida e tudo que a interliga.

De acordo com Pramad, dos três signos de Terra, Virgem é o mais feminino e receptivo, regido por Mercúrio. Está relacionado, em especial, aos cereais, um alimento considerado essencial das grandes civilizações de todos os tempos, e à deusa grega Deméter, A Mãe da Terra.

Virgem governa os intestinos, o sistema nervoso e geralmente o abdômen. "A função destes nativos é conservar pureza dos princípios que facilitam a reprodução dos seres e das coisas e fazem com que os esforços sejam proveitosos" (PRAMAD, 2003, p. 123). Como vimos, os virginianos gostam das coisas nos mínimos detalhes, adoram analisar, catalogar, discriminar e observar os pormenores ressaltando tudo o que não lhes parece certo. Imaginam que sua missão é colocar o mundo em ordem, porém expressam melhor suas qualidades como empregados do que como líderes. São extremamente críticos e não se deixam levar facilmente pelos impulsos, pois são comedidos, moderados e não gostam de precipitação. Dessa forma, não se deixam levar pelas paixões, optando pela elegância, pela sutileza, resolvendo os conflitos com inteligência e diplomacia, investindo na comunicação não violenta. Em geral, gostam de se alimentar bem, com qualidade de vida e uma boa vida com segurança e estabilidade financeira. Têm grande tendência a problemas digestivos, intoxicação, vermes diarreias, podendo se tornarem hipocondríacos. Gostam de aprender, tornando-se eternos aprendizes.

O Eremita significa a vontade suprema, um lado nosso eternamente puro que vai buscar o conhecimento com a lanterna na mão (o consciente) em busca de algo desconhecido (o inconsciente). Sai da idealização que criou para si em busca do mistério, de novos horizontes e de novas possibilidades.

Lado negativo: aspectos sombrios, rigidez, excesso de introversão, falta de audácia, emoções ocultas, medo de se relacionar, sexualmente imaturo com uma forte tendência à austeridade, abstinência e privação. Pode se tornar um personagem maníaco, receoso, suscetível, lamuriento e solitário, negando seus impulsos instintivos. Tendência ao isolamento e ao julgamento, se distanciando do mundo para esconder suas carências emocionais.

O Eremita no nosso corpo relaciona-se com as partes mais duras: coluna, ossos, dentes. Olhando para a figura dele, podemos perceber uma inocência de criança. Ele caminha, mas já não é mais uma caminhada como a do Arcano O Carro. Ele toma cuidado onde pisa. Recolhe-se ao seu mundo interno, indicando um momento de introspecção e autoconhecimento.

Pode representar o terapeuta, o professor ou um amigo maduro. Pode ser também a representação de um guia ou de um orixá. O Eremita é um andarilho. Ele tem um cajado representando um terceiro pé, usado para trilhar um caminho desconhecido, necessitando dessa proteção. Há a possibilidade de assimilar o que for conhecendo nessa sua caminhada.

Pode-se ver uma analogia entre o bastão e a varinha de O Mago, que foi transformada em cajado com a sabedoria de O Eremita. Ele já fez uma jornada e, possivelmente, trabalha com as quatro funções de forma ordenada e equilibrada (sensação, intuição, sentimento e pensamento).

O Eremita nos fala de um ser que atingiu um estado de solitude e não de solidão. Esse Arcano nos provoca a encontrarmos a verdade mais profunda do nosso coração, sem necessidade de aprovação da sociedade, dos amigos e da família. Dessa maneira, nos sentiremos livres, plenos e cheios de confiança, saindo do condicionamento da multidão. Devemos compreender a diferença entre solidão e solitude. Na solidão, sentimos falta e necessidade do outro, enquanto na solitude nos preenchemos com nossa própria presença, pois já aprendemos a nos amar e a viver bem em nossa própria companhia. E nessa qualidade positiva de ser e de estar no mundo nos sentimos plenos, preenchendo todo o universo com nossa presença, sem precisar do outro. O Eremita está carregando a lanterna para iluminar a própria escuridão e, consequentemente, sua luz brilha para o outro também. Ele ajuda não de modo proposital, mas da única forma que um ser humano pode de fato ajudar o outro: sendo plenamente ele mesmo. Pode-se dizer que ele já não está mais identificado com o corpo e a mente, que foram transcendidos.

No Tarô de Marselha, o azul de sua roupa representa o espírito da natureza e o amarelo, por dentro do manto, a busca do significado das coisas. Esse Arcano representa o processo de individuação, totalmente interno, individual e solitário (na carta não há céu, está tudo branco por fora).

O Eremita é o símbolo de iniciação, representado pelo número 9, o último número antes do 10, onde se inicia um novo ciclo. Quando não ouvimos nosso Eremita, a vida nos arranja um meio de escutá-lo, por exemplo, nos enviando uma doença. Sua mensagem é: vá devagar, com persistência, esperando seu tempo e o de cada um. Não adianta fugir da própria realidade. Ajudamos mais o outro quando integramos nossa sombra e podemos ser nós mesmos.

Quando sai num jogo, pode indicar um momento de afastamento necessário para se voltar para questões internas. Necessidade de autodesenvolvimento e centramento. Pode significar também que a pessoa está precisando de um terapeuta naquele instante, ou sendo um Eremita para ele mesmo ou para outra pessoa, indicando um momento de maturidade.

Podemos dizer também que a pessoa está sendo muito rígida consigo, cobrando-se determinados comportamentos de forma exagerada. Pode estar evitando contato com o outro para fugir das experiências e não ficar vulnerável. Pode evidenciar uma couraça de rigidez e fechamento por medo de se expor, de tomar atitude, de ser criticado ou rejeitado, tendendo ao isolamento, podendo se tornar uma fobia.

Se na pergunta do momento sair esta carta, pode significar que aquilo que a pessoa está querendo necessita de uma espera para amadurecer o que está em questão. Pode indicar para ter prudência, mas também pode significar a chegada da luz interior ou a consciência dos seus próprios limites. Pode trazer a pergunta: por que estou tão sozinho?

O Eremita relaciona-se com autoconhecimento, interiorização, encontro com a sombra, clareamento das marcas da infância, cura física ou interior, maestria sobre os humores e mente clara.

Imagem: Solitude, Silêncio, Solidão, Meditação, Introversão, Jornada Interior, Reflexão, Autoanálise, Autodescoberta, O Velho Sábio, o Ermitão, o Monge, o Solitário, o Inverno, Saturno, Cronos, Moisés, São Francisco, Buda.

Imagens Arquetípicas

| Tarô Mitológico | Tarô de Marselha | Tarô de Rider-Waite |

Afirmação de O Eremita: "Perscruto a mim mesmo buscando orientação do meu eu superior, enquanto avanço na direção de um entendimento mais profundo e da iluminação" (DICKERMAN, 1998, p. 131).

O Mito de Cronos

Aqui encontramos o antigo deus Cronos, cujo nome significa Tempo. Na mitologia grega, Urano (o Céu) e Gaia (a Terra) uniram-se e geraram a primeira raça, os Titãs ou deuses da Terra, entre os quais Cronos era o mais jovem. Mas Urano via sua progênie com horror, pois eram todos feios, imperfeitos e de carne. Por conseguinte, ele trancou os Titãs nas profundezas do Submundo para que não ofendessem seus olhos. Mas Gaia irritou-se e planejou vingar-se do marido. De seu peito, retirou uma pedra de sílex e modelou uma afiada foice que ela deu ao astuto Cronos, seu filho mais jovem. Ao cair da noite, Urano chegou a sua casa como de costume. Enquanto seu pai dormia, com a ajuda da mãe, Cronos armou-se da foice e castrou Urano, jogando seus genitais no mar.

Cronos, então, libertou seus irmãos e tornou-se soberano da Terra. Sob seu longo e paciente reinado, o trabalho da Criação foi completado. Essa época na Terra ficou conhecida como a Era de Ouro, em razão da abundância sobre a qual Cronos reinava. Como deus do Tempo, ele presidiu e administrou a passagem das estações, o nascimento e o crescimento, seguidos pela morte, pela gestação e pelo renascimento. Era venerado tanto como o Anjo da Morte, que estabelecia os limites que o homem e a natureza não podiam ultrapassar, como deus da fertilidade. Mas o próprio Cronos não podia aceitar as leis cíclicas que havia estabelecido, pois, quando foi profetizado que um dia seu filho o destronaria, como fizera com seu próprio pai Urano, passou a engolir seus filhos assim que nasciam, a fim de que pudesse preservar seu domínio. E assim continua a história de Zeus contada na carta O Imperador e que, na mitologia, derrubou Cronos e se estabeleceu no reino dos deuses do Olimpo. Alguns dizem que Cronos foi banido para as profundezas do Submundo; outros, que foi para as Ilhas Abençoadas onde dorme, esperando o início de uma nova Era de Ouro (mito baseado em BURKE; GREENE, 2007).

As perguntas de O Eremita são:

Você aplica seus conhecimentos na prática?
Você consegue desfrutar da sua própria companhia?

Você usa sua sabedoria para resolver seus problemas?
Você sabe esperar o tempo certo para as coisas acontecerem?

Atividade

Colagem do arquétipo do seu Eremita (use uma folha de papel canson A4, de 220 gramas, dividida ao meio).
Tema: Minha sabedoria.
Represente seu Arcano O Eremita por meio de recortes de revistas, podendo pintar, desenhar ou colar materiais diversos (tecido, madeira, pedaço de jornal, papéis coloridos, etc.) e o que mais sua imaginação quiser.
Após a atividade, faça uma escrita criativa e intuitiva a seu respeito.

Dialogando com a colagem

Descreva a imagem que vê:
Quais sentimentos ela lhe desperta?
Qual o caminho ela lhe indica?
A imagem lhe diz:
Eu sou..
Eu quero...
Euposso..
Eu vou..
Minha mensagem é..

A RODA DA FORTUNA – ARCANO 10 – Mudanças

O número 10 simboliza a criação universal, origem de todas as coisas e para as quais tudo retorna. Transmite a ideia de retorno à unidade, 10=1+0=1. A Roda da Fortuna é a representação do Princípio Universal do Movimento e da Expansão. Mostra o universo em constante mudança. Essa Roda é o símbolo da vida, do movimento e das mudanças. É considerada também a Roda do Carma ou das encarnações. O movimento da roda indica que nada é imutável.

No Tarô Mitológico estão as Moiras, as três deusas do destino. Suas idades diferentes sugerem as mudanças cíclicas e a passagem do tempo, e também as três fases da Lua (a Crescente, a Cheia e a Minguante), que são consideradas os três estágios da vida humana. A carta retrata duas mulheres em pé e uma sentada em uma caverna escura. "A primeira é jovem e tece em uma roca dourada. A segunda é elegante e madura, e mede o comprimento de um fio entre suas mãos. A terceira é mais idosa e segura uma tesoura. No centro, entre elas, há uma roda dourada, ao redor da qual quatro figuras humanas são colocadas em posições diferentes. Pela abertura da caverna, um cenário com muito verde é visível" (BURKE; GREENE, 2007, p. 71). A caverna sugere tanto o útero do qual surge à vida quanto à tumba para a qual ela retorna. Os fios que as Moiras tecem medem e cortam indicam o processo de gestação do corpo que ocorre no útero, sugerindo que o destino está intimamente ligado à hereditariedade e ao próprio corpo. A Roda da Fortuna revela o jogo da vida, o "destino" *versus* o livre-arbítrio, representando seu início e seu fim.

Neste momento, O Louco desperta de sua acomodação e começa a se dirigir para beber na sua própria fonte interior. É quando ele começa a enfrentar seus desafios na vida com seriedade e equilíbrio, procurando o centro da roda para se manter no fluxo da existência. Refere-se ao novo, ao inesperado, ao imprevisível e a acontecimentos dos quais não temos controle. Pode também significar crescimento ou regressão. Nada é estável nesse Arcano. Traz muitas coisas novas e cortes com outras. Mostra o início e o término de algo.

Como é uma Roda Cármica, devemos encarar esses acontecimentos como passageiros e mutáveis, que fazem parte do nosso crescimento. Se ficarmos à mercê de A Roda, nos sentiremos inseguros, instáveis emocionalmente, com falta de propósito, nos deixando levar pelos acontecimentos, alternando estados de euforia e depressão. Alcançamos a libertação da alternância desses estados saindo da periferia de A Roda para nos mantermos firmes no centro dela.

A Roda da Fortuna gira a cada dia: em um dia nos coloca subindo, no outro, descendo; em um dia nos coloca em cima, no outro, embaixo. A questão fundamental é como fluímos diante dessas mudanças, principalmente quando elas não são "favoráveis" a nós. Quando a personalidade tenta controlar e direcionar os rumos da vida, de acordo com suas expectativas pessoais, acaba nadando contra as correntes do inconsciente, ignorando seus sinais, selando assim seu próprio destino. Por outro lado, quando ela permite que a vida flua conforme as circunstâncias, usando a imaginação para lidar criativamente com essas situações, consegue atrair energias positivas para mudar sua vida para melhor.

O conto "A Moça Tecelã", de Marina Colasanti, pode ser relacionado ao Arcano A Roda da Fortuna, o qual nos fala de uma moça que tinha o poder de tecer tudo o que necessitava para viver, passando todo seu tempo tecendo e depois destecendo, ensinando-nos que a liberdade se relaciona com nossos ideais de vida, nossas escolhas e nossos valores.

Certo dia, a moça tecelã, que era muito feliz com sua vida, sentiu-se sozinha e quis tecer um companheiro para lhe fazer companhia. Aí, o jogo mudou totalmente. Sua vida teve uma mudança inesperada que contribuiu para seu desenvolvimento pessoal, já que se deparou com as forças da vida se renovando a cada dia, provocando-lhe mudanças instantâneas. Dessa forma, mediante seu aprendizado, a moça desfez os nós da sua vida, destecendo seu companheiro que a estava oprimindo com suas exigências. A moça tecelã passa, então, a ser protagonista da sua própria história, voltando a ser feliz.

Título Esotérico: "O Senhor das Forças da Vida".

Letra hebraica: *Caph* – significa "a palma da mão" e também a "mão fechada" ou "punho", representando o ato de agarrar algo.

Caminho Cabalístico: é o 21º caminho na Árvore da Vida. Une e equilibra a *Sephirah Netzach* (a Vitória), que representa a natureza do desejo, com a *Sephirah Chesed* (a Misericórdia ou Compaixão), conectando a personalidade com o Ser Superior. É o caminho da inteligência e da conciliação, tendo uma função mediadora.

Segundo o livro cabalístico, *Sepher Yetzirah* é o caminho que recompensa aqueles que o procuram, e está diretamente conectado tanto com a pobreza como com a riqueza, dependendo exclusivamente da pessoa que está procurando.

Atribuição Astrológica: Júpiter é o planeta desse Arcano, conhecido desde a Antiguidade como "o Grande Benéfico", sendo considerado o planeta da expansão e do crescimento, representando, a riqueza, a opulência, a boa sorte, os valores éticos e a benevolência.

O tipo jupiteriano possui natureza extrovertida, nobreza de coração, bom humor, inteligência lúcida e brilhante. São otimistas, autoconfiantes e idealistas. Apreciam viajar gostando de expandir seus horizontes conhecendo povos e novas culturas. São verdadeiros amantes do saber pela ânsia de crescer. Mas quando Júpiter está em seu pior aspecto, traz uma característica megalomaníaca em função de sua avidez por crescimento e expansão, com especulações com intuito de obter prestígio, posição e riqueza em busca de melhores resultados sem avaliar obstáculos. Ostentações, dogmatismo, manipulação, ansiedades e expectativas quanto ao futuro.

As pessoas sob a influência dos aspectos harmônicos de Júpiter costumam ter uma consciência social desenvolvida desde cedo, pensando em como pode ajudar a obter uma sociedade mais igualitária. Sua filosofia e sua conduta de vida costumam ser coerente com seu discurso. Seus objetivos de vida são claros, bem definidos, Sua mente analítica, profunda, lógica e disciplinada a leva a se dedicar a assuntos, políticos, filosóficos, religiosos, científico, social e existencial. Suas possíveis ambições por grandes realizações escondem uma pessoa simples, que abomina o desperdício e a ostentação. Possuem habilidades para o comércio, podendo assumir cargos administrativos de grande responsabilidade. São seres possuidores de uma enorme força de caráter, sendo respeitados por todos por sua natureza incorruptível, grande senso de justiça e de discernimento.

Para Pramad, o planeta (Júpiter) representa a ampliação do conhecimento e a busca espiritual, em seu aspecto mais elevado. É um planeta masculino, representando o pai que estimula o crescimento. "Enquanto o Sol é o pai que dá a vida, Saturno é o que limita e disciplina. A energia que faz melhorar nossas vidas, quantitativa e qualitativamente, é de natureza jupiteriana" (PRAMAD, 2003, p. 129). É elemento de otimismo e entusiasmo, que nos impele a levar a vida com maior generosidade, amplitude e profundidade.

No nível físico, rege os quadris, as coxas, a função hepática, o metabolismo da gordura propiciando a tendência a engordar, os pulmões, artrite, problemas hepáticos derivados de um sangue de baixa qualidade, por exemplo: erupções, furúnculos; os músculos do coração e o sistema arterial, com propensão a pressão alta.

A chave do Arcano A Roda da Fortuna é a dualidade que gera movimento. Ela possui um movimento de rotação que marca a sequência e a periodicidade das coisas, e a relação de causa e efeito. Tudo o que fazemos tem uma consequência apontando para mudanças sérias e profundas de acontecimentos importantes, que podem alterar ou acrescentar um novo significado em nossas vidas.

Leitura Simbólica: o centro da carta está ocupado por uma roda, símbolo de movimento e irradiação, de vida e da mudança incessante, assim como da revelação do desconhecido. A roda participa de uma ideia de perfeição sugerida pelo círculo. O centro da roda simboliza o *Self*.

No Tarô de Marselha, os bichos vestidos iguais às pessoas na carta A Roda da Fortuna simbolizam os instintos humanos, que deverão ser resgatados. Mesmo sendo instintual, a figura da Esfinge tem uma coroa de ouro na cabeça, significando uma conexão com algo maior. A função de todo ser humano é integrar o instinto animal com maior consciência. Segundo Godo (2006), a figura animalesca que está em cima da roda, coroada e alada, representa o homem que conseguiu "sucesso", como também a ilusória vitória sobre a existência. Os outros dois animais presos a ela representam os altos e baixos que a vida nos impõe.

A imagem arquetípica da carta A Roda da Fortuna, no Tarô de Marselha, possui dez raios que representam a totalidade do espaço e o retorno à unidade essencial.

Para Pramad, as três figuras no Tarô de Marselha que aparecem na carta A Roda da Fortuna são: a Esfinge, que está no topo; o macaco Hermanúbis, que está ascendendo; e o monstro Tifão, que descende. Elas representam as três formas de energia que governam a sucessão dos fenômenos. No Oriente, são chamadas de Gunas (Tamas, Rajas e Sattva) e, no Ocidente, são conhecidas como o Enxofre, o Mercúrio e o Sal. Cada figura representa um aspecto nosso: um benigno, um mais denso e maligno, e um que integra. O que sobe é Hermanúbis, o qual tem analogia com o deus Hórus, filho de Ísis e Osíris, o benigno, a criança divina. O que desce é Tifão, o maligno, rejeitado por Zeus, a criança ferida. A Esfinge é a integração. Ela representa a fusão das três Gunas:

Tamas: simboliza a escuridão, a ignorância, a inércia e a morte. Na carta está representada por Tifão, filho de Hera e da serpente Píton. Concebido quando Hera se encolerizou por Zeus ter criado Atena de sua própria cabeça. Tifão denota o empobrecimento, o lado mais escuro e compulsivo dos instintos e das forças que vulgarizam o impulso para a espiritualidade.

Rajas: representa a energia em movimento, a agitação, o brilho e a inquietude intelectual, o impulso dinâmico encarnado por Hermanúbis, deus duplo, mistura de Hermes com Anúbis. Em um de seus aspectos, era o guia que conduzia as almas até Osíris e, em outro, a personificação da morte.

Sattva: é a supraconsciência. Seus atributos são: a calma, a serenidade, o conhecimento, a lucidez e o equilíbrio. É representada pela Esfinge, símbolo da estabilidade em meio às mudanças.

A figura da Esfinge simboliza também um feminino materno negativo e tem ligação com A Imperatriz. O herói necessita buscar sua força interior para aceitar o desafio dessa mãe devoradora.

O movimento da Roda, tal como expressa o *I Ching*, nos diz: "O imutável é a mutação. O que permanece é aquilo que muda, que se ajusta ao correr dos tempos". A Roda tem movimentos antagônicos que falam dos opostos.

Quando sai num jogo, indica um momento de mudanças. Uma gama de possibilidades está disponível para o indivíduo. Pode significar encontros com novas pessoas, propostas de trabalho, chances de viagens, cursos, descobrimentos internos e vislumbres espirituais. Pede que a pessoa esteja aberta às novas oportunidades disfarçadas de perdas, que propiciam crescimento, nos ensinado a transmutar as situações com equilíbrio.

Essa carta nos sugere uma evolução contínua e que trabalhemos para nossa transformação, aceitando as mudanças como algo necessário para nosso crescimento, evitando criar ansiedades e expectativas quanto ao futuro. Aqui, pede que usemos a imaginação para interagir com os fatos que vão surgindo à nossa frente.

A Roda da Fortuna pede uma atitude de integração com os princípios mutáveis. Devemos aprender a coexistir com o universo cósmico mesmo em situações adversas, desapegando-nos das situações, evitando a repetição que nos prende à roda de Samsara. A mensagem aqui é: deixemos fluir, relaxemos, desapeguemo-nos e confiemos, que logo ali encontraremos nosso "pote de ouro".

Imagem: a Sorte, a Fortuna, o Destino, a Hora de Cada Um, Mudança, Transformação, Novidade, Movimento, Imaginação. A Roda, a Mandala, a Espiral. O Jogador, o Navegante, o Explorador, a Esfinge, as Moiras, o Jogo da Vida.

Imagens Arquetípicas

| Tarô Mitológico | Tarô de Marselha | Tarô de Rider-Waite |

Afirmação para A Roda da Fortuna: "Os ciclos da minha vida me expõem às situações por que preciso passar para atingir meu pleno potencial. Volto-me para o interior. A partir do meu centro posso orientar o andamento da minha vida" (DICKERMAN, 1998, p. 147).

O Mito das Moiras

Aqui encontramos as três deusas do Destino que os gregos chamam de Moiras ou Parcas. Na mitologia, as Moiras eram filhas da Mãe Noite, concebidas sem pai. Clóto fiava, Láquesis media e Átropos, cujo nome significa "aquela que não pode ser evitada", cortava. As três teciam o fio da vida humana na escuridão secreta da caverna e seus trabalhos não podiam ser desfeitos por deus algum, nem mesmo por Zeus. Uma vez que o destino de um indivíduo fosse tramado, ele seria irrevogável e não poderia ser alterado; e a extensão de vida e a época da morte fariam parte do destino que as Moiras estabelecessem. Se alguém tentasse desafiar o destino, assim como alguns heróis o fizeram, ele era afetado pelo que se chama de "húbris" ou "hybris", que significa arrogância aos olhos dos deuses. É claro que esse indivíduo não podia fugir ao seu destino e, às vezes, sofria um terrível castigo infligido pelos deuses por tentar superar os limites estabelecidos pelas Moiras. Dizem que certa vez Apolo, o deus Sol, zombou e embriagou as Moiras para salvar da morte seu amigo Admeto. Mas, geralmente, se acreditava que o próprio Zeus temia as donas do destino por não serem filhas de qualquer deus, mas a progênie das profundezas da Noite, o mais antigo poder do universo (mito baseado em BURKE; GREENE, 2007).

As perguntas de A Roda da Fortuna são:

Como lido com as mudanças?
O que devo mudar em minha vida?
O que impede essa mudança?
Qual o primeiro passo que devo dar em direção à mudança?

Atividade

Colagem do arquétipo da sua Roda da Fortuna (use uma folha de papel canson A4, de 220 gramas, dividida ao meio).
Tema: O que quero tecer na trama da minha vida?
Representa seu Arcano A Roda da Fortuna por meio de recortes de revistas, podendo pintar, desenhar ou colar materiais diversos (tecido, madeira, pedaço de jornal, papéis coloridos, etc.) e o que mais sua imaginação quiser.
Após a atividade, faça uma escrita criativa e intuitiva a seu respeito.
Dialogando com a colagem
Descreva a imagem que vê:
Quais sentimentos ela lhe desperta?
Qual o caminho ela lhe indica?

A imagem lhe diz:
Eu sou..
Eu quero..
Eu posso..
Eu vou...
Minha mensagem é..

A FORÇA – ARCANO 11
– O Poder Pessoal (a Energia Vital)

O 11 é o número da polarização (11 = 1 + 1 = 2) e de um novo impulso para um novo ciclo. É um número de oposição, portanto, da transgressão, da rebelião, da saída dos limites e do transbordamento.

Se com o 10 concluímos um ciclo que nos levava a um retorno à unidade (10 =1 + 0 = 1 = Unidade = Tudo o que existe = Deus), com o 11 partimos para uma nova polarização. Recebemos um impulso para o desconhecido. O 11, por redução numérica, tem relação com o dois e está associado à carta A Sacerdotisa.

A carta A Força representa a energia vital do eu superior, que vem do emprego da energia positiva do espírito, e tem o poder de dominar os impulsos inferiores.

No Tarô de Marselha, a mulher está junto ao leão, vestida e usando um chapéu em formato de oito, sugerindo a lemniscata (símbolo do infinito), como o chapéu usado por O Mago. E, como ele, a mulher possui poderes mágicos, representando uma figura interior ativa no inconsciente do nosso herói. Podemos encará-la como sua *anima*, personagem arquetípico, simbolizando o lado feminino e inconsciente do herói que atuará como mediador entre o ego do herói e as forças mais primitivas da sua psique, relativamente desconhecidas para ele. Com sua ajuda, o herói explorará as forças instintuais dentro de si, aprendendo a sacrificar o poder do ego em prol de outro tipo de força mais espiritual. E seu ímpeto masculino será modificado por um enfoque mais feminino.

Em Tarôs como o de Marselha e o de Rider-Waite, a mulher aparece junto ao leão, já no Tarô de Crowley, ela está montada nua no leão.

Mas em quase todos eles, sem aparentar esforço algum, ela domina o leão pela confiança em si. Essa mulher que doma o leão tem capacidade de resistir. Apesar de todos os desafios, ela tem determinação, perseverança, coragem e energia necessária para vencer os obstáculos e chegar ao êxito. Essa mulher representa a liberdade no tocante a repressões sociais, graças à sua força interior, vitalidade, entusiasmo e paixão pela vida. Ela não luta contra a natureza instintual e animal. Existe uma integração da natureza humana mais elevada, consciente e espiritual, com a natureza mais primitiva. É a conscientização e a compreensão das emoções e das paixões.

No Tarô Mitológico, ao contrário da maioria dos outros Tarôs, é um personagem masculino (Héracles ou Hércules) que domina o leão com suas próprias mãos, sua única arma.

A Força é o domínio e a integração dos aspectos racional-espiritual com o animal. Significa a utilização positiva da energia instintiva que leva à satisfação e à realização, tanto no mundo físico (material) quanto no espiritual. Indica uma vitória conseguida não pela repressão dos instintos nem pela predominância destes, mas pelo equilíbrio e pela utilização sábia deles. Quando mal vivenciada, essa energia traz o domínio de um dos lados, tendo como resultado: repressão sexual ou excesso dela, agressividade, falta de libido ou de energia vital, ocasionando uma falta de vontade, de propósito, baixa autoestima, estagnação, vícios, brutalidade, etc. Temos aqui o brilho, a exuberância e a vibração do universo, decorrentes da integração de seus aspectos opostos complementares. É a ilimitada vitalidade da natureza e do que é natural. Aqui, podemos falar da força interior e da coragem de ser quem somos verdadeiramente, o que nos faz resplandecer.

No ser humano significa o tesão pela vida, o entusiasmo, a saúde, a vitalidade, a alegria e o desejo de concretizar tudo isso, produto da aceitação e da integração interna de alguma atividade ou relacionamento de alta criatividade. Aqui, a energia vital brota natural e selvagem, integrando-se amorosamente com a vontade mais íntima do ser, dando lugar a uma explosão de energia canalizada para a autorrealização.

Entretanto, se não estamos em contato com nosso corpo, nunca poderemos estar em contato com nosso espírito, porque essa é uma região muito mais profunda do nosso ser. A consciência espiritual requer desidentificação com o corpo e com a mente. A tensão corporal tem sua origem na religião, que nega o corpo e prega atitudes anticorporais. Na carta A Força, somos desafiados a romper com os velhos padrões de repressões e limitações que impedem nossa energia vital de fluir livremente.

Assim, podemos dizer que a mortificação do corpo para purificar a alma é antinatural. Só com o resgate do nosso corpo, com sua saúde e vitalidade, poderemos avançar na senda da evolução. Somente com a integração corpo-espírito obteremos melhores resultados. "Da união vem a força", já dizia uma antiga sabedoria popular.

A cultura patriarcal, em geral, e o Cristianismo, em particular, representaram Deus como uma figura masculina, ignorando sua polaridade feminina, sendo essa oposição ao feminino uma "guerra santa" contra o mal, representado pela figura da mulher.

Na numerologia, o 11 acabaria representando essa transgressão da lei e dos limites.

Para a tradição chinesa, o 11 é o número pelo qual se constitui, na sua totalidade, o caminho do Céu e da Terra: *Tcheng*. É o número do Tao.

Podemos relacionar o Arcano A Força com a história de *A Bela e a Fera*. Ela nos fala da diferença entre os dois personagens obrigados a se harmonizar para se unirem em matrimônio. Trata-se de uma narrativa exemplar de amor, demonstrando seu poder de transcender as aparências físicas, indo além da máscara e do mundo da personalidade, da superfície e dos estereótipos, dentre outras várias interpretações. Esse tipo de amor transformador foi construído ao longo da história, em que o casal renasce e se transforma.

No conto de fadas, Bela era a mais nova das três filhas de um mercador. Porém, enquanto as filhas mais velhas gostavam de ostentar luxo, de festas e de lindos vestidos, a mais nova, que todos chamavam de Bela, era humilde, gentil, generosa, gostava de leitura e tratava bem as pessoas. Ela era muito ligada ao pai, a ponto de sacrificar sua vida por ele. Em uma das interpretações da história, podemos dizer que, no decorrer da narrativa, Bela mostra o desejo inconsciente de quebrar esse pacto de união com o pai, rompendo os laços paternos que a prendiam, e experimentar o amor de outro homem. Isso significa que a menina deseja sair da experiência do apego à lei masculina, representada pelo pai (patriarcado), para o amor carnal por meio do seu lado feminino, de sua vontade e de seus sentimentos. A moça, então, não se preocupa com as aparências e acaba se apaixonando por uma grande fera.

Essa união da Bela e da Fera representa, simbolicamente, o que Jung chamou de conjunção ou *coniunctio* (inspirado nesta fase do processo alquímico), em que um casamento entre duas substâncias químicas propicia o nascimento de uma terceira, indicando a integração dos aspectos inconscientes da personalidade, no caso, o *animus* e a *anima*. Esses arquétipos personificam, respectivamente, a figura feminina no interior do homem (*anima*) e a figura masculina no interior da mulher (*animus*).

O que devemos compreender nessa história, em um sentido mais amplo, é que todos nós, seres humanos, necessitamos conciliar os aspectos sombrios e "monstruosos" da nossa personalidade, entrando em contato com nosso lado animal para conseguirmos integrá-lo à consciência e viver em harmonia com nós mesmos.

A letra hebraica atribuída à carta A Força é *Teth*. Significa serpente e representa "o Arquétipo da Energia Feminina Primordial", segundo o ocultista C. Suares.

Título Esotérico: "A Filha da Espada Flamejante"; "O Senhor do Leão".

Atribuição Astrológica: Leão é um signo de Fogo regido pelo Sol. Como o rei dos animais, o leonino se sente o centro do mundo. Esse signo governa, no corpo físico, o coração, as costas, a medula vertebral, a aorta, as coronárias e os olhos.

Os leoninos são carismáticos, dominadores, impositivos, determinados, aventureiros, extrovertidos, divertidos e talentosos. Costumam ter ego forte permanecendo em uma luta constante por sua liberdade. São altivos, voluntariosos, podendo ser autocentrado, com grande desejo de chamar atenção sobre si. Normalmente se inflamam com facilidade diante das injustiças. Mesmo mantendo um silêncio exterior aparente, possuem tendência ao diálogo interno, gerando pensamentos de autoimportância e de grandeza. Necessitam aprender o significado do verdadeiro silêncio interior e o controle da palavra, para que a voz divina, *Self* ou Eu Superior se faça presente verdadeiramente, despido da persona. Um lembrete que fazemos aos leoninos é para não desperdiçarem suas energias querendo que o mundo fique a seus pés. O orgulho e a obstinação da pessoa do signo de Leão podem torná-la uma pessoa inflamada, que quer dominar os outros e fazer justiça com as próprias mãos, corrigindo os outros de forma extremamente energética, tornando-se presunçosa, inflexível e dona da verdade.

Pramad nos lembra que os leoninos adoram o luxo e as coisas finas, abominam mesquinharias e grosserias, são geralmente nobres, generosos e gostam de ajudar o outro. Podem se ofender se os outros não lhes retribuem os favores prestados. Sua nobreza pode virar altivez, arrogância, prepotência e até desprezo. São perfeccionistas, intuitivos, honestos, exibicionistas, mundanos e necessitam brilhar e ser o centro das atenções para se sentirem poderosos.

Normalmente, os leoninos cedem com facilidade a seus impulsos amorosos e instintivos quando estão apaixonados, sendo bons amantes. Tendência a serem espontâneos, extrovertidos, sensíveis, amáveis, criativos, bons atores e com propensão a sofrer de megalomania, febres, desidratação e problemas cardíacos sempre que reprimem sua intensa carga emocional. São pessoas sociáveis e necessitam de ordem na vida. Fazer a coisa certa é importante para Leão. Guerreiro, valente, inspirado, emotivo, confiante, intenso, sincero, ousado, vaidoso e independente.

Seus verbos são: "Eu quero" e "Eu crio", e sua frase integradora é: "O poder criativo do Universo está fluindo por meu intermédio, agora sob a luz do amor e da humildade".

Caminho Cabalístico: é o 19º caminho na Árvore da Vida. O caminho de *Teth* une e equilibra a *Sephirah Geburah* (a Justiça ou a Força) com a *Sephirah Chesed* (a Misericórdia ou a Compaixão). É a ponte que integra a polaridade da construção e da destruição.

Sabemos que o ser humano se fortalece quando, desejoso de construir alguma coisa, acha obstáculos e resistências, enfrentando-os e continuando adiante para alcançar sua meta desejada.

O Arcano A Força tem relação direta com o leão e a cobra. Ele abrange esses dois aspectos. A cobra é o símbolo da sabedoria do mundo subterrâneo. Podemos dizer que a cobra é amiga da "bruxa", representando a magia.

Esse Arcano tem um aspecto dual. Está associado com o mundo subterrâneo de A Sacerdotisa (o inconsciente) e também tem ligação com as cartas O Sol e O Mago, ambas símbolos da consciência, que apontam para a unidade dos aspectos masculino e feminino. O Mago, no Tarô Mitológico, possui uma varinha com uma serpente simbolizando sua ligação com a carta A Força.

O Arcano A Força vem do envolvimento da parte humana com a parte animal. O leão, na posição em que se encontra na carta, passa a energia da terra. A força do leão pode ser construtiva se ela é trabalhada, do contrário, passa a ser destrutiva. A Força usa as mãos, enquanto O Mago usa a varinha.

O leão está relacionado com a energia instintual da raiva, do instinto de sobrevivência e da energia sexual ou libido. Também está ligado com a inteligência, com a espiritualidade e a força de vontade.

Quando uma energia instintual é liberada pela consciência, já vem com uma força mais moderada, mais consciente, quando não, pode sair descontroladamente. Em se tratando da energia da raiva, quando liberada sem ser elaborada pela consciência, sai de uma forma desvairada, aí a pessoa pode ser "possuída" por essa energia, ativando um complexo, ficando sujeita a perturbações e reações emocionais instintivas, perdendo a racionalidade e agindo de forma desordenada.

Quando não se tem um contato íntimo com os instintos, pode ocorrer uma cisão. Se os instintos não estão integrados, estão dissociados. Estes necessitam ser olhados, cuidados, acariciados e integrados. Essa força no homem pode ser a representação da sua *anima*. Os contos de fadas *A Bela e a Fera*, *O Rei Sapo* e *O Urso da Meia Lua* nos remetem à pessoa que conseguiu domar sua fera interior. Podemos dizer que esses contos mencionados fazem parte das chamadas histórias de revelação ou iniciáticas, que nos permitem vislumbrar suas estruturas curativas ocultas e seu significado mais profundo.

Segundo o Tarô Mitológico, quando vestimos a pele do leão vencido por nós mesmos, as opiniões das outras pessoas perdem a importância, pois estamos armados com nosso próprio sentido essencial de identidade. Mas quando o coração dos tímidos, dos oprimidos e dos fracos de vontade deixa-se intimidar pelos poderosos, dificilmente reconhecem seu próprio valor, pois estão armados por uma couraça que limitará sua verdadeira identidade. Esse pode ser um aspecto negativo dentro de cada um de nós, o tipo de força que reprime todos os instintos sem qualquer transformação, deixando para trás uma couraça, dentro da qual habita uma alma sem paixão, sem raiva e sem uma identidade verdadeira.

Quando sai num jogo, indica uma situação em que podemos colidir com nosso leão interior. A administração bem conduzida da nossa raiva será altamente benéfica. Força, coragem e autodisciplina são necessárias para dominar situações adversas. Necessitamos acessar nosso herói/heroína interior para subjugar essa fera. Dessa maneira, O Louco, tendo desenvolvido a mente e o sentimento, aprenderá agora a lidar com o próprio egoísmo e raiva, saindo dessa contenda mais forte e confiante e com maior integridade perante os outros.

Essa carta nos pede habilidade para dar conta da própria vida e de determinadas situações pelas quais passamos. Pode estar falando de uma pessoa com forte paixão pela vida e também de uma pessoa apaixonada, com vitalidade e tesão pelo que faz. Indica capacidade de lutar para conquistar o que deseja, com energia guerreira de proteção.

Pode indicar uma pessoa controlada e reprimida, bem como significar um indivíduo autoritário que busca controlar ou dominar uma situação, principalmente quando sai perto das cartas O Diabo e O Carro. Denota, da mesma forma, que a pessoa necessita usar mais a inteligência em vez da força. Ou que está se sentindo bloqueada por ela mesma (forças internas) e/ou por outrem. Representa uma pessoa com muita vitalidade. Pode falar da sexualidade, a qual pode estar vibrante ou reprimida. Essa carta também se relaciona a aceitar os riscos de romper com velhos padrões e limitações, os quais impedem nossa energia vital de fluir. Pode trazer necessidade de ruptura, deixando de lado as cargas e as restrições que estamos nos impondo, que nos limitam e ameaçam neutralizar nossa energia vital, impedindo de trazer vitalidade e alegria para nossa vida.

Essa carta indica igualmente o espírito dominando a matéria. Ademais, que a pessoa tem força moral, domínio mental e emocional para resistir a paixões desenfreadas, vícios e impulsos negativos.

Imagem: Energia Vital, Energia Sexual, *Kundalini*, Magia Sexual, Poder Pessoal, Força, Resistência, Aceitação, Canalização dos Instintos, o Animal de Poder, o Animal que Existe em Nós. *A Bela e a Fera, A Princesa e o Sapo, O Corcunda de Notre Dame*. Sansão, Tarzan, Hércules, o Leão de Nemeia, as Peripécias Sexuais de Zeus.

Imagens Arquetípicas

| Tarô Mitológico | Tarô de Marselha | Tarô de Rider-Waite |

Afirmação para A Força: "Libero a energia dos meus maiores receios, fraquezas e repressões, e a uso como fonte de vitalidade e de poder que me possibilita realizar meus sonhos mais elevados" (DICKERMAN, 1998, p. 118).

O Mito de Héracles

Aqui encontramos o grande guerreiro Héracles, chamado Hércules pelos romanos, que na mitologia era um herói invencível. Ele era o filho de Zeus, rei dos deuses, e de uma mortal chamada Alcmena. A esposa de Zeus estava, como de costume, com ciúmes da criança nascida do adultério do marido, dessa maneira, perseguiu Hércules com terríveis castigos. Ela fez com que ele ficasse louco e, em sua loucura, inadvertidamente assassinou sua esposa e seus filhos. Héracles pediu aos deuses que lhe dessem alguma tarefa para expiar seus crimes, e o oráculo de Delfos ordenou-lhe que se sujeitasse a 12 trabalhos forçados a serviço do terrível rei Euristeu que Hera favorecia. Assim, o herói sujeitou-se voluntariamente a servir o favorito da deusa, que o perseguiu em reparação de um crime do qual ele era, definitivamente, o responsável.

O primeiro dos famosos 12 Trabalhos que o rei Euristeu exigiu de Héracles foi a conquista do Leão de Nemeia, um enorme animal cuja pele era à prova de ferro, bronze e pedra. Como o leão havia despovoado a vizinhança, Héracles não pôde encontrar ninguém que o dirigisse à sua toca. Finalmente, ele encontrou o animal lambuzado do sangue de sua última vítima. Héracles disparou uma série de flechas, que não conseguiam penetrar a grossa pele do animal. Em seguida, usou sua espada, que simplesmente acabou se dobrando; depois usou seu bastão, que se despedaçou na cabeça do leão. Então, Héracles cobriu uma das entradas da caverna em que o leão se escondia com uma rede e entrou na caverna pelo outro lado. O leão arrancou-lhe um dos dedos, mas Héracles conseguiu agarrá-lo pelo pescoço e o sufocou até a morte com suas próprias mãos. Ele, então, lhe cortou a pele com uma de suas afiadas garras, e passou a usá-la sempre como armadura e a cabeça como elmo, tornando-se tão invencível quanto o próprio leão (mito baseado em BURKE; GREENE, 2007).

As perguntas de A Força são:

Como eu lido com meu leão interior (agressividade)?
Qual é meu lado Bela (minhas melhores virtudes)?
Qual é meu lado Fera (minhas maiores fraquezas)?
Como posso equilibrar (integrar) esses dois lados?

Atividade

Colagem do arquétipo da sua Força (use uma folha de papel canson A4, 220 gramas, dividida ao meio).

Tema: Minha força no mundo.

Represente seu Arcano A Força por meio de recortes de revistas, podendo pintar, desenhar ou colar materiais diversos (tecido, madeira, pedaço de jornal, papéis coloridos, etc.) e o que mais sua imaginação quiser.

Após a atividade, faça uma escrita criativa e intuitiva a seu respeito.

Dialogando com a colagem

Descreva a imagem que vê:
 Quais sentimentos ela lhe desperta?
 Qual o caminho ela lhe indica?
 A imagem lhe diz:
  Eu sou..
  Eu quero...
  Eu posso...
  Eu vou..
  Minha mensagem é..

O ENFORCADO – ARCANO 12 – A Entrega (o Sacrifício do Ego)

O 12 é o número do tempo, por exemplo: os 12 meses, os 12 signos zodiacais, as 12 horas, etc. É o 3 x 4 ou o 2 x 6, portanto, expressa a manifestação do espírito no mundo material com uma conotação de realização final, conclusão concreta e expressividade, que é o 1 + 2 = 3. A imagem desse Arcano mostra, na maioria dos Tarôs, um homem pendurado por um dos pés com as mãos amarradas ou presas. O Enforcado ou O Pendurado mantém seus olhos fechados, indicando que sua atenção está fundamentalmente direcionada para seu interior. Sua expressão é de êxtase, simbolizando a rendição do ego.

É a carta da imersão do espírito na matéria, da luz na escuridão para iluminá-la, para se fazer um com ela. O Princípio Criativo impregna a manifestação e se dissolve nela. No mundo humano, seria o consciente entregando-se voluntariamente ao inconsciente. O ser rende sua mente e, sem julgamentos nem preconceitos, se deixa fluir nas emanações de seu coração, com a determinação e o desapego da água do rio em seu caminho para o mar, simbolizando a morte do ego. É a carta do místico que entrega sua vida ao Amor. É a carta das experiências espirituais. Pode ser a carta do *Samadhi* (Iluminação).

No Tarô Mitológico, encontramos Prometeu de cabeça para baixo, mostrando que a mente racional não tem mais nenhum controle, sugerindo a renúncia pessoal. O fato de estar pendurado pelo pé revela toda a sua vulnerabilidade e total exposição ao mundo, sem nada a esconder ou guardar, nem verdades nem mentiras. O ego não está mais no controle da situação.

Sua cabeça no nível da terra mostra que ele precisa enfrentar os aspectos mais baixos do seu psiquismo, tudo o que anteriormente não era aparente e foi desprezado. Suas pernas vistas de baixo para cima criam o número 4, mostrando solidez, estabilidade e orientação, características do Arcano 4, O Imperador, que vão tomando forma no inconsciente, porém voltadas para outras espécies de realidades superiores. Sacrifício do ego ou personalidade, aceitando humildemente sua condição de acorrentado e pendurado, com total entrega e resignação.

No Tarô Mitológico, ao nível psicológico, Prometeu, O Enforcado, é a imagem do sacrifício voluntário em prol de um bem maior, que tanto pode ser visível ou como uma atitude interior, porém, feita de modo consciente e com total aceitação desse sacrifício do que lhe é requerido no momento. Simboliza provação,

No giro da Roda, O Louco se defronta com as mudanças súbitas da vida. Assim, ele, bem como nós, pode reagir a essas mudanças de várias formas. Algumas pessoas não conseguem se adaptar e se agarram ao passado e a lembranças perdidas. Outras se tornam amargas, desiludidas, culpando a vida, a sociedade e até mesmo Deus por seus fracassos. Prometeu simboliza algo dentro de nós que consegue antever e compreender que tais mudanças são necessárias para nosso crescimento. Dessa maneira, nesse momento da jornada, O Louco necessita colocar à sua disposição a confiança nas tramas invisíveis do inconsciente, esperando por uma vida melhor.

Essa carta fala do desenvolvimento de um desígnio superior que ainda não se manifestou. Assim, Prometeu representa uma atitude de submissão voluntária ao eixo misterioso por trás do qual se realizam as voltas de A Roda.

Em Burke e Greene (2007), o Enforcado representa a espera na escuridão. Prometeu está suspenso, torturado pela ansiedade e pelo medo de que seu sacrifício seja em vão. No entanto, sua fisionomia está serena, calma, numa atitude de entrega. No final do "castigo", ele recebe o dom da imortalidade.

Essa carta também fala de entrega voluntária, dedicação, dissolução da energia ativa e reativa como condição para o progresso evolutivo. É a renúncia do ego, do sistema de crenças, conceitos e preconceitos. Essa espera é sofrida. Não podemos segurar nada, temos de nos entregar para passar para um plano superior. Não é o ego que vai controlar. O processo pode ser doloroso, podendo acontecer de forma voluntária ou involuntária, por isso traz o sacrifício. Pode significar uma prisão ao passado, a uma situação cármica, à culpa, que pode fazer a pessoa querer buscar uma autopunição inconsciente ou por meio dos outros. De qualquer modo, sendo cármica, leva à possibilidade de evolução espiritual e de transformação. Esse Arcano, O Enforcado, tem o poder e a adaptação da água, mostrando uma passividade e uma compreensão resignada. Tem analogia com Jesus, Buda e todos os Avatares que se sacrificaram pela humanidade.

Podemos dizer ainda que O Enforcado traz uma nova maneira de ver as coisas. Nesse Arcano, estamos tendo a oportunidade de enxergar a vida sob ângulos diferentes, expandindo nossa visão de mundo, nos tornando mais integrados. Essa carta pode mostrar um momento de impossibilidade de ação, de sofrimento e de entrega aos acontecimentos. Não é o ego que vai controlar, mas a força do espírito.

Letra hebraica correspondente a O Enforcado: *Mem*. O significado é: "água ou mares", representando simbolicamente a mulher, a mãe e o som do mantra AUM, que indica o retorno ao silêncio eterno.

Título Esotérico: "O Espírito das Poderosas Águas".

Caminho Cabalístico: é o 23º caminho na Árvore da Vida. O caminho de *Mem* eleva a mente concreta da *Sephirah Hod* (a Glória, o Esplendor) para a poderosa força da *Sephirah Geburah* (a Severidade). Aqui, *Hod* representa a concentração profunda do intelecto e *Geburah*, a lei da justiça inexorável.

A tarefa para quem trilha esse caminho é ser um canal para as infalíveis leis cósmicas. Esse é o caminho da inteligência estável ou o caminho das águas (mergulho no inconsciente pessoal e coletivo). O indivíduo deixa de ser sujeito (ego) e passa a ser algo maior na entrega às águas profundas. Traz a pergunta: do que estou abrindo mão?

Essa carta fala de degraus na nossa vida. Nesse momento, viveremos uma suspensão da nossa consciência pessoal. O ego tem que sair de cena. Não podemos mais olhar o mundo da forma como víamos antes. Fala de uma libertação. Paramos de pensar nas coisas concretas e passamos a enxergar o que está no nosso mundo interior.

Atribuição Astrológica: o planeta Netuno e o elemento Água estão atribuídos a esse Arcano.

Na alquimia, a Água é considerada o Primeiro Princípio, aquilo que está subjacente a todas as coisas. A vida apareceu nela, nos oceanos, confirma a ciência e a vida humana da água do útero (líquido amniótico). Podemos dizer que a Água é um elemento primordial.

Conforme nos lembra Pramad, a Água representa nossas emoções profundas e nossas reações sentimentais em um grande espectro, que vai dos medos às paixões compulsivas, até o amor livre de apegos, por exemplo, o amor devocional e o amor universal. Está diretamente ligada com o processo de conscientização, por meio da visão das aspirações mais profundas da alma (psique). Essa ideia é também adotada pelos alquimistas, segundo os quais o elemento Água significa a consciência ou o Princípio Pensante. A consciência e a Água têm em comum seu movimento ondulatório ("onda da consciência").

Os três signos de Água (Câncer, Escorpião e Peixes) são os mais distantes da razão, sendo representados por três animais de sangue frio, considerados seres de baixo nível de evolução, agindo por instinto. São guiados pela emoção e podem ser muito intuitivos, sensíveis e inspirados.

Aqui nos deparamos com uma mudança de paradigma: o que fazíamos até agora não dá mais para ficarmos repetindo. Abrimos mão de algo velho para que algo novo possa acontecer em nossas vidas.

Podemos relacionar esse Arcano à história de *João e o Pé de Feijão*, em que nosso herói, que também é O Louco, teve de renunciar a algo: a princípio, renunciou à sua vaca Branquinha para comprar comida e, depois, às sementes mágicas de feijão (seus sonhos), que recebeu em troca dela. Assim, João passa de um ciclo a outro de desenvolvimento, vivenciando processos de transformação que propiciam uma nova visão de mundo, sentida pela consciência, nesse processo que podemos chamar de renascimento. Dessa forma, nosso herói vai lançando luz sobre as regiões sombrias, desconhecidas e inexploradas do seu inconsciente, acessando seus recursos internos que o ajudarão nessa jornada. João, então, parte em uma aventura para enfrentar seus próprios medos e inseguranças, simbolizados pela figura de um terrível gigante que ele vai ter que encarar. Dessa maneira, ele aprende a lidar com suas emoções e a canalizar sua energia instintiva em direção à conquista de seus objetivos. Ao atirar as sementes "mágicas" na terra, João propiciou a germinação delas, que representam seus próprios potenciais criativos no solo da sua psique. Essa renúncia, em contrapartida, foi o que trouxe para João a possibilidade de sua subida pelo enorme pé de feijão que brotou das sementes em direção ao reino das potencialidades (o seu inconsciente); e de sua descida, no sentido de sua integração na esfera consciente, a partir da experiência real que obteve quando retornou com seus tesouros (as moedas de ouro, a galinha dos ovos de ouro e a harpa de ouro encantada). Com essas suas riquezas, teve uma vida próspera e alcançou a autorrealização.

Outro conto que podemos relacionar ao Arcano O Enforcado e também ao Arcano A Imperatriz é "A Pele de Foca", o qual simboliza a pele da alma ou o retorno ao próprio *Self*. A história nos mostra que, quando nos afastamos da nossa essência, a qual simboliza o lar de nossa alma, acabamos cansados, sem viço e sem vitalidade. É nesse ponto que sentimos a necessidade de voltar à nossa natureza selvagem para resgatar nossos instintos. Dessa forma, no que diz respeito às mulheres, voltamos a ficar coesas com o que pertence à nossa natureza feminina selvagem. Passamos então a olhar para nossa vida, nosso trabalho, nossas relações, reabastecidas com reservas psíquicas para nossos projetos e a vida criativa no plano objetivo.

Segundo Estés, a pele da alma desaparece quando não damos a devida atenção às nossas necessidades e a quanto isso vai nos custar. É quando nos tornamos muito envolvidas com o ego, exigentes, perfeccionistas, nos martirizando, sendo dominadas por uma ambição cega ou insatisfação constante. Também quando fingimos ser uma fonte inesgotável para os outros, esquecendo-nos de nos alimentarmos. Como diz Estés (1994, p. 340): "Assim, faminto pela alma, nosso próprio ego rouba a pele. 'Fique comigo', sussurra ele. Vou fazê-la feliz, isolando-a do seu self profundo e dos ciclos de retorno ao lar da sua alma. Vou fazê-la muito, muito feliz". Desse modo, nos afastamos da nossa alma sob vários pretextos, não dando a atenção necessária a coisas importantes, deixando tudo para depois (procrastinando), se recusando a dar o próximo passo.

O Enforcado une a energia de A Imperatriz e de O Imperador (emoção e razão). Juntos, os dois aspectos (masculino e feminino, *animus* e *anima*) significam a união dos opostos. Quando unimos esses dois lados, sacrificamos os desejos do ego.

Pode significar também uma parada necessária para podermos aprimorar nossa maneira de observar o mundo. É o caminho para as coisas que ficaram mal resolvidas no passado. Quando isso acontece, experimentamos um presente difícil. Precisamos pensar em tudo novamente para o processo andar. Não tem jeito, não adianta fugir. Esse é um momento de resoluções para sairmos desse lugar de limitação temporária.

É a carta da aceitação dos acontecimentos do passado, implicando sua compreensão e ressignificação. Dessa forma, podemos nos sentir em paz para continuarmos o processo. Quando damos significado a algo, podemos transcendê-lo, trazendo *insight* e entendimento. A pessoa avaliou e viu que há como caminhar. Ela começa a perceber que aquilo de que abriu mão representou coisas do ego. Agora pode ficar tranquila, com outro foco e mudando prioridades.

Há uma energia instintual atuando nesse Arcano. O que estava em cima vai para baixo. O mental dá espaço para o instintual. Aqui, encontramos também uma leveza, a pessoa já pode olhar para sua própria história, pois se encontra na metade do caminho. Essa carta nos fala da necessidade de renúncia e sacrifício voluntário para alcançarmos a libertação. O caminho de O Enforcado é solitário e não adianta ele verbalizar para o mundo. É uma verdade interior que só ele conhece.

As pernas cruzadas significam também o quatro invertido, simbolizando uma inversão de valores. O que vale agora não é o bem material, mas outro tipo de poder: o espiritual.

Os braços e a cabeça formam um triângulo, representando a água, o mundo das emoções e o mundo do inconsciente. Esse triângulo nos mostra que ainda existe sombra em processo de integração. Essa forma triangular significa que ele está imerso nas profundezas do seu ser. Tem uma força espiritual muito grande atuando, trazendo uma calmaria de cunho mais sutil.

As mãos estão para trás, diferentemente de O Mago e de A Imperatriz, ou seja, já não há mais a força do ego no comando. Aqui, a cor associada a esse Arcano é o azul, ligado à reflexão profunda. Saindo da fase alquímica denominada *nigredo* (indiferenciação), já podemos, por meio do sofrimento, perceber nossa história.

Essa carta fala de uma profunda humildade. Em A Força, você ainda está no ego, com controle e arrogância. Em O Enforcado, você já não controla mais nada. Essa é uma carta de iniciação, uma preparação para A Morte. Está iniciando uma nova etapa da vida. Toda a sua história reaparece para que possa resolvê-la. Você começa a perceber as pequenas coisas para as quais antes não dava a devida atenção. Nesse momento, você está sacrificando o ego, abrindo espaço para o sagrado. O sacrifício é substituído pelo Sacro-Ofício.

É uma carta de espera. Em se tratando de uma doença, pode significar uma mensagem do *Self* dizendo que a pessoa precisa parar. É a confrontação com o mundo interno demandando coragem, paciência e aceitação. É a carta da meditação.

Quando sai em um jogo, indica uma nova visão, possibilitando ver a vida sob um novo ângulo, mudando prioridades; resgate e fortalecimento das emoções; agir de acordo com o que pensamos, mesmo que os outros achem que nossa ideia está de cabeça para baixo. Remete a uma situação de paz depois de um momento difícil. Pode denotar também falta de habilidade para lidar com essas situações árduas e para se libertar das pressões sociais. Pode significar um momento de espera necessário para que algo aconteça no plano concreto. É tempo de se sacrificar por um objetivo maior, indicando também que a pessoa vai perder algo ou que precisa renunciar a alguma coisa ou a algum tipo de comportamento que impede seu crescimento. Mostra necessidade de entrega ao fluxo da vida e de envolvimento em atividades em que o indivíduo possa expressar sua mais pura emoção.

Em relação à saúde da pessoa, de maneira geral, pode estar falando de problemas nas pernas (circulatório) e depressão, em virtude de tristeza e sofrimento. Pode indicar um desgaste com doenças ou dedicação voluntária na saúde de alguém, como também problemas na garganta e no pescoço. Indica enfermidades crônicas que de alguma forma contribuem para o desenvolvimento espiritual. Pode mostrar uma dificuldade de se dedicar a algo ou a alguém sem ter de se anular e sofrer. Na parte material mostra dúvida, insatisfação, muito trabalho e pouco ou nenhum retorno, causando desgaste.

Em um nível cármico, pode mostrar que a pessoa, em vidas anteriores ou mesmo nesta vida, não deu o devido valor ao dinheiro e/ou aos seus bens materiais. Dessa forma, necessita entregar-se à atividade que no momento está praticando, sem expectativa de retorno financeiro, valorizando seu potencial criativo e realizador, permitindo-se ser ela mesma para conseguir um retorno material.

Com esse Arcano devemos eliminar padrões enraizados de comportamentos passados, a fim de não acionarmos a cadeia cármica de repetições, ação-reação (a roda de Samsara), para evitarmos sofrimentos e atingirmos mais um degrau na escala da nossa evolução nesta existência. Para isso, devemos aderir ao aspecto fluido da água, nos adaptando a diferentes situações da vida.

Podemos fazer um jogo com as seguintes perguntas: como estou em relação ao meu equilíbrio entre o dar e o receber? Será que este grande desafio do meu momento está nascendo de um propósito de vida que vem do coração? Será que é isso mesmo que quero conquistar ou fazer? Ou será que estou preso numa imagem idealizada de sucesso do passado a qual me apego a fim de tampar um buraco? Estou vivendo O Enforcado no seu aspecto positivo ou negativo?

Observação: essas perguntas podem ser feitas para qualquer âmbito da vida (relacionamento, trabalho, amizade, etc.).

Imagem: o Sacrifício do Ego, o Sacrifício Voluntário por uma Causa Maior, Provação, Purificação, Renúncia, Martírio, Prisão. O Pendurado, aquele que está de "pernas para o ar", a Vítima, o Prisioneiro, o Humilhado, o Escravo. Cristo Crucificado, Prometeu Acorrentado, Odin Pendurado. Ritos Iniciáticos.

Imagens Arquetípicas

Tarô Mitológico 		Tarô de Marselha 		Tarô de Rider-Waite

Afirmação para O Enforcado: "Renuncio a todos os meus antigos apegos, preconceitos e temores. Abandono tudo o que me inibe o crescimento. Tenho fé em que o sacrifício que faço das limitações do conhecido me conduzirá a novas e abundantes recompensas e realizações" (DICKERMAN, 1998, p. 173).

O Mito de Prometeu

Aqui encontramos Prometeu, o Titã que desafiou a lei de Zeus roubando o fogo dos deuses para entregá-lo ao homem, mesmo sabendo que sofreria as consequências, sendo castigado pelo deus. O nome Prometeu significa "antevisão", já que o Titã possuía o dom da profecia. Na mitologia, também se dizia que ele criou o homem a partir da terra e da água de suas próprias lágrimas, enquanto Atena soprou vida na criatura. Prometeu tinha uma profunda compaixão pela sorte da humanidade por ele ser seu criador.

Mas Zeus confirmava sua divina supremacia sobre os homens ocultando-lhes o fogo. Isso significava a falta de progresso e iluminação, pois sem o fogo o homem era condenado a viver como um animal, alimentando-se de carne crua e escondendo-se em cavernas. Prometeu pegou um pouco de fogo sagrado da forja de Hefesto, escondeu-o no caule oco de um funcho e levou-o para Terra.

Indignado com o roubo, Zeus resolveu exterminar a humanidade por meio de uma inundação a fim de destruir os culpados, pois ele não somente havia sido ferido em seu orgulho, mas também com o fogo o homem poderia tentar tornar-se divino. Contudo, Prometeu advertiu seu filho, Deucalião, de que havia construído uma arca e nela embarcou com sua esposa, Pirra. A inundação durou nove dias e nove noites; no décimo dia, o dilúvio cessou e Deucalião ofereceu sacrifício a Zeus. Tocado por sua piedade pela humanidade, o rei dos deuses concordou com seu pedido de renovar a raça humana.

No entanto, Prometeu não teve a mesma sorte. Como havia previsto, Zeus prendeu-o com correntes indestrutíveis em um alto despenhadeiro, nas montanhas do Cáucaso. Todos os dias, uma águia descia das alturas para devorar seu fígado, que a cada noite se refazia para que a tortura fosse mantida indefinidamente. Após 30 anos, Zeus permitiu que ele fosse resgatado por Héracles, que matou a águia e quebrou as correntes do prisioneiro. Prometeu tornou-se imortal e passou a usar um anel de um dos elos da corrente que o prendia como símbolo de seu cativeiro, enquanto a grata humanidade erigia altares para honrar seu benfeitor (mito baseado em BURKE; GREENE, 2007).

As perguntas do Enforcado são:

Você permite que os outros o manipulem ou é você que prefere ficar no lugar de vítima?
A sua entrega é um sacro-ofício ou um sacrifício?
Como posso ter uma nova visão perante os desafios da minha vida?

Atividade

Colagem do arquétipo do seu Enforcado (use uma folha de papel canson A4, 220 gramas, dividida ao meio).
Tema: Minha emoção mais íntima.
Represente seu Arcano O Enforcado por meio de recortes de revistas, podendo pintar, desenhar ou colar materiais diversos (tecido, madeira, pedaço de jornal, papéis coloridos, etc.) e o que mais sua imaginação quiser.
Após a atividade, faça uma escrita criativa e intuitiva a seu respeito.
Dialogando com a colagem
Descreva a imagem que vê:
Quais sentimentos ela lhe desperta?
Qual o caminho ela lhe indica?
A imagem lhe diz:
Eu sou..
Eu quero..
Eu posso..
Eu vou...
Minha mensagem é..

A MORTE – ARCANO 13
– A Transformação

Este Arcano simboliza a transformação e o final de um ciclo de vida para que coisas novas possam surgir, pois o caminho anterior está morto e nunca mais voltará à sua forma original. Na maioria dos Tarôs, essa carta tem um esqueleto como figura central, mostrando que aquilo que sobra é o essencial, o que permanece ao fim natural de um ciclo ou da existência terrena. Ela traz uma foice e com ela destrói aquilo que existe. Limpa o terreno, vai ceifar o que está velho para que uma nova semeadura possa brotar de algo inteiramente novo. Este Arcano traz a putrefação, a redução da matéria à poeira.

O esqueleto é considerado símbolo daquele que atingiu o conhecimento, ultrapassando a fronteira do desconhecido e que, por meio da morte, adentrou os segredos do além. Em outro nível, significa a brevidade desta vida. Os ossos do corpo humano são governados por Saturno, representando a estrutura básica das coisas: a energia que dá forma aos seres até chegar ao grau máximo de concretização. Um de seus nomes é "O Senhor das Pedras".

No Tarô Mitológico, Hades, o Senhor do Submundo, representa o luto, o estágio de sofrimento que preside o renascimento do novo. O sol nascente indica o futuro, o novo dia, muito embora as almas ajoelhadas aos pés de Hades ainda não tenham consciência disso. Sua túnica preta é o símbolo do luto necessário para o preparo de um novo ciclo.

A criança que oferece a flor branca representa a confiança inabalável nas mudanças, que podem ajudar a trabalhar a dor e as perdas. Somente as crianças não têm vergonha de expressar sua dor. Já os outros dois personagens tentam negociar com A Morte, oferecendo presentes materiais para tentar ludibriá-la (uma coroa dourada e uma pilha de moedas).

Podemos relacionar este Arcano com a narrativa, dentre outras, *A Bela Adormecida*, de Perrault. Aqui, vamos lidar com os aspectos da sombra do feminino, personificada na figura da fada má que se vinga amaldiçoando a princesa Aurora, a personagem da nossa história, a espetar o dedo no fuso de uma roca e morrer, quando completasse 15 anos. Esse feitiço se deve ao fato de não ter sido convidada para a cerimônia de batizado da princesa, sentindo-se rejeitada e desprezada. Mas outra fada bondosa atenua a maldição, transformando a morte em sono profundo. Imediatamente, o rei mandou queimar todos os fusos do reino para evitar que a maldição da fada velha se cumprisse. Assim, a princesa cresceu linda e saudável, longe do perigo.

O enredo da história segue seu destino. Quando a princesa completou 15 anos, ela encontrou uma velha fiandeira em uma das torres do palácio do campo que, por ignorar a ordem do rei, tinha uma roca com um tear. Aurora, muito curiosa, pediu à velha que lhe ensinasse a arte de fiar. Nesse momento, a garota espetou o dedo no fuso da roca, caindo em um sono profundo. E, ao amanhecer, todas as criaturas presentes no castelo adormeceram, menos os pais da princesa, sob um novo feitiço da sétima fada, madrinha piedosa.

Então, a maldição é atenuada, transformando a morte (Thânatos) em sono profundo (Hipnos). Na mitologia grega, Hipnos e Thânatos eram considerados deuses irmãos, pois o sono era visto como uma morte transitória e a morte, como um sono eterno.

O número sete tem relação com o Arcano O Carro, o último da primeira fase da viagem de O Louco, que vai do zero ao sete. O final dessa fase é considerado o início de uma nova etapa, em que seu ego já começa seu estágio de diferenciação (ação de separar as partes do todo) no que diz respeito aos pais, começando a formar sua própria identidade. Podemos perceber essa separação dos pais no conto a partir do momento em que todos os seres vivos do palácio adormecem, menos o pai e a mãe. Assim, nessa fase, O Louco, nosso/nossa herói/heroína, começa a desenvolver sua sexualidade e a descoberta do próprio corpo.

Em outra interpretação da história, a morte da princesa seria a completa repressão do conteúdo do inconsciente, enquanto o sono de um século estaria indicando que um longo período de repressão acontecerá até que esse conteúdo possa chegar à consciência. Esse conteúdo é um aspecto do feminino – sua sexualidade –, que tem sido reprimido na nossa civilização cristã, como mostramos na carta A Sacerdotisa. Podemos perceber que nossa heroína adormece na data do seu aniversário de 15 anos, considerado um marco na vida da mulher, indicando que ela se tornou apta para procriar.

Silveira diz que ser iniciada na arte de fiar simboliza iniciar-se na vida sexual. E a velha fiandeira instruiria a princesa nesse sentido, mas essa iniciação desencadeia o castigo. A história nos remete a uma condição coletiva em que a mulher tem seus direitos elementares negados em relação à sua vida instintiva, bem como revela uma conexão entre a sexualidade feminina com o mal, com o pecado e com o castigo, características ligadas à civilização cristã patriarcal. Essa situação coletiva causa estagnação no desenvolvimento da psique da mulher, produzindo reações agressivas forjadas pelo seu componente masculino expresso no conto, pela selva de espinhos que rodearam o castelo como uma muralha impenetrável. Esses espinhos simbolizam aspectos da sombra de um feminino negativo, traduzido em raiva, agressividade e desconfiança no que tange ao masculino, enquanto a fada boa e piedosa representa o resgate da sabedoria feminina, também presente na sombra.

Do ponto de vista da psicologia masculina, a narrativa nos revela que o príncipe rompe com os laços familiares que o prendiam e vai libertar a cativa, a mulher desconhecida, do sono em que a terrível bruxa a mantinha prisioneira. Dessa forma, ele liberta sua própria contraparte feminina (*anima*), o complemento de sua personalidade, estabelecendo seu próprio reino junto à sua amada.

Franz diz que a maldição é um tema recorrente em muitos contos de fadas ou mitos, quando fadas, deuses e deusas não são tratados com a devida consideração. Esses arquétipos representam conteúdos do inconsciente coletivo, e se algum deles for rejeitado, negligenciado ou esquecido, não sendo levado em conta por motivos diversos, significa que surgirão desarmonias e perturbações dentro do sistema psíquico.

Em seus vários anos de experiência, Franz concluiu que os contos de fadas descrevem sempre o mesmo tema, sob múltiplas variações, tendo o mesmo motivo central: a totalidade da psique, ou seja, a integração de todos os seus aspectos (*animus*, *anima*, sombra, persona, *Self*, etc.).

Do ponto de vista psicológico, podemos perceber na figura da fada má que se vinga um aspecto negativo e devorador da Grande Mãe, que vê no despertar da sexualidade, na beleza e na juventude de sua filha uma ameaça para si mesma, causando inveja.

A carta A Morte traz uma transformação radical: a morte do velho padrão de existência e as mudanças cíclicas. Elas implicam uma transformação de caráter regenerador, renovador e um novo crescimento, em que o velho ficou mumificado. Essa transformação do ser acontecem nível profundo, mexendo com questões traumáticas, medos e bloqueios causados por questões fortemente enraizadas na infância que precisam ser eliminadas ou ceifadas.

Essa carta simboliza o Princípio Universal da Transformação que exige a morte do velho, daquilo que perdeu a capacidade de pulsar no ritmo cósmico, que só por meio da destruição voltará a ser energeticamente vivo.

A putrefação significa a destruição das formas para que a vida renasça de outra maneira. A forma se vai, mas a essência permanece para tomar outras formas. Na verdade, é a morte que dá continuidade à vida, que sem mudar, estaria estagnada. A Morte não é senão o processo contínuo de destruição, sem o qual nada pode chegar a existir.

No Tarô mitológico, Hades representa o Senhor da Morte, sendo a configuração da finalização definitiva de um ciclo de vida. Sempre que ocorre uma mudança, novas atitudes e circunstâncias podem acontecer, morre a postura antiga, que jamais voltará à forma anterior. Dessa maneira, Hades é o símbolo daquilo que experimentamos em todos os finais de um ciclo: um término necessário para podermos começar uma nova fase.

A carta A Morte nem sempre significa uma finalização ruim. Pode estar ligada a fatos completamente agradáveis, por exemplo, um casamento ou o nascimento de uma criança, porque tais acontecimentos não apenas indicam o início de algo novo, como também a morte de uma antiga forma de vida, devendo a perda ser reconhecida e lamentada. Depois da morte vem algo novo; vai trazer o fruto que só nasce se deixarmos morrer o velho.

Assim, Hades, o Senhor da Morte, é nosso companheiro invisível durante toda a vida e a quem, um dia, devemos pagar nosso tributo.

Necessitamos reconhecer o valor desse estágio e observar se estamos reagindo de forma positiva a esses aspectos, os quais precisam morrer para nossa transformação.

A rosa branca que vemos na mão da criança, no Tarô Mitológico, brota dessa transformação do velho em novo.

A letra hebraica correspondente à carta de A Morte é *Nun*, que significa peixe; também se pode traduzir como perpetuidade, crescimento progressivo e prolífico, que são imagens relacionadas à enorme capacidade de procriação que os peixes têm.

Hieroglificamente, representa o novo, o jovem, o gracioso e o belo.

No que diz respeito ao verbo, A Morte se traduz como brotar, germinar, gerar, e está associado à força criadora.

Título Esotérico: "O Descendente dos Grandes Transformadores"; "O Senhor do Portão da Morte".

Caminho Cabalístico: é o 24º caminho na Árvore da Vida. O caminho de *Nun* une a *Sephirah Netzach* (a Vitória) com a *Sephirah Tiphareth* (a Beleza). Esse é um dos caminhos que unem a personalidade (ego) ao *Self* (Eu Superior).

Atribuição Astrológica: Escorpião, signo que simboliza a Morte e possui profundidade com características marcantes. Escorpianos são misteriosos, intuitivos, fortes, corajosos, poderosos e raramente se deixam conhecer por inteiro. Seu círculo de amizade é restrito, são muito seletivos quando se trata desse assunto. São pessoas lutadoras, intensas e honestas, trabalham com muita obstinação escondendo seu cansaço, chegando ao limite do próprio corpo. Tendência a dores nas costas em razão de tensão, bem como rigidez no pescoço e nos ombros. Quando mais velhos, mudam sua natureza de apaixonados, cheios de desejos, muitas vezes de forma irracional e instintiva, para um comportamento mais comedido refreando seus desejos ilusórios que o escravizavam referentes à sua natureza inferior, sublimando esta energia instintual, muitas vezes desordenada e compulsiva. Pode se tornar uma pessoa bastante apreensiva e preocupada com os outros, principalmente em se tratando do bem-estar da família. Sua mente pode ser invadida por constantes pensamentos negativos e obsessivos, com medos de todos os tipos sem fundamentos, principalmente relacionados aos seus entes queridos. Normalmente seus laços afetivos podem se tornar doentios e simbióticos. São muito carinhosos e gostam de ficar no controle das situações.

Conforme nos lembra Pramad, sendo ele considerado um signo de água, tende a dissolver as formas dando lugar a novas criaturas. Está governado por Plutão, o transformador, e por Marte. No corpo humano, rege a bexiga, o ânus, os genitais e o nariz. Há quem diga que também rege o útero, que outros atribuem a Câncer. Geralmente, seus nativos são exaltados, com fortes emoções e desejos, e com grande vontade e instintos sexuais. Gostam de lutar e ultrapassar os obstáculos. Sem chegar a ser sonhadores, possuem inclinação por tudo aquilo que é misterioso e oculto. São muito inventivos e têm uma excepcional capacidade de trabalho; quase sempre alcançam o que querem, pois são obstinados, mantendo o foco no que estão fazendo. Quando alguma coisa obstrui seu caminho, se afetam tanto que podem explodir de forma perigosa, destrutiva e autodestrutiva. São conhecidos por serem vingativos, invejosos e ciumentos. Mas podem se mostrar seres sensíveis, vulneráveis e, embora queiram demonstrar autossuficiência e capacidade de viverem sós, têm uma grande necessidade de se relacionar. Não gostam de superficialidade e sua sensibilidade aguçada lhes permite perceber a falsidade e a hipocrisia do mundo, contra as quais se revoltam, muitas vezes de maneira impulsiva e violenta. Em geral, entregam-se apaixonadamente ao que fazem, colocando aí todo o seu potencial criativo e energia. Têm tendência a sofrer enfermidades infecciosas, e problemas nos aparelhos genital e urinário.

O Arcano de A Morte é o caminho da "Inteligência Imaginativa", que implica o abandono da natureza da personalidade (ego), a fim de que a natureza da essência (*Self*) permaneça viva. O que morre é o que está na periferia: os aspectos superficiais do ego.

Na visão alquímica, A Morte está ligada à fase "*Mortificatio ou Putrefatio*)", é um momento de grande transformação em que ainda não se sabe o que vem em seguida. A vida impõe isto: você ainda não sabe o que vai acontecer. São muito comuns o medo e a ansiedade. É um processo interno. Você já não acredita mais na mesma coisa. E cadê o novo? O novo não está ali ainda, mas logo vai germinar. Esse momento está associado ao fenômeno da putrefação, no qual tudo se decompõe e, ainda, não temos o elemento vivo para dar lugar a uma nova vida. A pessoa precisa abrir mão do velho e este processo gera muita dor, onde há uma morte simbólica. Mas ela necessita entregar algo para mudar.

A Morte faz um paralelo com o Deus egípcio Osíris, que é cortado em pedaços e depois renasce. Esse desmembramento acontece em todas as partes do seu corpo, simbolizando no indivíduo a possibilidade de um processo de discriminação e de renascimento.

O esqueleto é arquetípico, é nossa parte mais antiga, representando nossa estrutura e a possibilidade de morrer e renascer.

No Tarô de Marselha, as plantinhas azuis são ervas daninhas, indicando pensamentos não criativos, são as "seduções ilusórias". O amarelo anuncia a ressurreição. A figura da Morte com sua foice vai preparando a terra para o novo. A cabeça com a coroa que foi cortada simboliza o ego rígido do rei. Essa cabeça tem que rolar. Esse ego precisa morrer, ele não pode ser predominante. A coroa representa o *logos* (a razão humana ou mental).

O pé direito que está afundado na terra significa aquilo que está paralisado, já o pé esquerdo em cima da cabeça da criança significa o novo, algo que está nascendo, vindo por baixo do pé.

As partes cortadas estão sendo incorporadas. Agora, vamos precisar do nosso *logos* para criar outras coisas.

No Tarô Mitológico, o elmo escuro de Hades significa a morte da atividade mental excessivamente racional que deixa de comandar. A pessoa que ainda não vivenciou essa fase da morte continuará racionalizando seu processo de transformação.

"Quem tem medo de morrer, tem medo de viver" (Osho).

Quanto mais o indivíduo resiste à transformação, mais ele impede a entrada da energia nova. Quando a pessoa deixa a energia fluir, ela começa a perceber a dimensão simbólica da vida.

No número 12 de O Enforcado, temos a compreensão e a segurança de algo que está estruturado. Já no número 13 de A Morte, temos a ação e a ruptura daquilo que antes estava estagnado dentro dessa estrutura.

O número 13 desarruma e traz uma nova criação (1 + 3 = 4 = concretização de algo novo), mas também fala do triunfo do nosso ser interno sobre nosso eu social. Esse Arcano traz revitalização e renovação.

Na fase alquímica do *nigredo*, tudo se encontra misturado e, em função disso, a dor da transformação necessita de um tempo para ser superada. Aqui encontramos angústia, depressão, divisão interna, pois a pessoa está fragmentada por esse estado.

Quanto mais a pessoa evita a morte, mais ela sofre. É necessário ficar só com o essencial. Às vezes, o indivíduo se recusa a fazer isso. Aqui, ele passa por um processo de humilhação. Essa palavra vem de húmus, da terra.

No processo terapêutico, todas as vezes que a pessoa passa pela experiência da morte, ela muda. A personalidade nunca mais vai ser a mesma.

Aqui, podemos ter uma dificuldade de entrega e também de apego ao velho, ao conhecido.

Quando sai num jogo, indica um tempo de mudança e renovações necessárias. Pode ser também medo da transformação e significar que a pessoa precisa cortar hábitos dissociados de si mesma, com o que não é genuíno, por exemplo: um trabalho, um relacionamento, hábitos nocivos, etc. Pode falar também de perdas de qualquer espécie em um casamento, associação, amizade, emprego, cargo, etc. Se você estiver analisando um projeto e sair a carta A Morte, ela diz que não é para você fazer isso, mas, sim, outra coisa. Precisamos pensar que o processo de perda é fertilizador, regenerador. A ausência de um céu azul em alguns Tarôs indica que estamos em um processo interno.

No plano material, pode significar perdas materiais e/ou da forma de vida anterior; também que a pessoa pode ganhar dinheiro por intermédio de uma herança.

No plano afetivo, pode indicar que o casal está necessitando de mudanças, uma renovação para que se abram novos horizontes. Essa transformação pode ser dolorosa, mas é a única maneira de a relação continuar viva. Significa um corte com a velha forma de se relacionar. Se houver a continuação do mesmo padrão, o relacionamento pode terminar com um corte definitivo e/ou abrupto.

No plano espiritual, pode significar rompimento com dogmas, trazendo uma nova visão mística, correspondendo ao final de um ciclo necessário à evolução espiritual. Temos um término de dificuldades, dores, sofrimentos e um resgate cármico, em que a dor atinge seu ponto máximo, só restando o renascimento.

Imagem: A Morte, o Fim, a Transformação, a Desmaterialização, o Esqueleto com a Foice, Saturno (o ceifador), Plutão, Hades, Osíris, Omolu.

Imagens Arquetípicas

Tarô Mitológico 　　　Tarô de Marselha 　　　Tarô de Rider-Waite

Afirmação para A Morte: "Estou pronto para uma renovação pessoal, antevejo um período de regeneração espiritual" (DICKERMAN, 1998, p. 185).

O Mito de Hades

Aqui encontramos Hades, deus sombrio e senhor do submundo, com o qual nos deparamos na carta de A Imperatriz como o raptor de Perséfone, filha de Deméter. Na mitologia grega, Hades era conhecido como o Invisível. Ele também era chamado de Plutão na mitologia romana, significando "riqueza", porque seu reino era repleto de riquezas escondidas. Hades, filho dos Titãs Cronos e Reia, foi salvo por seu irmão Zeus quando Cronos engolira seus filhos. Zeus então concedeu a Hades o domínio do submundo como parte da herança. Sobre esse mundo, o deus sombrio governava como dominador absoluto. Quando emergia para o mundo da luz, seu elmo o tornava invisível para que nenhum mortal o visse. Os rituais da morte exigiam que uma moeda de ouro fosse colocada na boca do morto, pois sem essa oferta a Hades a alma seria condenada a vagar eternamente às margens do rio Estige, à beira do reino do submundo.

Apesar de ser-lhe conferido menos *status* do que de seu irmão Zeus, ele tinha um poder maior, porque sua lei era irrevogável. Uma vez que uma alma entrava no domínio de Hades, nenhum deus, nem sequer o rei dos deuses, poderia resgatá-la. Apesar de alguns heróis, como Orfeu e Teseu, entrarem ilicitamente no reino de Hades enganando o barqueiro Caronte e conseguindo passar por Cérbero, o cão que guarda a entrada, nenhum deles voltou para o mundo da luz da mesma forma. O poder irrevogável de Hades era tal que os deuses juravam seus votos solenes e suas maldições pelas águas do rio Estige, que era veneno puro e, ao mesmo tempo, conferia a imortalidade.

Hades é o símbolo daquela finalidade que experimentamos em todos os encerramentos, assim como sua túnica preta é o símbolo do luto necessário para o preparo de um novo ciclo (mito baseado em BURKE; GREENE 2007).

No Tarô Mitológico, antes da carta da Morte, nos deparamos com o Arcano O Enforcado, que nos remete a experiência de submissão voluntária às leis ocultas da psique – a decisão de abandonar algo na esperança de que uma nova fase da vida possa surgir. No Arcano A Morte, Hades, o Senhor da Morte, representa aquele estado intermediário, ao qual somos levados quando enfrentamos com total entrega nossa perda antes do início de uma nova evolução.

As perguntas da Morte são:

O que você necessita para sua transformação?
O que deve morrer em sua vida?
O que o paralisa perante a mudança?
Qual o próximo passo para sua transformação?

Atividade

Colagem do arquétipo da sua Morte (use uma folha de papel canson A4, 220 gramas, dividida ao meio).
Tema: Minha transformação.
Represente seu Arcano A Morte por meio de recortes de revistas, podendo pintar, desenhar e colar materiais diversos (tecido, madeira,

pedaço de jornal, papéis coloridos, etc.) e o que mais sua imaginação quiser.

Após a atividade, faça uma escrita criativa e intuitiva a seu respeito.
Dialogando com a colagem
Descreva a imagem que vê:
Quais sentimentos ela lhe desperta?
Qual o caminho ela lhe indica?
A imagem lhe diz :
Eu sou..
Eu quero...
Eu posso...
Eu vou..
Minha mensagem é..

A TEMPERANÇA – ARCANO 14
– Integração (A Alquimia Interior)

A Temperança ou A Arte, como também é chamado o Arcano de número 14, sendo duas vezes sete, é a união dos opostos na personalidade e o resultado do casamento harmônico dessa união. Diz respeito à integração da dualidade (*yin/yang*) relacionada ao Arcano Os Enamorados. É a manifestação da essência no processo da vida. Na alquimia, podemos dizer que é a fase da transformação interior e do equilíbrio das forças antagônicas do indivíduo dentro de si. É a pedra filosofal, o encontro com o Santo Graal. Indica um momento de equilíbrio interior, em que as coisas caminham com moderação.

Na maioria dos Tarôs, o Anjo da Guarda da Temperança está com um pé na água e o outro na terra, mostrando que seus sentimentos estão fluindo, estáveis e equilibrados. Uma época de confiança, otimismo e novos começos está prestes a se iniciar. Milagres acontecerão. Receberemos grandes dádivas, à medida que continuarmos o processo de evolução interior. O Anjo derrama as águas da inspiração do cálice de prata da Lua (inconsciente) no cálice de ouro do Sol (consciência). A mão esquerda (passado) é mantida acima da direita (presente), o líquido que corre entre elas representa a essência dos processos de vida: o passado fluindo no presente rumo ao futuro. Esse Anjo, protetor do Louco, tempera esse processo visando a um equilíbrio, trazendo suavidade e leveza que há no espírito ou na essência de todas as coisas. É a polarização do *yin* com o *yang*, em uma fusão profunda e equilibrada. Simboliza a mistura alquímica do fogo e da água. Como resultado dessa operação, temos o fluxo de energia ascendente que se transforma em um arco-íris que envolve a figura da carta, mostrando que o resultado foi harmônico e belo.

O Anjo é a orientação do inconsciente ou uma mensagem de Deus (o *Self*). Sua mensagem é a de que podemos assumir o comando do nosso destino, quando assumimos a plena responsabilidade pelos nossos atos.

Essa carta representa os opostos perfeitamente unidos que se complementam. Nela se dá a consumação do casamento alquímico interior e exterior que se consolida, com energia de cura. No Arcano A Temperança existe harmonia, equilíbrio, moderação e compreensão que resulta em um bom relacionamento e em um casamento feliz. No Arcano Os Enamorados o Louco teve que aprender a desenvolver um coração equilibrado e uma individualidade estável, base para o desenvolvimento de um relacionamento saudável e maduro. Podemos dizer que esta fase está ligada ao princípio alquímico do *"Solve et Coagula"*, que representa duas fases do processo alquímico. O Solve refere-se a dissolver relacionando-se com a primeira fase do processo que significa desmontar, desconstruir todos os maus hábitos, os maus costumes, os preconceitos, os vícios e tudo mais que nos deixa em estado denso e grosseiro. O *Coagula* é a segunda fase desse processo alquímico, em que as partes se unem novamente para formar um todo harmônico em um só corpo, agora em estado superior ao anterior. É quando reunimos tudo que é bom e verdadeiro em nós e que contribui para nossa elevação e melhoria enquanto seres humanos. A construção desse novo conhecimento se dá por intermédio da sabedoria que surge após o processo de desmonte ou *"Solve"*.

Devemos compreender que essa transmutação não se faz da noite para o dia, e sim com um trabalho diário de aperfeiçoamento, interno e externo. Este é o verdadeiro processo de alquimia que analogamente nos remete ao processo metafórico dos alquimistas em transformar chumbo em ouro. Ou seja, que visa à elevação de um estado mais grosseiro para outro mais sutil que está presente tanto na matéria grosseira quanto "na alma grosseira".

Na alquimia, podemos analisar e relacionar o chumbo com a alma profana e ignorante, e o ouro com a alma pura e o sagrado. Este processo é o mesmo tanto no laboratório exterior quanto no interior. Entre essas duas fases do "Solve e Coagula" existe a purificação.

Podemos dizer que o verdadeiro processo de alquimia interior refere-se à aniquilação ou desconstrução da nossa ignorância para nossa purificação e reconstrução rumo ao despertar da nossa verdadeira essência.

As três fases mais importantes da alquimia interior são:
Nigredo, que corresponde a sombra e à morte espiritual.
Albedo, que corresponde ao processo de purificação.
Rubedo, que corresponde ao despertar ou iluminação.

Observação: Existem também as Citrinas, que é a passagem do Albedo para o Rubedo, e as sete operações principais que estão dentro destas fases: Calcinatio, Sublimatio, Solutio, Mortificatio ou Putrefatio, Separatio, Coagulatio e Coniunctio).

No Tarô Mitológico, encontramos Íris, a deusa grega do Arco-Íris e mensageira de Hera. O Arco-Íris representa a ponte que une o Céu e a Terra, passando a ideia de elevação e espiritualidade. Sempre que Hera ou Zeus desejavam transmitir suas mensagens e desejos aos homens, Íris descia à Terra, onde tomava forma humana e se fazia enxergar ao natural ou em seu aspecto divino.

No nível psicológico, Íris representa a lição que O Louco deve aprender para construir uma personalidade estável, ou seja, o coração equilibrado entre a razão e a emoção. Enquanto Atena representa a Justiça fria e objetiva, Íris representa a Temperança boa e misericordiosa, muito embora sua bondade não fosse piegas ou sentimentalista. Ela simboliza a moderação em todas as coisas no intuito de criar a harmonia, em uma mudança constante e diária para uma melhor qualidade de vida.

Essa carta está ligada à função Sentimento, diferentemente do que chamamos emoção, pois esta é uma reação visceral a uma situação, enquanto o sentimento envolve um alto grau de componente cognitivo, de percepção e avaliação de algo. Emoção significa reação e sentimento denota uma ação construtiva.

Quase nunca entendemos o sentimento como uma função inteligente, tal como o pensamento racional. Entretanto, as duas cartas – A Justiça e A Temperança – representam, ao mesmo tempo, os opostos e a complementação. Atena e Íris são duas imagens contraditórias, em que uma serve ao Pai, de cuja cabeça nasceu, e a outra serve a Mãe.

Assim, tendo O Louco aprendido a pensar com clareza com Atena, ele se encontra agora com Íris, a deusa do Arco-Íris, e precisa aprender a conduzir com muita delicadeza o julgamento dos sentimentos, que é na verdade muito diferente da emoção reacional ou do sentimento piegas do sentimentalismo.

Letra hebraica correspondente: *Samekh* – significa "suporte", "apoio", "coluna", "sustentar" ou "estabelecer".

Hieroglificamente representa uma serpente mordendo seu próprio rabo, sendo aquela que se alimenta da própria substância (retroalimentação).

Títulos Esotéricos: "A Filha dos Reconciliadores"; "O Impulsionador da Vida"; ou "A Parteira da Vida".

Caminho Cabalístico: o caminho de *Samekh* é o 25º caminho na Árvore da Vida. A cor azul desse caminho pode ser atribuída ao Arcano A Temperança.

O caminho de *Samekh* leva o iniciado da *Sephirah Yesod* (o Fundamento) à *Sephirah Tiphareth* (a Beleza).

Segundo Pramad, "é um caminho vertical, equilibrado na coluna central da Árvore da Vida e considerado um dos caminhos mais importantes e difíceis da Cabala prática onde é vivenciada uma parte importante da Grande Obra" (Pramad, p. 160). Em se tratando da alquimia, refere-se à separação do escuro, do negro, do pesado, do difícil, a escuridão da Lua (*nigredo*) indo para a purificação do que estava contaminado (*rubedo*), em direção à clareza da consciência do Sol, "conectando a personalidade ou psiquismo de *Yesod* com a consciência intuitiva e o Eu Superior de *Tiphareth*". (PRAMAD, p. 160). É o caminho da Inteligência e da Provação. Podemos dizer que é o casamento do Sol com a Lua, e que possui o lado do *nigredo*, do *albedo* e do *rubedo*. Essa carta encarna essa integração.

Atribuição Astrológica: Sagitário (elemento Fogo), regido pelo planeta Júpiter.

Sagitário significa "arqueiro", e é representado por um centauro armado com arco e flecha. Os sagitarianos normalmente são falantes, extrovertidos, esportivos e brincalhões, escondendo suas ansiedades e preocupações com seu elevado senso de humor. Optam por amenidades, expondo-se diretamente nos embates da vida. Vivem à procura de estímulos sensoriais que podem facilmente levá-los aos vícios (drogas, cigarro, álcool, televisão, sexo, vida social intensa).

É um signo que representa o idealismo, a criatividade, a fé, o otimismo e o entusiasmo, não admitindo sinal de fraqueza ou esmorecimento perante a vida. Sua missão é trazer um pouco de alegria e jovialidade e alto-astral para o mundo. Em contrapartida, são chamados a desenvolver um lado de sua natureza mais profunda, pois tendem a uma visão superficial da vida com dificuldades de lidar com a realidade. Dessa forma, lhes é suscitado o desenvolvimento do pensamento filosófico, a meditação, a introspecção e a silenciar sua mente tagarela. Sua alma está preparada para dar um grande salto quântico, mas isso exigira um grande desapego das coisas mundanas.

Como nos lembra Pramad, os sagitarianos entendem a vida como uma aventura, viagem ou busca. Sua atividade é fazer da jornada da vida algo interessante que lhe traga novidades e compreensão por meio das experiências. Gostam de descobrir o que o mundo tem a oferecer, tendo uma mente aberta, receptiva e intuitiva. Têm uma personalidade mutável e inquieta e uma essência livre que não aceita ser controlada. São seguros, justos, inspirados, curiosos, podendo se transformar em uma pessoa soberba, impaciente e intolerante.

Porém, sua capacidade de amar é infinitamente grande, mas amam a liberdade e não admitem perdê-la de forma alguma, detestando pessoas ciumentas que fiscalize seus passos. Seu ponto fraco é a tendência a impulsividade e a imprudência.

No corpo humano, Sagitário governa os quadris, as costas e as nádegas. Os sagitarianos necessitam estabelecer metas para serem alcançadas, superando seus limites, vivendo em constante mudança. São excelentes atores, mas sinceros e francos. Possuem um senso de justiça elevado que os conduz ao questionamento do sistema social em que vivem. Sua missão é transmutação e ampliação. Têm tendência a sofrer de problemas no nervo ciático, gota, reumatismo, articulações, tumores e doenças hepáticas. Não sabem identificar seus próprios limites, sendo imprudentes e caindo em exageros, quase sempre autodestrutivos. Sentem forte atração pelo desconhecido, pelo risco e gostam de jogar o jogo da vida. São originais, comunicativos, alegres, carismáticos, gostam de viajar, podendo ser inconstante e superficial.

Seu verbo é: "Eu Vejo".

No Tarô de Marselha, uma figura angelical segura dois vasos, transferindo água de um para o outro. O vaso vermelho representa o masculino (*yang*) e o azul representa o feminino (*yin*). A Temperança integra tudo que estava cindido. A ligação dos opostos é feita por meio do sentimento e não da razão. Temos também uma integração com a natureza. Diz respeito à fase do Albedo em que se dá início ao processo de coagulação, que acontece nas dimensões interna e externa.

As asas do anjo representam o elemento Ar. O elemento Fogo é a parte da transmutação relativa ao calor do Sol. A Temperança está interagindo com essas duas forças ou elementos. Na alquimia, sem o elemento Fogo, não conseguimos transmutar o metal. Contudo, se formos com muito fogo, vamos queimar o outro. Com fogo demasiado não acontece a integração. O cozimento é necessário para a transmutação, simbolizando o processo.

Quando o arquétipo de A Temperança traz a sombra da pessoa, ela fica sofrendo o lado negativo do Arcano, podendo ficar excessivamente ponderada, passiva e submissa, tentando agradar todo mundo, desagradando a si mesma, com forte tendência à vitimização.

Em A Temperança, temos um processo interior e exterior. Em A Morte, ainda estamos vivendo tudo internamente, necessitando praticar (coagular) fora. Na carta A Temperança, você já deu um salto, e a partir da mudança interna que se deu na carta A Morte, já podemos começar a brilhar. Mudando dentro mudamos fora.

Os vasos representam os continentes, ou suportes, para essa água (emoção), que são os conteúdos que estão sendo trabalhados. Quando olhamos para nossos problemas, já conseguimos sair da fase do *nigredo*. Agora vamos ter de enfrentar nossas dificuldades. Vamos começar clareando o azul (emoção) com o branco (compreensão). Quanto mais branco, mais vai clareando. Os vasos também simbolizam as experiências que a pessoa já vem trabalhando durante seu processo de transformação.

O arco-íris significa, na alquimia, a *Cauda Pavonis*, que é a integração de todas as cores. Na *Cauda Pavonis*, a pessoa já começa partir para a ação, ou seja, já está coagulando, concretizando, pois no azul ela ainda está na fase da inação.

Para os *insights* surgirem precisamos primeiro de reflexão e depois entrar em contato com as emoções a serem alquimiadas. Assim, o racional ficará equilibrado com o emocional. Em um processo terapêutico, uma pessoa muito mental necessita chorar para entrar em contato com suas emoções, para poder melhor vivenciá-las, entendê-las e curá-las.

Um conto que podemos relacionar à carta de A Temperança é a "História de Mizilka", do livro *A Aventura da Autodescoberta*. Essa história nos conta que, há muito tempo, um cavaleiro que era um mágico extremamente habilidoso vivia tranquilamente com a esposa e suas três filhas. Um belo dia, um sultão enviou-lhe uma mensagem, ordenando-lhe que fosse servi-lo durante um ano e um dia. Caso não pudesse ir, deveria enviar o filho em seu lugar. O velho lamentou-se dia e noite, pois estava idoso e manco, e não tinha nenhum filho para enviar. Suas filhas, vendo-o triste, quiseram saber o porquê. Ele então expôs seu problema, dizendo que ficaria desonrado caso não atendesse ao pedido do sultão. Então, sua filha mais velha pediu para ir em seu lugar. Assim, ela cortou seus longos cabelos e, vestindo-se como um homem, partiu com o cavalo e a armadura do pai. Mas ele secretamente cavalgou à frente dela e, chegando à ponte que ela iria atravessar, transformou-se num javali azul, esperando pela filha no local e atacou-a; a moça fugiu aterrorizada, voltando para casa. O mesmo se deu com a filha do meio e, mais uma vez, o velho cavaleiro foi à frente, escondendo-se entre as árvores à espreita da filha, agora transformado em um leão, saltando-lhe em cima. Ela gritou e voltou a galope para casa. Então, a filha mais nova, Mizilka, pediu para ser enviada no lugar do pai, apesar da tentativa dele de persuadi-la a desistir da ideia. O pai lhe deu um cavalo manco e uma espada enferrujada, e Mizilka partiu. Mais uma vez, seu pai cavalgou à sua frente, escondeu-se entre as árvores. Quando ela chegou à ponte, um dragão saltou-lhe em cima, soprando fumaça e fogo. Mas Mizilka era corajosa e não recuou, galopando ao encontro dele, que desapareceu na floresta. Assim Mizilka, disfarçada de homem, passou um ano e um dia servindo ao sultão que sempre desconfiou da verdadeira identidade dela e, mesmo testando-a arduamente, em vários momentos, não conseguiu provar que ela era uma mulher. Quando chegou o momento de Mizilka voltar para casa, o sultão lhe perguntou: "Você me serviu muito bem, mas diga-me: você é um rapaz ou uma donzela?" E Mizilka respondeu: "Louvado seja o grande e poderoso sultão! Embora vossa palavra seja lei na terra e no mar, sei mais de vós do que sabeis de mim". Dito isso, foi embora.

Nessa história, Mizilka foi testada nos atributos ligados ao masculino, como: cavalgar, lutar e usar arco e flecha, como se fosse um homem. Esse conto nos lembra de que possuímos todos os recursos necessários para enfrentarmos qualquer desafio. E que podemos descobrir capacidades e talentos ocultos, quando aprendemos a equilibrar e integrar os elementos divergentes da nossa personalidade (ou ego) e da nossa vida. Fala também do resgate dos aspectos positivos do nosso *animus*.

A história de Mizilka nos fala igualmente de um grande potencial de força e coragem que o Eu Superior (ou *Self*), representado pela filha mais nova, possui. E quando esse poder interior é invocado, nos ajuda a enfrentarmos os desafios da vida com maior destreza e precisão. Descobrimos, então, que nosso Eu Superior (ou *Self*) sabe mais sobre nós mesmos do que nós sabemos dele.

Em um nível psicológico, podemos interpretar esse conto como uma tentativa do pai de prejudicar as conexões das filhas (ou de uma mulher) com o mundo exterior. Esse pai simboliza um *animus* castrador, representado nas figuras dos animais ferozes que apareciam à frente delas para amedrontá-las, desencorajando-as de seguirem seu caminho e irem para o mundo viver suas próprias vidas.

Frequentemente, as mães agem com os filhos da mesma forma que os pais agem com suas filhas. Podemos compreender e reconhecer essa atitude na ambivalência típica dos pais que não deixam seus filhos viverem suas próprias vidas para se tornarem independentes e, ao mesmo tempo, ficam impacientes, julgando-os incapazes de fazê-lo.

No caso de Mizilka, ela tinha um feminino sábio, sempre firme e forte que orientou seu caminho. E todos os desafios que encontrou pela frente a tornaram uma mulher madura e inteira, pois conseguiu equilibrar e integrar os aspectos opostos de sua personalidade: seu lado feminino (*yin*) e seu lado masculino (*yang*), nesse processo alquímico.

Outra narrativa ligada ao processo de alquimia que relacionamos ao Arcano A Temperança é o conto sufi chamado "A Princesa da Água da Vida". Essa história também nos remete a um *animus* castrador, agora representado na figura de um gênio maléfico que está sempre no caminho de Raida, a menina órfã de nossa história, com a intenção de destruí-la. Porém, nossa heroína, apesar das calamidades e dos desafios que lhe aconteciam, segue firme e forte em seu caminho graças a seu feminino sábio, à sua força interior e à sua persistência, encontrando, assim, a fonte da vida (seu *Self*), da qual até hoje é guardiã.

Quando sai num jogo, significa um momento de ponderação e equilíbrio interior. A pessoa caminha com moderação, sem muito esforço, com harmonia e criatividade, necessitando de maior contato com a espiritualidade. Podemos dizer que escolher o caminho do meio é a melhor opção. Pode indicar também tempo de harmonia, paz e saúde psíquica. Pede-se que se tenha calma, não fazendo as coisas com muita pressa. Pode significar uma necessidade de maior conexão com seus protetores espirituais. Pode ter uma conotação positiva ou negativa. Sendo negativa, indica falta de temperança, de equilíbrio, passividade na hora errada, rotina demasiada que leva à estagnação e à permissividade. Sendo positiva, traz autocontrole, compromisso, moderação, clareza, harmonia, respeito mútuo, tolerância e paciência.

Nessa carta, pode acontecer uma mudança de comportamento no final da segunda fase das sete cartas, que termina em A Temperança. Esse é um momento de um novo ciclo no Tarô, podendo surgir uma mudança positiva irreversível em que nunca mais seremos os mesmos.

Esse Arcano fala de uma cura física e emocional. O interesse por aquilo que fazemos vai ser a enzima catalisadora do processo que a pessoa precisa vivenciar. Podemos dizer que essa carta simboliza uma pessoa que vivenciou experiências transformadoras, mas só conseguiu chegar a essa fase, da *Cauda Pavonis*, quando integrou os aspectos conflitantes de sua personalidade, mantendo os pés no chão.

A Temperança é flexível e moderada. Aqui, fazendo nossa parte de maneira correta, esperando pacientemente o resultado, com o tempo, veremos tudo dando certo. Aqui, temos a proteção do mundo invisível. Essa carta está também relacionada à mulher e ao feminino. Esta é a mãe nutritiva e nutridora. É um feminino saudável em busca de uma vida mais plena, com harmonia nos três planos: físico, mental e espiritual.

No plano material, traz uma mensagem positiva de progresso. Pode ser lento, mas nada de altos e baixos, trazendo uma situação estável. Pode também demonstrar inoperância por demasiada rotina e falta de entusiasmo no trabalho.

No campo afetivo, fala de uma integração com o parceiro, possibilitando grande aprofundamento e felicidade nas relações. Pode haver união ou casamento no plano físico. No aspecto negativo, pode estar querendo dizer que a pessoa não se envolve, ficando na superficialidade. O relacionamento pode estagnar, caindo na mesmice e na acomodação. Fala da necessidade de trabalharmos nossa comunicação conosco e com os outros; necessidade do desenvolvimento da empatia.

Quando essa carta sai numa pergunta relativa à saúde, pode indicar equilíbrio. Rege a medicina holística, e os tratamentos alternativos e complementares. A Temperança lida com a realização interior e a harmonização com tudo e com todos ao seu redor, que leva a um processo criativo e evolutivo. Qualquer conciliação aqui é propícia e benéfica.

Imagem: a Harmonia, o Equilíbrio, o Tempero, o Sentimento, a Compaixão, o Relacionamento, a Troca Emocional, a Flexibilidade, o

Meio-Termo, o Comedimento. O Anjo da Guarda, os Guias Espirituais. A Alquimia, o Elã Vital, o Santo Graal, a Deusa Íris, o Arco-Íris.

Imagens Arquetípicas

Tarô Mitológico    Tarô de Marselha    Tarô de Rider-Waite

Afirmação para A Temperança: "Integro e combino os diferentes elementos da minha vida para criar equilíbrio, unidade e harmonia em tudo o que faço. Minha vida está repleta de alegria e de saúde" (DICKERMAN, 1998, p. 200).

O Mito de Íris

Aqui encontramos Íris, a deusa grega do Arco-Íris e mensageira de Hera, rainha das deusas. Íris representa o lado feminino de Hermes, emissário de Zeus, e era adorada tanto pelos deuses como pelos mortais, por sua natureza de bondade e amor. Sempre que Hera ou Zeus desejavam transmitir seus desejos e mensagens aos homens, Íris descia à terra, onde tomava forma humana ou sua forma divina. Às vezes, cortava os ares com a mesma rapidez do vento do oeste, Zéfiro, seu consorte. Outras vezes, descia suavemente pelo Arco-Íris que ligava o céu à terra. Podia caminhar pelas águas com igual facilidade, e até mesmo o mundo das trevas abria suas portas para ela quando, a pedido de Zeus, deveria reabastecer sua taça de ouro com as águas do rio Estige, com as quais os mortais se benziam contra as profecias malignas. Sempre que os deuses voltavam de suas jornadas para o Olimpo, Íris desatrelava os cavalos de suas carruagens, e servia néctar e ambrosia aos viajantes.

Ela não se limitava a entregar as mensagens de Hera, também era sua agente no cumprimento de suas vinganças, embora sua tarefa principal fosse o consolo, além da pacificação. Íris era quem preparava o banho de Hera, ajudava-a com sua toalete e, dia e noite, permanecia ao pé do trono de sua patroa, estando sempre à sua disposição. Em outra versão da mitologia, foi Íris, e não Afrodite, quem deu à luz Eros, o deus do amor (mito baseado em BURKE; GREENE, 2007).

As perguntas da Temperança são:

Você tem autocontrole?
Como você pode moderar seus impulsos para encontrar o equilíbrio?
Você tenta agradar todo mundo e esquece a si mesmo(a)?
Você consegue enxergar os dois lados de uma questão em um relacionamento?

Atividade

Colagem do arquétipo da sua Temperança (use uma folha de papel canson A4, 220 gramas, dividida ao meio).
Tema: Minha alquimia interior.
Represente seu Arcano A Temperança por meio de recortes de revistas, podendo pintar, desenhar e colar materiais diversos (tecido, madeira, pedaço de jornal, papéis coloridos, etc.) e o que mais sua imaginação quiser.
Depois, faça uma escrita criativa a respeito da colagem.
Dialogando com a imagem
Descreva a imagem que vê. Qual sentimento ela desperta? Qual caminho ela indica?
Após a atividade, faça uma escrita criativa e intuitiva a seu respeito.
Dialogando com a colagem
Descreva a imagem que vê:
Quais sentimentos ela lhe desperta?

Qual o caminho ela lhe indica?
A imagem lhe diz:
Eu sou..
Eu quero..
Eu posso..
Eu vou...
Minha mensagem é...

O DIABO – ARCANO 15
– O Lado Oculto da Psique, a Sombra

No número 15 temos 1 + 5 = 6, na redução numérica, seis é o número da perfeição e da sexualidade. Esse seis extraído do 15 é mais ligado ao plano físico e material. A nova direção trazida aqui é de oportunidade material e realização no mundo físico.

A imagem arquetípica do Arcano O Diabo, na maioria dos Tarôs, mostra uma figura com chifres, asas de morcego, pés de animal e segurando um cetro, uma espada ou uma tocha. Embaixo, presas uma na outra, uma figura masculina e uma feminina. Elas estão amarradas pelo pescoço, simbolizando a prisão pelos instintos mais primitivos, mostrando que esse tipo de ligação do princípio masculino e feminino é autoimposto, portanto, desarmônico. No Tarô de Crowley, no centro, há o bode do Himalaia com um terceiro olho. O bode é Pã coroado com uvas, representando a capacidade de se extasiar com qualquer fenômeno pela transcendência das limitações. Os chifres espirais são as forças geradoras do universo. No Tarô Mitológico, também temos Pã, metade homem e metade animal, manipulando com tranquilidade uma figura masculina e uma feminina, simbolizando o domínio dos instintos sobre elas.

Conta o mito que o deus Pã nasceu muito horrendo, uma mistura de homem e animal, com rabo e chifres, e era temido, vivendo escondido nas cavernas. Sua maior diversão era assustar os humanos. Esse Arcano também pode ser considerado nossa sombra e nosso condicionamento, causados por nossa falta de consciência em relação aos aspectos sombrios da nossa sexualidade. Sendo esse deus venerado pelo medo em cavernas e grutas, sua imagem dentro de nós indica algo que receamos, mas que, ao mesmo tempo, provoca em nós um fascínio, os rudes sentimentos primitivos e impulsos sexuais que consideramos inadequados e impuros em razão de sua natureza incontrolável sendo relegado às cavernas escuras do nosso inconsciente. Essa postura foi incentivada pela religião cristã dominante, que via o sexo e os prazeres do corpo e da vida como pecados a serem evitados.

    O arquétipo de O Diabo simboliza tudo o que aparentemente consideramos "mau" em um mundo onde estamos buscando constantemente o bem. A palavra "diabo" tem sua origem na palavra grega *diabolos*, que significa "adversário". Dessa forma, podemos dizer que ele, na verdade, é nosso próprio demônio interior (nossa sombra e nossos complexos) que acaba nos trazendo a maioria dos nossos problemas. Problemas esses causados por nossa falta de consciência, ignorância, ilusões, em função de uma visão limitada de nós mesmos, que nos faz viver presos às nossas falsas crenças e medos sob o domínio das expectativas de outrem. Fala-nos também da sede de poder, da ambição, do orgulho, do complexo de inferioridade e/ou superioridade, querendo ostentar para o mundo uma imagem vitoriosa, baseada na posse e na posição social, que separam o indivíduo do outro, com apego à autoimagem ou desprezo por si. Como ele não se sente bom o suficiente, fica condicionado na tentativa de provar aos demais que é o melhor e o maior de todos, ficando preso em uma falsa autoimagem que não advém da própria vivência ou experiência interna, mas das opiniões alheias.

    A carta do Diabo representa um condicionamento de uma personalidade imposta de fora que nos torna incapazes de ver a nós mesmos com nossos próprios olhos e, assim, viramos escravos da opinião alheia que nos programa para seguirmos o rebanho. Dessa forma, nos tornamos uma personalidade muito conveniente e também mais um perdido na multidão, cindido e sem chance de se tornar uma pessoa autêntica, inteira, indivisível nos afastando da nossa verdadeira identidade.

    Dessa maneira O Louco, quando se depara com o deus Pã, necessita aprender a enfrentar humildemente seus próprios aspectos inferiores e vergonhosos, ou permanecerá eternamente preso aos próprios medos. O confronto com O Diabo implica aceitar esses instintos e trazê-los à luz para podermos deixar de temê-los, tornando-os conscientes e, assim, canalizá-los de modo criativo e construtivo, buscando formas saudáveis de prazer. Esse é um caminho para deixarmos de ser escravos de nossos medos, fascínios e obsessões.

Esses segredos vergonhosos, quando mal resolvidos, fazem com que a pessoa projete sua parte animal nos demais, levando ao preconceito, à inveja, à perseguição de indivíduos e de raças que não são bem-vistos por ela. O encontro com Pã implica a necessidade de um confronto honesto com tudo aquilo que seja sombrio, vergonhoso e inferior na nossa personalidade. Nesse Arcano, O Louco deve sair do condicionamento libertando-se pela aquisição do autoconhecimento e, por meio da aceitação honesta e humilde de Pã, liberar o poder criativo que está acorrentado ao seu próprio medo e autodesprezo.

Assim, O Diabo representa o poder da criação no aspecto mais material. É uma energia ativa, *yang* e masculina. São os instintos animais, o sexo primitivo ou de procriação, o instinto de preservação da vida e o de agregação. Esse animal (os instintos), quando enjaulado, torna-se angustiado e triste, incapaz de criar livremente. Esses instintos reprimidos acabam por manipular e controlar a pessoa inconscientemente, de tão fortes que são.

Letra hebraica correspondente: *Ayin*. Significa "olho" e, esotericamente, seria "o olho que tudo vê". Hieroglificamente, representa o lado mais material das coisas. Como nos lembra Pramad (2003), o sentido da visão é aquele pelo qual podemos conhecer essa dimensão material, que nas tradições orientais é conhecida como Maya ou mundo da ilusão. A Física moderna também concorda que aquilo que parece real no nível material é uma ilusão. "Nada é verdade nem é mentira. Tudo é da cor segundo o cristal com que se mira" (ditado popular espanhol).

Título Esotérico: "O Senhor dos Portais da Matéria"; "O Filho das Forças do Tempo".

Caminho Cabalístico: é o 26º caminho na Árvore da Vida. O caminho de *Ayin*, O Diabo, liga a *Sephirah Hod* (o Esplendor) com a *Sephirah Tiphareth* (a Beleza). Esse é um processo de transferência da visão consciente da mente concreta para a mente abstrata, ou seja, do ego para o Eu Superior ou *Self*. Nesse caminho, nossa perspectiva é reorganizada e alcançamos uma nova visão do mundo. É uma ponte entre a personalidade (ego)e a individualidade (*Self*).

Atribuição Astrológica: Capricórnio. Dos três signos de Terra, é o mais pesado, duro, resistente e escuro, representando os condicionamentos e, ao mesmo tempo, a libertação. Simboliza, concomitantemente, o mais elevado e o mais baixo da natureza humana. É governado por Saturno considerado o "Senhor das Pedras", onde temos Marte em exaltação. Segundo Pramad, esse signo é considerado pesado e escuro, simbolizando, ao mesmo tempo, o mais elevado e o mais baixo. Representa os condicionamentos e a libertação das paixões humanas. No corpo físico, governa os joelhos, os ossos, as articulações, os dentes, a pele, as cartilagens e a glândula pituitária, que, por sua vez, corresponde ao terceiro olho. Em Pramad (2003, p. 168), "a missão desses nativos é sondar os mistérios da natureza, e favorecer os benefícios derivados do uso da previsão e da prudência".

Os capricornianos são pessoas astutas, prudentes, ambiciosas, sistemáticas, metódicas, exigentes, teimosas, organizadas e perfeccionistas. Geralmente são sóbrias e muito severas consigo mesmas, com rigidez emocional e cristalizações mentais. Surpreende a todos, com sua maturidade desenvolvida desde cedo. São coerentes, sérios disciplinados e responsáveis, atentos aos deveres e horários. Quando uma pessoa tem muitos aspectos em Capricórnio podem se transformar em *workaholic*. Os capricornianos são tão atraídos pelo sucesso material e social que são capazes de qualquer sacrifício para obtê-lo. Têm predisposição a problemas de rigidez na estrutura óssea, tensões nas juntas e nos músculos, artrite, artrose reumatismo, cálculos renais e biliares, dores generalizadas.

Para Pramad (2004), os capricornianos, mesmo com uma tendência muito materialista, responsável, séria e desconfiada, têm também uma forte inclinação para os mistérios, como um mago que guarda seus segredos, com receio de que possam ser utilizados contra ele. De forma gradual e segura, os capricornianos conseguem normalmente atingir todos os seus objetivos. Quando aparecem obstáculos, irritam-se sobremaneira, vendo inimigos por toda parte. São rancorosos e carecem de sentido poético. São extremamente utilitários e realistas. Não estão muito interessados em estabelecer vínculos afetivos, sendo, a princípio, céticos em relação ao amor, mas, no final da viagem, acabam se envolvendo profundamente. Também, são muito orgulhosos, lhes fascina o poder, e têm uma forte tendência à depressão e ao isolamento.

Seu verbo é: "Eu uso"; e sua frase integradora é: "Eu atinjo minhas metas relaxadamente, deleitando-me a cada passo do caminho".

O Diabo representa a falsa percepção da realidade por parte da pessoa comum. Essa falsa percepção pode ser simbolizada de duas formas: em primeiro lugar, pretende-se que O Diabo seja visto como uma figura cômica, o bicho-papão da nossa infância coletiva. Nossa crença na ilusão da matéria criada pelas energias simbolizadas por essa carta é efetivamente risível, e aqui está mais do que claro que o riso e o bom humor são ferramentas que nos ajudam a transcender a ilusão. Temos de aprender a não levar tão a sério as ilusões do mundo material. A hilaridade é o primeiro grande corretivo. Em segundo lugar, nossa percepção equivocada da verdadeira natureza das coisas é sugerida pelo pentagrama invertido na cabeça de O Diabo do Tarô de Rider-Waite. O símbolo sagrado da humanidade, virado de cabeça para baixo, denota que a própria visão do mundo na maioria das pessoas e seu relacionamento com uma realidade espiritual estão de cabeça para baixo. E o significado da letra *Ayin*, olho, indica que a lição dessa carta é uma reorganização de perspectiva, uma nova visão das coisas. O olho simboliza tanto nossa aceitação da realidade, do que vemos no mundo sensorial, como uma visão maior decorrente do uso da visão interior. Aceitar o que nosso olho físico nos mostra significa nos sujeitarmos à ilusão e ao cativeiro, um estado simbolizado pelas figuras acorrentadas. As figuras têm pequenos chifres, como os sátiros, para mostrar que, embora elas não tenham consciência disso, são servas dessa criatura cômica.

Uma afirmação fundamental desse caminho é que o Diabo não existe da forma como é postulado pelos ignorantes. Conforme está escrito em *A Tábua de Esmeralda*: "todas as coisas vieram da Unidade", significando não haver nada no universo a não ser Deus, incluindo o chamado Diabo. A carta contém um dos maiores mistérios da Cabala, o de que o Diabo é um meio necessário para se alcançar a consciência Cristo-Buda de *Tiphareth*. Descrito como a "fonte das formas e da aparência da existência relativa", e como "Senhor dos Portões da Matéria e Descendente das Forças do Tempo", o Diabo, ao mesmo tempo, é o Tentador e o Redentor. Ele também é chamado de "Príncipe dos Poderes do Ar", indicando que essa energia medeia o fluxo de correntes astrais.

No Plano Astral, controla o fluxo e o refluxo da matéria. Esse caminho confere a capacidade de endireitar o Pentagrama do Diabo e de erguer sua tocha. Em termos práticos, isso significa a capacidade de inverter as correntes da Luz Astral. O intelecto e a meditação disciplinada são os meios pelos quais se pode produzir a Pedra Filosofal e o Elixir da Longa Vida. O processo se inicia com o intelecto de *Hod* e leva à intuição de *Tiphareth*.

Ayin é descrito como a Inteligência Renovadora. Sabemos que é apenas por meio das forças do Diabo e de nossa correta compreensão delas que poderemos chegar a entrar em contato direto com a luz de Deus.

Eliphas Levi considerou esse caminho "a primeira manifestação física do sopro divino". Embora a criação da ilusão seja essencial para a manifestação no plano terrestre, a dissolução dessa forma é essencial para o caminho de volta. Para os alquimistas, dissolução significa análise, que é justamente o que fazemos quando separamos intelectualmente as energias que compõem a nós mesmos e ao nosso universo, nos 22 Caminhos correspondentes aos Arcanos Maiores do Tarô, na Árvore da Vida. A princípio, precisamos distinguir conceitualmente (bem como sob aspecto prático) essas partes componentes e, depois, reintegrá-las por meio da compreensão do seu funcionamento.

Podemos fazer uma analogia com nosso corpo pela análise de cada parte dele, considerando cada órgão isoladamente, para então podermos compreender como funcionam de forma separada e como atuam em conjunto para manter nosso corpo físico. A reintegração, nesse sentido, é nossa visão geral da integração dos órgãos. Tendo obtido uma visão geral, podemos começar a aplicar ativamente o novo conhecimento. Essa é uma fase positiva da utilização daquilo que sabemos. É o passo que vem logo após da dissolução e da reintegração (*Solve et Coagula*). Todavia, como estamos operando numa encarnação terrestre, tudo deve estar relacionado com nossa condição mundana. Cada lição deve estar ligada à terra.

O Diabo é um tema mítico fundamental, o da descida ao mundo subterrâneo, onde o herói explora os domínios da Morte e chega a um acordo com o Diabo, encarando o lado sombrio da personalidade (a sombra), entrando em acordo com ela. O herói precisa passar algum tempo no mundo subterrâneo para renascer desperto, trazendo consigo uma nova revelação ou um novo conhecimento.

É indispensável a interação entre os quatro elementos sugerida pelas cartas de O Diabo na maioria dos Tarôs: a tocha invertida é o Fogo, as garras de águia representam a Água, suas asas representam o elemento Ar e o corpo grotesco do Diabo é a Terra. O Diabo é a carta da matéria, daquilo que é material, que materializa. Ela representa a energia criativa em sua forma mais material. Portanto, a energia vital que se tem não deve ser reprimida ou mal utilizada. Faz-se necessária a conscientização desta, para saber utilizá-la e transmutá-la para que ela sirva como nutrição e meio de transcendência, e não de degeneração. O Diabo é a capacidade de converter a energia sexual em energia criativa.

No Tarô de Marselha, a espada do Diabo significa que essa força precisa ser conquistada pelo homem no nível da consciência, porque ele necessita se apoderar dessa arma para se defender das influências internas e externas. Essa espada que ele carrega é segurada de qualquer jeito, ou seja, de forma descuidada. Ele mostra uma arrogância nisso, não tendo esse cuidado consigo mesmo. Os galhos amarelos na cabeça mostram que o racional está muito enfeitado, indicando que a pessoa sempre tem uma desculpa para continuar repetindo os mesmos erros. E pode-se dizer também que as ideias estão brotando. Os dois serezinhos são aspectos cindidos da personalidade. Se continuarem separados, o Diabo no negativo fica mais forte. A cisão gera uma energia polarizada, gerando o conflito. Os dois seres estão de costas, ainda não sabem da presença do Diabo. Na carta O Hierofante, os serezinhos estão de frente para o Arcano, significando que ele só vê os aspectos luminosos de si mesmo. Só vemos o Diabo se quisermos (livre-arbítrio). Quando não nos relacionamos com ele conscientemente, ele aparece em forma de doença psicossomática, por exemplo, um câncer. No Arcano 5, O Hierofante mostra dois dedos e esconde três. O Diabo mostra toda a mão, significando o poder.

Um dos contos que relacionamos à carta de O Diabo é "Os Sapatinhos Vermelhos", que fala da cura dos instintos feridos em uma mulher. Em seu livro *Mulheres que Correm com os Lobos*, Clarissa Pinkola Estés analisa esse conto se referindo à verdade psicológica dessa história, nos colocando que a vida expressiva da mulher pode ser sondada, ameaçada, roubada ou seduzida, a não ser que ela se mantenha fiel à sua alegria básica, ao seu valor selvagem ou ao resgate desses valores. E quando a mulher fica sem proteção da sua alma selvagem, ela se envolve numa armadilha, aceitando qualquer substituto que lhe seja oferecido, expondo sua vida a perigos físicos e que não fazem absolutamente nada por ela, trazendo destrutividade, fazendo-a perder sua vida selvagem e instintiva.

Outro conto do livro *Mulheres que Correm com os Lobos* que podemos relacionar ao Arcano O Diabo é "A Donzela sem Mãos" e que também tem a ver com o Arcano O Eremita representando um conteúdo de eventos traumáticos do passado, relativos à infância, que necessitam ser trazidos à consciência para ressignificação.

Esse momento da jornada de O Louco, início da terceira fase, pode-se considerar na alquimia como a fase do Rubedo, pois, segundo Estés, esse conto oferece material para todo o processo de vida da mulher, e podemos dizer que do homem também.

Em Pinkola (1992), no primeiro estágio da história, o pai da donzela, um moleiro suscetível, cuja cobiça era grande, fez um pacto infeliz com o Diabo. Depois, percebe o preço alto que irá pagar, pois pensava estar dando sua macieira em troca de prosperidade, mas acaba descobrindo que deu ao Diabo a própria filha, que estava atrás da macieira do seu quintal.

O Diabo simboliza a força sinistra da psique, o predador, um bandido arquetípico que precisa de luz, que a deseja e a rouba, necessitando ser reconhecido pelo que ele é. Nessa história, segundo Estés, o Diabo apresenta-se atraído pela doce luz da protagonista do conto, que é uma alma virginal (pura) presa em um estado de sonambulismo. Sua luz refulge com uma beleza de partir o coração, mas ela não tem consciência do seu valor. Isso acontece na vida da mulher, quando renuncia aos seus instintos, a seu *insight*, à sua intuição e a outros traços de sua natureza selvagem, embotando seus sentidos. Então, ela encontra situações que prometem ouro (riquezas), mas que acabam gerando dor e grande sofrimento em sua vida. Contudo, quando a dor passa a ser consciente, a mulher pode começar a fazer algo a esse respeito, usando-a para seu aprendizado, fortalecimento e amadurecimento, se transformando naquela que sabe ou na velha sábia.

Podemos dizer que a iniciação da mulher começou com o pacto infeliz que ela fez enquanto estava entorpecida, escolhendo o que lhe atraía e seduzia, nesse estado de inconsciência. Dessa forma, suas escolhas estão fadadas ao fracasso, à decepção e à desilusão, que a afastam cada vez mais de sua natureza selvagem ou instintiva. Assim, ela perde a soberania sobre sua vida e se afasta da sua essência (*Self*) e, a duras penas, deverá reconquistá-la.

Na versão masculina, relacionamos esse Arcano à história de *Fausto*, o sublime poema épico de Goethe. Essa lenda medieval fala de um homem cuja busca espiritual acabou por levá-lo a vender sua alma ao Diabo. Seu reconhecimento final da futilidade dos efêmeros prazeres materiais e sua redenção, por meio do arrependimento e da compaixão, continuam a ser uma imagem poderosa sobre a necessidade de compreendermos o paradoxo da escuridão e da luz que se encontra no cerne da alma humana.

Na psicologia arquetípica, consideramos todos os elementos de um conto de fadas como descrições de aspectos da psique de uma única pessoa, e devemos descobrir qual o "pacto infeliz" que fizemos em nossas vidas e reconsiderá-lo. Muitas mulheres e homens fazem esses tipos de pactos infelizes, que aniquilam seu verdadeiro ser em detrimento de prazeres efêmeros e de "saídas fáceis" para a solução de problemas ou desafios.

Olhando para a carta O Diabo, podemos ordenar os componentes que estão desintegrados. Se você não integra seus opostos – o de baixo com o de cima (emoção e razão), a luz e a sombra, o material e o espiritual –, fica destrutivo, perde energia e pode sugar a energia dos outros. Segundo Jung, "qualquer tipo de função psíquica separada do todo e que opera autonomamente é diabólica", por exemplo, os instintos e os complexos.

Nesse Arcano, estamos mais próximos do humano, mostrando que essa energia de O Diabo vem sendo trabalhada, cada vez mais, para trazermos seus aspectos sombrios à luz.

Quando sai num jogo, dependendo da pergunta, indica o momento de se dar prazer e alegria com o desabrochar da energia vital. Pode também indicar uma forte influência de uma filosofia religiosa dissociativa e repressiva, se temos a carta O Hierofante na infância e/ou quando ela sai em um jogo junto à carta O Diabo. A pessoa pode alimentar um sentimento de desvalorização do corpo físico, rejeitando instintos básicos de sobrevivência. Traz a necessidade de integrar o lado material com o espiritual. Pode indicar um relacionamento baseado no sexo ou na repressão da sexualidade, que poderá se transformar em raiva, agressão, intrigas, explosão de mau humor, etc. Também pode demonstrar que, perante um relacionamento, a pessoa só pensa em expressar seus instintos mais primitivos, sem amor, não se importando com o outro. Em relação à parte material, quando essa carta sai no aspecto positivo, traz oportunidade de realização material, mostrando que a pessoa tem garra, criatividade e tesão pelo que faz. Quando essa carta sai no negativo, indica confusão por causa de dinheiro, descontentamento na vida profissional, competitividade, ambição, luta pelo poder. Pode-se dizer que a pessoa está obcecada por uma ideia, um sentimento ou uma situação, indicando condicionamento e prisão. Pode estar falando de uma pessoa dominadora, manipuladora, autoritária, com sentimentos de raiva, ciúmes ou possessão. Na saúde, pode mostrar problemas nos órgãos sexuais, causados por sexualidade reprimida ou descontrolada, podendo se manifestar como irritabilidade ou doenças venéreas.

Quando sai perto das cartas O Mago e A Lua, a pessoa pode estar sofrendo uma forte influência negativa. Temos aqui uma grande carga de tensão emocional, brigas e agressões.

Essa carta fala de realizar, materializar as coisas com toda a força da libido. A pessoa não deve se negar a isso, ela deve se lançar na vida com a energia que vem de dentro.

Imagem: a Tentação, o Egoísmo, a Sedução, a Magia, a Paixão, o Sexo, o Prazer, o Pecado, a Procriação, a Ilusão, a Dependência, o Diabo, Lúcifer, a Bruxa, o Mago Negro, o Morcego, a Serpente, o Bode. Pã, Set, Exu, Pombagira, Forças Ocultas.

Imagens Arquetípicas

| Tarô Mitológico | Tarô de Marselha | Tarô de Rider-Waite |

Afirmação para O Diabo: "Transcenderei as trevas da ignorância e superarei o caos dos meus mais profundos temores" (DICKERMAN, 1998, p. 213).

O Mito de Pã

Aqui encontramos o grande deus Pã, que os gregos veneravam como o Grande Todo. Na mitologia grega, Pã era filho de Hermes e da ninfa Dríope. Quando nasceu, ele era tão feio – com chifres, barba, cauda e patas de bode – que sua mãe fugiu apavorada e Hermes o levou para o Olimpo para entreter os deuses. Pã assombrava os bosques e os pastos da Arcádia, e personificava o espírito fértil e fálico da natureza selvagem e indomada. Ocasionalmente, ele podia ser amigável com os homens, vigiando seus rebanhos, gado e colmeias. Também participava das festas das ninfas das montanhas e ajudava os caçadores a encontrarem suas presas. Em certa ocasião, ele perseguiu a casta ninfa Siringe até o rio Ladão, onde ela se transformou em um feixe de caniços para fugir dos seus indesejáveis abraços peludos. Como não podia individualizá-la dos outros caniços, ele cortou vários, dos quais fez uma siringe ou flauta de Pã. Porém, ele conheceu outra bela ninfa e se apaixonou novamente, casando-se com ela e tendo um filho. Sua nova amada não se importava com sua feiura, pois o achava muito inteligente, sensível e engraçado, divertindo-se com ele e desfrutando de sua alegre companhia. Um dia, ela se apaixonou por outro e o abandonou. Ele ficou tão triste e deprimido que se embrenhou no mato e nunca mais se ouviu falar de Pã.

Do nome Pã deriva a palavra "pânico", afinal, ele se divertia provocando pequenos sustos nos viajantes solitários. Ele era desprezado pelos outros deuses que, no entanto, exploravam seus poderes, como Apolo, o deus Sol, que, o adulando, conseguiu dele a arte da profecia. Hermes copiou uma flauta que Pã havia deixado cair, declarando ser sua a invenção e vendeu-a a Apolo. E foi assim que o deus Sol recebeu ilicitamente seu dom musical e da profecia, vinda desse deus da natureza com aspecto de bode, feio e indomado (mito baseado em BURKE; GREENE, 2007).

As perguntas do Diabo são:

Você conhece os aspectos inferiores da sua natureza animal?
Como você lida com esses aspectos?
Você aceita seu corpo como ele é ou sente necessidade de mudá-lo? Por quê?
Você está em sintonia com sua realidade ou virou escravo do mundo das aparências?

Atividade

Colagem do arquétipo do seu Diabo (use uma folha de papel canson A4, 220 gramas, dividida ao meio).
Tema: O que me dá vida?
Represente seu Arcano O Diabo por meio de recortes de revistas, podendo pintar, desenhar e colar materiais diversos (tecido, madeira, pedaço de jornal, papéis coloridos, etc.) e o que mais sua imaginação quiser.

Após a atividade, faça uma escrita criativa e intuitiva a seu respeito.

Dialogando com a colagem

Descreva a imagem que vê:
Quais sentimentos ela te desperta?
Qual o caminho ela te indica?
A imagem lhe diz :
Eu sou..
Eu quero..
Eu posso..
Eu vou..
Minha mensagem é...

A TORRE – ARCANO 16 – Destruição da Ordem Vigente

O 16 é 4 x 4, que é o limite das próprias qualidades do 4. Simboliza, portanto, o excesso da ordem, da estrutura material, da solidez, da estabilidade, chegando ao limite máximo, dando lugar à tensão que leva à destruição de toda a estrutura. É o caos, a volta à desordem.

Sabemos que, quando desenvolvemos um aspecto de uma determinada polaridade até o limite, na verdade, estamos alimentando ou fortalecendo seu oposto. Se o 4 representa a estabilidade, a ordem, a lei, a estrutura material das coisas, o sólido, o quadrado, o 16 será o número da destruição das formas, das leis, da ordem estabelecida. Passa, portanto, a ideia de retorno ao informe, ao Nada.

Na maioria dos Tarôs, temos uma torre sendo destruída por raios e fogo. Do alto, caem figuras humanas. A maioria das versões dessa carta representa uma torre situada num local deserto, sendo atingida por um raio. Quando, em algumas versões, uma coroa é derrubada da cabeça de uma das figuras, ela simboliza a súbita destruição da nossa percepção acerca do que constitui a realidade. A outra figura, que permanece com a coroa, indica que ela cairá da Torre com maior consciência, a fim de vivenciar esse revés, o que nos leva a entender que as pessoas estão perdendo suas máscaras, seus artifícios, tornando-se mais simples. A

Torre é o conceito do que a maioria das pessoas chama de "eu", ego ou personalidade.

No Tarô Mitológico, está Poseidon (Netuno para os romanos), deus grego dos terremotos e das profundezas do oceano, que surge violentamente mostrando sua força instintiva para destruir o labirinto de Minos. O surgimento do deus do mar sugere uma poderosa força instintiva emergindo do inconsciente, mais forte do que o desejo de reprimi-la. O tridente de Poseidon é um atributo do seu poder, que reflete a meia Lua Crescente, ligando-o ao domínio dos instintos e da noite.

Em um sentido interior, a Torre atingida por Poseidon é a imagem do colapso de velhos hábitos e padrões da vida caindo por terra para serem ressignificados.

Neste Arcano devemos estar preparados para experiências transformadoras em que a mudança e a metamorfose nos são requeridas por meio de fatos chocantes e inesperados que podem estar iminentes.

Em Burke e Greene, A Torre é a única estrutura construída pelo homem nos Arcanos Maiores, sendo esta uma expressão gráfica do arquétipo da destruição pelo fogo. É uma representação das estruturas internas e externas que construímos para nos abrigar e proteger da vida e ocultar nosso lado menos agradável, ou animal interior. Assim, adotamos uma fachada socialmente aceita, usando nossas boas credenciais, nossas profissões, nossas associações com instituições e companhias respeitáveis, nossos sorrisos diplomáticos, nossa falsa aparência, nossa moral mais rígida herdada dos familiares, nossa falsa bondade, nossos falsos valores e falsos papéis que interpretamos para iludir e impressionar a "plateia". Dessa forma, A Torre representa as estruturas que construímos no mundo externo para esconder nosso eu incompleto. Portanto, quando O Louco confronta o grande deus Pã em seu labirinto interior, ele é transformado por esse encontro. Ele se torna mais humilde, mais completo e mais real. "O encontro honesto com O Diabo provoca uma profunda integridade interior e, assim, A Torre, o edifício que representa os valores do passado, deve cair" (BURKE; GREENE, 2007, p. 89).

Diz-se que as duas pessoas violentamente atiradas da Torre eram prisioneiras do intelecto e da luta pelo poder, que eram os aspectos práticos e materiais de sua natureza. Elas haviam perdido o contato com a base do seu ser e com as águas fluidas da sua natureza mais íntima. Foram confrontadas com a impropriedade das suas percepções humanas diante da força dos elementos da natureza. O relâmpago ofereceu-lhes a oportunidade de um vislumbre repentino da verdade, um lampejo de inspiração, uma grande descoberta.

A Torre representa as forças ocultas da mente interior, bem como a crença errônea de que você está isolado da vida e das outras pessoas. O raio atinge A Torre para destruir a ignorância e libertar os prisioneiros que lá se encontram. As duas pessoas dentro de A Torre são aspectos do masculino e do feminino da psique. Elas se desvincularam das suas profundezas e foram arremessadas da Torre. Psicologicamente, experimentam essa remoção como um estado de depressão que as força a reavaliar seu estilo de vida e seus valores. É o raio que revela o ato de Deus. Vamos construindo essa torre tijolo a tijolo por meio dos nossos pensamentos e ficamos tão enrijecidos até ficarmos totalmente aprisionados e comprometidos, que somente uma intervenção divina pode nos tirar deste estado de estagnação e inércia.

Em Pramad, a tradição shivaísta do sul da Índia, a Suprema Perfeição só pode ser alcançada por meio da morte, pelo aniquilamento do já existente, do formato daquilo que já está exteriorizado. Em função disso, o deus Shiva é representado dançando sobre os corpos de seus discípulos. No instante dessa morte, ocorre o que chamamos de Iluminação. Segundo essa tradição, a destruição leva à libertação. "Assim, esta carta poderia representar a morte física como libertação das ataduras da matéria" (PRAMAD, 2003, p. 176).

O *Bhagavad Gita* descreve como exemplo uma batalha simbólica do Eu Superior (Krishna) que guia Arjuna (ego ou personalidade) até o campo da batalha interior, indicando que esse processo é difícil e doloroso.

Um dos contos que podemos relacionar à carta da Torre é *Rapunzel*. Sua história nos mostra como uma mãe possessiva pode enclausurar a filha, transformando-a em seu bem mais precioso. A narrativa começa com um casal, cuja mãe grávida sente um enorme desejo de comer uma hortaliça que crescia no jardim da casa vizinha. A respectiva moradora era uma velha bruxa, que tinha um belo quintal protegido por muros altos, onde cultivava flores, verduras, legumes e ervas.

Um dia, a mulher do lenhador contemplava o quintal da bruxa, quando seu olhar se deteve num canteiro de rapôncio. "Se eu não comer uma salada de rapôncio, sou capaz de morrer!", ela disse ao marido. Ao cair da tarde, o lenhador escalou o muro alto e colheu um maço da planta cobiçada. A mulher a comeu gulosamente e quis mais. Assim, na noite seguinte, o marido foi apanhar outro maço de rapôncio e se deparou com a bruxa. "Como se atreve a roubar minha planta predileta?", ela rosnou feito um cão furioso. "Perdão, vizinha, mas acontece que minha mulher está grávida e sente um desejo irresistível de comer rapôncio!", o pobre homem explicou. Achando que poderia tirar proveito da situação, a bruxa propôs: "Eu o deixo se servir, desde que me entregue a criança quando ela nascer". O lenhador aceitou o trato e, dois meses depois, entregou à bruxa uma linda menina. "Vou chamá-la de Rapunzel", a velha decidiu, acrescentando: "E ela me chamará de sua madrinha!".

Rapunzel cresceu sob seus cuidados, tornando-se cada dia mais bonita. Quando completou 12 anos, a bruxa a levou para a floresta e a trancou numa torre que tinha apenas uma janela bem no alto. Toda vez que ia visitá-la, berrava: "Rapunzel, jogue suas tranças!". A menina tinha cabelos bem compridos e, ao escutar o berro da madrinha, prendia uma ponta das tranças no prego da janela e lançava a outra ponta torre abaixo. Então, a bruxa se agarrava aos cabelos de Rapunzel e ia ter com a menina.

Podemos dizer que essa história evidencia uma das características mais marcantes do feminino, que é a insatisfação. Quando a mulher não desenvolve um dos atributos de seu *animus*, como a objetividade, ela se torna como a mãe de Rapunzel, que não avalia o perigo de roubar coisas, ficando sempre insatisfeita: sua "fome"' não tem fim, ou seja, o *animus* da mãe da menina não é desenvolvido. Esse tipo de mãe pode, na verdade, desprezar o masculino, querendo o bebê só para si, vendo o homem apenas como um instrumento para satisfação de seus desejos e não como um companheiro de jornada.

Na história, a bruxa e a mãe de Rapunzel personificam a mesma pessoa. E o pai de Rapunzel é um homem fraco e permissivo que não consegue dizer não à mulher, cedendo a suas vontades e caprichos. Mas a bruxa da narrativa não é uma bruxa comum. Ela não tem inveja da beleza da menina, como em alguns outros contos. Ela não quer se vingar de Rapunzel. Pelo contrário, é uma mãe extremamente devotada. E sendo uma mãe "boa demais", prende a filha ou o filho em uma simbiose. Dessa forma, ela confina Rapunzel em uma torre para que ninguém pudesse vê-la, pois, aos 12 anos, já estava se tornando atraente ao sexo oposto, tendo sua sexualidade à flor da pele.

Até mesmo nos dias atuais, muitas mães costumam "aprisionar" as filhas com medo da sexualidade delas. Entretanto, o mais curioso disso tudo é que, na maioria das vezes, ocorre justamente o contrário, ou seja, em função da proibição, elas ficam mais suscetíveis a encontros amorosos furtivos, com sérias consequências que poderiam ser evitadas, por exemplo, uma gravidez precoce.

No conto original, Rapunzel fica grávida do príncipe que, atraído por seu canto, arranja uma forma de entrar na torre para conhecer a dona daquela linda voz. Essa parte da história, em algumas versões, foi modificada por causa da moral da época. Mas isso é extremamente comum: "prender demais" pode ter o mesmo efeito que "soltar demais". E, para se tornar independente, a menina transgride, desobedecendo à ordem da mãe – bruxa – que a trancou na torre, dando-lhe tudo que desejava, com a condição de que ela não tivesse contato com o mundo. Essa transgressão teve um castigo: ela foi expulsa do "paraíso materno", simbolizado pelo corte de seu cabelo, que pode ser interpretado também como o corte do cordão umbilical que, na dimensão psicológica, prendia a mãe e a filha.

A velha bruxa pegou uma tesoura e cortou os lindos cabelos de Rapunzel arrastando-a até um deserto distante, abandonando-a grávida, sem dó nem piedade. Dessa maneira, Rapunzel vai viver sozinha no deserto, onde aprende a amadurecer. No conto original, ela dá à luz gêmeos, passando da condição de filha para a de mãe.

Rapunzel teve de passar alguns anos de solidão para que pudesse desenvolver suas próprias capacidades internas e externas de sobrevivência. Dessa forma, ela pôde finalmente se unir ao seu masculino (*animus*), o príncipe, já estando amadurecida, independente e segura para receber esse masculino diferente da mãe e, assim, reconhecê-lo como companheiro, nessa jornada de individuação. É em sua experiência no deserto, onde Rapunzel dá à luz, que acontece sua iniciação numa existência maior. O príncipe, que tinha ficado cego ao ser atirado do alto da torre pela bruxa, estaria simbolizando nossa necessidade de interromper a busca ativa externa para fazermos uma viagem para dentro de nós mesmos.

Quantas mulheres modernas não fazem isso? Quantas não depositam em seus filhos toda a sua realização e felicidade? Aquele lindo bebê passa a ser seu bem maior, não o deixando crescer e se desenvolver para nunca poder abandoná-la. E muitas dessas mulheres afastam seus maridos dos cuidados paternos, não permitindo sua participação, julgando-o incapaz de fazê-lo, negando esse direito a eles.

A Torre vem para destruir as prisões que nos alienam, colocando-nos na inércia. O ser verdadeiro sente-se em uma prisão na qual o ego é seu guardião. É extremamente necessário repensarmos nosso estilo de vida e nossas prioridades que determinam nosso cotidiano, para que possamos nos libertar dessa estrutura sufocante, a qual nos mantém prisioneiros e nos afasta da nossa verdadeira natureza.

Letra hebraica correspondente: *Peh*, pronunciada "Pei". Significa "boca", e se relaciona com os processos de ingestão de alimentos e com a fala. Sabemos que para um alimento ser digerido pelo organismo seus elementos têm de ser destruídos. Essa destruição começa na boca. Hieroglificamente, *Peh* representa o poder da palavra criadora.

Caminho Cabalístico: é o 27º caminho na Árvore da Vida. O caminho de *Peh*, A Torre, liga a *Sephirah Hod* (o Esplendor) com a *Sephirah Netzach* (a Vitória). Ou seja, une o intelecto puro com o sentimento puro.

Esse caminho significa a destruição das velhas formas, sendo um equilibrador da personalidade. Está relacionado com o planeta Marte e com a direção Norte, região tradicionalmente conhecida nos Mistérios como "o local de maior escuridão", porque se diz que o Sol nunca brilha na face Norte do Templo de Salomão. Não obstante, nos é ensinado que a "Luz vem da Escuridão"; que "o ouro vem do Norte"; e que "a Iluminação tem sua origem nas fontes ocultas de poder que aterrorizam a mente do ignorante" (Wang, 1983, p. 191).

Esta é uma das cartas mais ricas em títulos. Geralmente conhecida como "A Torre", aparecendo também como "A Torre Fulminada pelo Raio", "A Casa de Deus" (*La Maison de Dieu*), "A Casa do Fogo" (*La Maison du Feu*). Outros títulos são: "O Hospital", "O Fogo do Céu" e, no Tarô Egípcio, "A Fragilidade". No Tarô de Crowley, é chamada de "A Guerra".

Título Esotérico: "O Senhor das Hostes do Poderoso".

Atribuição Astrológica: Marte é o elemento astrológico associado à carta A Torre. Pramad nos lembra de que Marte representa o princípio do dinamismo, da força e do movimento, significando também pura ação e impulsividade. No mundo humano, está ligado à energia da sobrevivência e da autopreservação. É a instintividade que dá coragem e impulso na luta pela vida, é a autoafirmação do Eu para enfrentar as pressões externas. Em função disso, está também relacionado à agressão, à competitividade, à guerra e à luta. Se Vênus conduz o ser humano à doçura e à afetividade, fazendo-o procurar uma vida tranquila e agradável, Marte, por sua vez, o impele a usar a força, a lutar e a conquistar. Sendo Vênus o amor passivo e magnético, o prazer e a união, em contrapartida, Marte é o lado animal do sexo que, para procriar, conquista e possui. O marciano não se satisfaz em viver em uma "zona de conforto". Ele precisa viver intensamente, como que atraído pelo risco e pelo perigo. Sua impulsividade natural o faz terrivelmente impaciente. Quer realizar seus desejos imediatamente, sem se importar com as experiências negativas do seu passado ou com as consequências futuras de seus atos. Assim, ele toma decisões de maneira contínua, procurando as soluções mais radicais. Marte governa o signo de Áries.

Um importante símbolo de A Torre é seu próprio isolamento. Ela fica no topo desolado de uma montanha. A maioria das pessoas se vê dessa forma, como unidades de consciência totalmente isoladas. Logo, a destruição da Torre significa conhecer o Verdadeiro Eu. O raio que derruba a Torre é uma súbita percepção da nossa verdadeira identidade, que assim recebe uma oportunidade de se manifestar.

Nas cartas do Tarô de Rider-Waite, da Aurora Dourada e do Cosmic Tarô, encontramos uma coroa caindo com a torre. O que está simbolizado aqui são as falsas coroas da nossa existência, que consistem naqueles valores artificiais que acreditamos controlar nossas vidas. É nossa tentativa consciente de nos alinharmos com nossa verdade e vontade fundamental, que acarreta a destruição da nossa crença na existência de uma vontade pessoal separada do Todo.

Não foi à toa que Crowley deu o subtítulo dessa carta de A Guerra. Em quase toda literatura esotérica e espiritual, o autodesenvolvimento é descrito em termos marciais. O *Bhagavad Gita*, por exemplo, descreve uma batalha simbólica entre o Eu Superior na figura de Krishna (o *Self*), que guia Arjuna (a personalidade humana ou ego) até seu campo de batalha interior.

Muitas pessoas, equivocadamente, presumem que o processo de desenvolvimento espiritual é caracterizado por "suavidade e luz". A Torre vem nos lembrar de que o crescimento interior é um processo difícil e doloroso. Tanto a existência quanto a natureza nem sempre são "bondosas" conosco. Quando invocamos as forças interiores, logo descobrimos que iremos obter aquilo de que precisamos, o que nem sempre é aquilo que o ego deseja ou que julga ser o melhor para si.

No Tarô de Crowley, o Olho Cósmico, que tudo vê, observa e dirige o processo de demolição e destruição da Torre, enquanto Dis, o deus romano da morte, vomita chamas a partir da estrutura de sua base. Na parte de cima estão a Pomba e a Serpente, representando as duas formas de desejo: o de Viver e o de Morrer. Crowley diz que eles são também os impulsos masculinos e femininos.

Essa é uma carta dúbia: ao mesmo tempo que vamos viver uma destruição, iremos também viver um recomeço. Essa destruição não é da essência, mas, sim, de tudo aquilo que está inflado, excessivo e prejudicial.

No Arcano O Diabo, você dá sua alma em troca da realização dos desejos. Em A Torre, você constrói coisas que não lhe servem para nada como forma de proteção. Uma hora A Torre vai ter de cair, destruindo tudo aquilo que está inflado, para que a essência possa se manifestar. Ter a consciência da nossa inteireza, da nossa essência, faz com que a pessoa fique forte e consciente. Quando a pessoa acredita que é só o ego, ela fica fraca, frágil e iludida.

A Torre foi construída pelo homem, como vimos anteriormente, sendo o raio a comunicação com Deus. A narrativa da Torre de Babel conta que, depois do dilúvio, os descendentes de Noé se estabeleceram na Babilônia, onde construíram uma cidade de tijolos (Babel). Nela, eles edificaram uma torre em uma suposta tentativa de ganhar as alturas e conquistar o Céu. Considerando esses homens inferiores e ambiciosos, Deus procurou "castigá-los". Onde anteriormente se falava uma só língua e os homens podiam trabalhar em uníssono, Deus impôs várias línguas, forçando a dispersão deles pela Terra. Em termos simbólicos, a construção de uma Torre de falsos valores e conceitos causa confusão. Ela é o reconhecimento das limitações da "língua" e de qualquer cultura específica. Nesse sentido, portanto, A Torre também representa a estrutura das crenças religiosas individuais e coletivas. Aqueles que estão entre os tijolos e a argamassa de qualquer sistema não conseguem enxergar além de si, e ver a Unidade Divina e o propósito comum que constituem o núcleo de todas as verdadeiras religiões.

No Tarô de Marselha, as duas pessoas que caem no chão estão sendo libertadas. O terreno dourado significa fertilidade. Nesse chão, as pessoas vão cair com uma consciência maior e mais humana. Podem até pensar que estão sendo expulsas, mas, na verdade, estão sendo libertadas. Elas se agarram nas plantinhas verdes, que são as possibilidades de algo novo germinar. De alguma maneira, essas pessoas desafiam o Divino (*Self*) para uma batalha, e o *Self*, por meio do raio, joga tudo abaixo. O raio é o poder divino, símbolo da energia divina na sua forma mais primitiva. Os dois seres são libertados do egocentrismo e salvos espiritual e psicologicamente, porque saem dos pensamentos, da racionalidade e da inflação do ego, passando a viver de modo mais pleno.

As bolinhas brancas, vermelhas e azuis que estão caindo do céu representam algo de Deus que vem para ajudar: as brancas simbolizam os *insights*; as vermelhas indicam que as coisas não são só racionais; e as azuis, a reflexão intuitiva. É importante percebermos que o raio atinge unicamente a torre e não as pessoas.

Quando sai num jogo, pode significar rupturas violentas e súbitas mudanças que podem ser psicológicas ou concretas. As concretas expressam rupturas externas que podem estar relacionadas a situações de amizades, casamentos e de sociedades. Um súbito avanço na consciência pode ajudar a personalidade a se libertar de vínculos e limitações. Pode também significar situações de humilhação e crises que geram mudanças radicais de um estilo de vida, com a reformulação de conceitos norteadores. É o desmoronamento provocado por uma base mal estruturada. Pode indicar insegurança e mudanças necessárias em caráter de urgência, denotando a necessidade de trabalhar alguns sentimentos, por exemplo, dores e rancores oriundos de mágoas do passado. Fala que necessitamos cair na realidade, ou seja, cair no chão. Pode falar também de uma realidade concreta que vai ser vivida no dia a dia, lembrando sempre que os brotos nascem para simbolizar a fertilidade do solo. A vivência desse Arcano pode ser muito dolorosa, dependendo da disponibilidade da pessoa em aceitar passar por esse processo conscientemente.

No plano material, pode falar de perdas de modo geral, como a perda de um emprego e tudo que possibilite mudança da velha forma. Na parte afetiva, fala da libertação de uma relação que oprime e aprisiona. Pode mostrar também uma reestruturação de um relacionamento em bases mais sólidas, fundamentado em questionamentos e mudanças necessárias para o processo de crescimento do casal. No campo espiritual, fala da destruição do orgulho, da vaidade e de tudo que alimentava o ego; e também da superação desse ego e do encontro com a Essência Divina.

Imagem: Destruição, Catástrofe, Tragédia, Dor, Pânico, A Torre, a Casa de Deus, Shiva, a Torre de Babel, o Corpo Enrijecido, o Labirinto, o Raio libertador, Urano, Poseidon.

Imagens Arquetípicas

Tarô Mitológico    Tarô de Marselha    Tarô de Rider-Waite

Afirmação para A Torre: "Com um lampejo de percepção, liberto-me das limitações dos meus antigos hábitos mentais. Descubro uma nova sabedoria no despertar do entendimento" (DICKERMAN, 1998, p. 232).

O Mito do Minotauro

Minos, o rei de Creta, fez um pacto com o deus Poseidon: se ele lhe desse a soberania dos mares, Minos lhe daria o mais belo touro branco de seu rebanho. O deus aceitou o acordo e Creta prosperou. Infelizmente, Minos era avarento e, na hora de entregar seu belo touro, enganou o Deus, entregando-lhe outro menos bonito.

Poseidon pediu que Afrodite o ajudasse em um plano de represália. A deusa do amor insuflou a esposa de Minos, Pasífae, de um desejo incontrolável pelo touro branco. A rainha Pasífae subornou Dédalo, o artesão do palácio, para que construísse uma vaca de madeira onde ela pudesse se esconder e se unir ao touro. Pasífae entrou na vaca e o touro branco a penetrou, e dessa união nasceu o Minotauro, um animal com corpo de homem e cabeça de touro, o qual se alimentava de carne humana. Aterrorizado, o rei escondeu essa criatura no coração de um grande labirinto de pedra que Dédalo construíra a pedido do rei. Mas o reino não podia permanecer estagnado eternamente e ainda mais com esse vergonhoso segredo escondido em seu seio.

Assim, Teseu, filho de Poseidon, resolve matar o Minotauro e com a ajuda de Ariadne, filha do rei Minos, e do seu novelo de linha, ele consegue entrar no labirinto, matar o Minotauro e encontrar a saída, seguindo o fio do novelo que Ariadne segurava fora do labirinto para ajudar Teseu. No mesmo instante, o deus Poseidon levantou-se furioso de sua cama no oceano e atingiu o labirinto. A construção foi reduzida a entulho pelo terremoto, enterrando o rei Minos junto ao corpo do Minotauro, e os escravos que eram mantidos sob o poder de Minos foram libertados. Teseu foi proclamado rei de Creta e uma nova era foi inaugurada. O Labirinto nunca mais foi erguido (mito baseado em BURKE; GREENE, 2007).

As perguntas da Torre são:

O que precisa ser eliminado de sua vida, a que você está se agarrando?

Quais as consequências desse apego?

Você tem consciência do que está velho e desgastado em sua vida?

Qual foi a falsa estrutura que construiu à sua volta para se proteger? E o que isso está lhe custando?

Atividade

Colagem do seu arquétipo da Torre (use uma folha de papel canson A4, 220 gramas, dividida ao meio).

Tema: Minha liberdade.

Represente seu Arcano A Torre por meio de recortes de revistas, podendo pintar, desenhar e colar materiais diversos (tecido, madeira, pedaço de jornal, papéis coloridos, etc.) e o que mais sua imaginação quiser.

Após a atividade, faça uma escrita criativa e intuitiva a seu respeito.

Dialogando com a colagem

Descreva a imagem que vê:
Quais sentimentos ela lhe desperta?
Qual o caminho ela lhe indica?

A imagem lhe diz:
Eu sou..
Eu quero..
Eu posso..
Eu vou..
Minha mensagem é..

A ESTRELA – ARCANO 17
– A Visão Interior (Renovação)

O 17 reduzido é 8, número do equilíbrio cósmico do universo, do carma, da harmonia entre todos os corpos celestes e da união com o Todo. Também é o 16 + 1 = 17, simbolizando a esperança de um novo horizonte que surge após a destruição do velho, no Arcano A Torre.

No Tarô de Rider-Waite, vemos uma mulher nua, jovem, com dois vasos na mão, em um dos quais entorna na terra a seiva da vida universal. Um vaso é de prata e o outro é de ouro. Acima, temos uma estrela brilhante com oito pontas e mais sete estrelas menores em volta dela. No baralho de Crowley, a figura central é a deusa egípcia Nuit, o princípio feminino no aspecto humano. A nudez representa a pureza de sentimentos e do ser, com sua face original e natural. Atrás dela aparece o globo terrestre. A estrela que aparece na carta tem sete pontas, a qual simboliza Vênus. Assim, a natureza de Nuit se manifesta por meio do amor, da união e da alegria de viver. As espirais significam a proliferação desses atributos. Ela derrama sobre a terra o líquido cristalizado. Esse cristal, símbolo de adivinhação e cura, traz energia cósmica para a terra. O outro vaso derrama sobre a cabeça o líquido etéreo.

No Tarô Mitológico, encontramos Pandora, abrindo a arca (Caixa de Pandora) que Zeus deu à humanidade, liberando todos os males. Pandora, assim como Eva, é uma mulher representando o lado feminino da natureza humana – sentimento, imaginação e intuição –, que deve nortear a verdade a qualquer custo. A arca que Zeus envia para a humanidade por meio de Pandora é semelhante à maçã do jardim do Éden: algo proibido, mas impossível de resistir. Ela contém o conhecimento da realidade da vida humana, o que significa a morte da ingenuidade e da fantasia infantil. Mas também contém o atributo mais precioso do espírito humano: a consciência das forças superiores traduzida numa fé lúcida e inabalável.

Em Pramad, "essa carta encarna as forças cósmicas que levam à evolução das galáxias, das espécies, da sociedade, das ideias, do ser humano, enfim, de tudo que existe. Algo diferenciado tem de se dissolver no indiferenciado para possibilitar o movimento, as mudanças, a evolução, a continuidade, o Eterno Retorno" (PRAMAD, 2003, p. 183). Ela representa uma visão mais ampla e integrada das forças cósmicas, que conecta tudo através da energia alimentada pela Força Viva (força da vida), com as forças de transformação do universo. Aqui várias crenças estão sendo questionadas e eliminadas. A mente renovada fica permeável às novas compreensões, produto da própria experiência, e de uma visão mais realista e integrada da vida.

Em um nível humano, A Estrela representa uma nova visão de mundo. É quando o ser humano deixa de se sentir sozinho, isolado, perdido, desconectado de sua essência em um mundo ameaçador, desconhecido e estranho. Ele, então, começa a perceber que é uma parte integrante e atuante do Cosmos. Nesse momento, a pessoa começa a pulsar em uníssono com o Todo, passando a colaborar conscientemente com as forças cósmicas que renovam a existência, contribuindo para a evolução da humanidade.

Estamos frente ao Princípio Universal da Renovação das Categorias. As coisas velhas e obsoletas que caíram da Torre se integram à Existência, e novas experiências podem então ser realizadas. Simboliza a nova vida, as dádivas celestiais, o reconhecimento, a realização plena e novas oportunidades. Como também expressa a fecundação da terra e das águas, a esperança na vida, a libertação sem máscaras e ilusões. As máscaras ruíram com a Torre. Fala de desapego, de conexão com a natureza universal e da esperança de que uma nova luz brilhará em meio aos escombros da Torre.

Essa carta fala de um sonho há muito acalentado e de aceitação da vulnerabilidade. Aqui se traz uma bagagem de vivências extraídas por meio de perdas e frustrações. Fala também de um novo estado de consciência, renovação, cura e ajuda divina. Representa o espírito dotado de fé, de esperança e de uma perspectiva brilhante. Temos aqui uma mistura do passado e do presente, significando inspiração. Nossos projetos e ideias vão tomando forma, tornando-se realidade.

Esse arquétipo representa crença renovada, esperança em uma vida melhor, concretização dos objetivos, assimilação da catástrofe da Torre, contato com a natureza, mudança de foco, morte da ingenuidade.

No Arcano A Estrela, podemos falar de um bálsamo nutriente e curativo. Enquanto A Torre é o ego, a Estrela é o *Self*. Nessa fase, O Louco se afastará das coisas exteriores e começará seu processo interior. Lágrimas de purificação liquefazem aspectos rígidos da personalidade. O sofrimento é agudo, não se pode negá-lo. A Estrela é um ser independente que passa por um processo de autoaceitação, sem máscaras. Seu lado sombrio ou negativo é a falta de fé, a ingenuidade, a idealização de uma pessoa, coisa ou situação e falta de objetivo.

Letra hebraica correspondente: *Tzaddi*, que significa anzol, sugerindo meditação, intimamente ligada ao uso da imaginação.

Caminho Cabalístico: é o 28º caminho na Árvore da Vida. O caminho de *Tzaddi* liga a *Sephirah Netzach* (a Vitória) à *Sephirah Yesod* (o Alicerce). Trata-se de um caminho muito poderoso, que indica a maneira pela qual a Energia Divina inerente a cada indivíduo pode ser abordada de forma adequada.

Assim, a imaginação é descrita não como a conquista de alguma coisa, mas como uma fusão de correntes da consciência individual para formar uma consciência maior. Mesmo sendo um caminho da intuição fundamental, os vasos representam uma separação para, em seguida, termos uma reintegração da força da *Sephirah Chokmah* (sentimento e intuição) e da *Sephirah Binah* (intelecto).

O simbolismo do anzol na meditação é facilmente reconhecido e entendido nos caminhos da Árvore da Vida: o anzol *Tzaddi* (A Estrela) é colocado nas águas de *Mem* (O Enforcado) para pegar o peixe *Num* (A Morte). A água é mais uma vez um símbolo da consciência. Quando praticamos a meditação e a visualização criativa, lançamo-nos no Oceano Universal, procurando compreender os processos da vida e da morte.

Título Esotérico: "A Filha do Firmamento: Aquela que Habita entre as Águas".

Atribuição Astrológica: Aquário é o signo correspondente à carta de A Estrela. É um signo de Ar, fixo, governado por Urano e Saturno. No corpo físico, Aquário governa os tornozelos, os calcanhares, o sistema circulatório e a medula espinhal.

Os aquarianos costumam ser diretos abominando as trapaças e coisas escondidas embaixo dos panos. São pessoas revolucionárias que almejam a transformação de todos. Gostam da liberdade sendo muito autossuficientes e inovadores. São idealistas e pioneiros em suas ações com dificuldade de se adaptarem ao *status quo*, sempre propondo novos valores e condutas em função de seu espírito de vanguarda, libertando-se de velhos paradigmas. Possuem um forte desejo de criar, inovar e ir além dos mistérios, enxergando além dos véus da ilusão para aniquilar a ordem vigente das estruturas arcaicas e preconceituosas.

Segundo Pramad (2003), os aquarianos aspiram princípios éticos sólidos para suas vidas. Sua missão é buscar a verdade com a intenção de tornar o mundo melhor, tanto por meio da prática de seus ideais como pelo uso de seus conhecimentos científicos. Os nativos mais genuínos são impessoais, objetivos e pouco emocionais. Atuam no mundo como cidadãos livres, sem se apegarem a nada, sentindo-se um estranho no ninho, sem raízes, com sentimento de inadequação. Podem aparentar ter mais interesse em conhecer e melhorar a sociedade do que se conhecer e se melhorar, tornando-se um desconhecido de si mesmo. Geralmente, valorizam mais a amizade do que o amor. Entregam-se intensamente a uma causa, mas têm grande dificuldade de expressar suas emoções íntimas e de manter relacionamentos profundos. Costumam ter muitos amigos. Adoram mudar e conhecer coisas novas. Possuem uma intuição aguçada. São seres que estão à frente do seu tempo. Suas tendências patológicas são a anemia, problemas de coração (Aquário é o signo oposto de Leão, regente do coração), espasmos e palpitações, intoxicações, problemas circulatórios e doenças mentais.

Os aquarianos necessitam de equilíbrio entre o saber falar e ouvir e entre o individual e o coletivo, criando uma esfera maior de entendimento mútuo. Precisa ter cuidado com o excesso de racionalização, com o medo de sonhar e de abrir o coração para o amor, com fé, confiança e coragem em seus desígnios.

Seu verbo é: "Eu sei"; e sua frase integradora é: "Eu planto um mundo melhor vivendo a consciência cósmica aqui e agora".

A Estrela liga o Céu e a Terra trazendo uma nova Era. Depois da queda do ego na carta A Torre, ficamos nus frente à vida e, com isso, podemos liberar finalmente todas as nossas emoções e sensações e, principalmente, descobrir que existe um céu estrelado à nossa espera. É a Fé Verdadeira e a Esperança de que um dia brilharemos em uníssono com aquela Estrela no Céu.

Enquanto A Temperança fala de um equilíbrio interno, A Estrela já vai interagir com o meio. Na alquimia, esta é a fase do Rubedo. Um dos aspectos do Rubedo é a *Multiplicación*. Aqui, já se coagula e emana essa energia de equilíbrio. Fala dessa integração com o meio. Ela junta A Temperança, O Diabo e A Torre e, agora, já está pronta para interagir com o meio. O Arcano A Estrela fala também de autoestima, satisfação pessoal, reconhecimento interno do seu valor, construção de vida, segurança, energia vital (libido), alegria de viver, criatividade, otimismo e desenvolvimento da espiritualidade.

A Estrela é a representação do Feminino. Pode-se dizer que ela é a união de todas as mulheres. É a representação e a integração do feminino em seus vários aspectos. Sua nudez é símbolo de pureza, transparência e inocência, representando a alma. Ela é a mais pura manifestação da Grande Deusa, anterior a qualquer envolvimento com a matéria, por isso está desnuda. Ela representa a Estrela-Guia que está ligada à imortalidade. Fala da experiência transcendental; uma experiência humana arquetípica.

No Tarô de Marselha, o vaso de uma das mãos da mulher irriga o solo e, o outro, a água do rio. Em um nível psicológico, pode representar tanto o lado benéfico quanto o lado mais destrutivo. O líquido que sai do jarro representa a energia psíquica. Quando jorra na terra de uma forma positiva, brota o verde, a árvore. A Estrela simboliza a imortalidade, a árvore, a mortalidade e a vida. As árvores têm representação com o homem material. O pássaro preto é a representação do Nigredo. O corvo é a representação do que está morto, em decomposição, o que está em *prima materia* (material inicial, necessário para o opus alquímico e a criação da pedra filosofal). O corvo é o processo que não se acaba. São as idas e vindas. Indica que ainda há conteúdos a serem trabalhados. Nessa carta está tudo lindo, integrado. O processo ainda não acabou, alcançou o Rubedo, mas a jornada continua.

Todos os quatro elementos (Terra, Água, Ar e Fogo) estão visíveis nessa carta. E dessa interação e integração surge o quinto elemento, o espiritual. O Fogo é representado na figura da Estrela, o Ar na figura do pássaro, a Água é aquela que jorra dos vasos, a Terra é onde a mulher pisa. A Estrela está nua porque pode. Ela já se despiu da *persona* e encarnou sua essência.

A Estrela nos conecta com um estado mais brilhante, vivo, mais genuíno de ser. Cada um de nós só vai brilhar no que é genuíno. O que perdura é o que é autêntico, o que está em nossa sua natureza essencial. O arquétipo A Estrela representa também o Arco-Íris, a *Cauda Pavonis*, prenúncio da experiência da totalidade. É a representação do próprio Tarô, do místico e do que vai além.

O solo amarelo representa a riqueza. A Estrela tem uma estrutura e raiz.

Escolhemos o conto "As Moedas-Estrelas", dos irmãos Grimm, para representar o arquétipo do Arcano A Estrela, destacando o que essa carta tem em comum com o conto: inspiração, criatividade, oportunidades, o espírito da humanidade, visto sob seus aspectos criativos. Nesse conto, a personagem principal é uma menina órfã que passou por muitos desafios e vicissitudes em sua trajetória de vida, mantendo-se fiel à sua essência divina.

Podemos dizer que todos os elementos contidos, tanto na carta como no conto, encontram-se em seus devidos lugares, interagindo e dessa interação surge o quinto elemento invisível: o espiritual, que dá vida a todos os outros.

Esse conto começa com uma pobre menina órfã que não tinha mais onde morar, então, sai para o mundo só com a roupa do corpo e um pedaço de pão que havia ganhado. Como era uma menina boa e piedosa, e por estar sozinha no mundo, levava em seu coração a fé em Deus. Ao longo do seu caminho, encontra um homem que lhe disse não ter o que comer, então, a menina dá seu pedaço de seu pão, dizendo: "Que Deus abençoe para ti". Continuando a caminhar, encontrou uma menina que sentia frio em sua cabeça, então a menina órfã deu seu gorro; mais adiante, deu seu corpete a uma criança que também sentia frio; e depois, encontrou outra a quem deu sua saia. Nisso já estava escuro e a menina chegou a uma floresta, onde outra criança lhe pediu algo para vestir e ela lhe deu sua blusa (a única coisa que lhe restara sobre o corpo), após ponderar que, como estava escuro, ninguém a veria sem sua blusa. Sem ter mais nada, reparou que do céu caíam estrelas que, ao se aproximarem da Terra, se transformavam em moedas. Reparou também que não estava mais nua, mas com uma roupa nova, feita do mais puro linho. Em sua nova camisa, a menina recolhe as moedas, tornando-se uma pessoa rica por toda a vida.

Esse conto, em sua interpretação espiritual mais profunda, tem uma semelhança com a carta A Estrela, pois ele nos adverte para nossa necessidade de voltarmos para o lado espiritual, bem como à fé em nós mesmos, confiança na existência e em Deus. Fala-nos também que todos os nossos esforços empreendidos, por exemplo, bondade, boa vontade, entrega e altruísmo sincero, serão retribuídos em forma de abundância, simbolizada pelas moedas que caíram do céu.

A menina órfã canalizou toda a sua vontade para beber da própria fonte interior, revitalizando-se com essa água. Ela passou por muito sofrimento e por uma prova irrefutável de "fracasso" e de "miséria". Mesmo assim, não perdeu a autoconfiança, considerada a base da coragem sadia, que faz com que tenhamos a certeza do caminho que trilhamos. Como em A Estrela, o conto fala da realização de um sonho e, também, de ver a luz no fim do túnel, com uma fé e confiança inabaláveis.

Esse arquétipo nos dá luz para navegarmos em águas desconhecidas e irmos ao encontro da nossa realização pessoal, ressurgindo dos escombros da carta A Torre mais fortes. É uma carta de poder visionário que traz a sensação de quem somos verdadeiramente e para onde estamos indo, trazendo motivação e paz de espírito. Dessa forma, você se sente em contato com a energia universal, na qual existe fé verdadeira em dias melhores.

A nossa heroína, a menina órfã, não fica zangada e aceita tudo que lhe acontece, e continua confiando em Deus e em tudo que a vida lhe traz. Dessa maneira, mesmo sem abrigo, sem comida e com frio, ela é capaz de sentir gratidão em seu coração generoso e bondoso, passando a receber as dádivas dessa aceitação e gratidão em forma das moedas-estrelas que caem do céu sobre ela, tornando-a rica para sempre.

A maioria dos mestres espirituais diz que quando se é capaz de sentir gratidão, aceitando a vida como ela é, tanto na dor quanto nos momentos felizes, sem distinção, nos beneficiaremos das dádivas da gratidão. É da qualidade dessa aceitação por tudo que a vida nos traz que as tensões e os descontentamentos desaparecem. E se a cada momento da nossa existência exercitamos nossa gratidão, começaremos a sentir uma alegria sem razão que irá durar para sempre.

Quando sai num jogo, no aspecto positivo, fala de otimismo, novidades, fé, esperança, dádivas celestiais, reconhecimento cósmico. Pode-se dizer que é o momento de pensar e refletir, mas que tudo vai dar certo no futuro. É uma carta que fala de transparência, honestidade e riqueza interior, saúde física e emocional. Nova consciência que substitui a velha. Oportunidade de uma vida nova. Relacionamentos novos ou novidades nos relacionamentos. Fase agradável de descobertas internas. Coragem e força. Capacidade de relaxar e viver suas próprias experiências e critérios.

Quando no negativo: sinaliza cuidado, você pode estar muito ingênua (o). Pode indicar superficialidade, falta de compromisso, prisão nos velhos padrões ou crenças, reformismo compulsivo, fragilidade por se expor desnecessariamente, falta de cuidado consigo mesmo e desconexão com os sentimentos, repetição de padrões obsoletos, excesso de espírito crítico e condenatório, fruto de um complexo de inferioridade adquirido em uma infância de críticas e desvalorização. Pode indicar também intolerância, incapacidade de relaxar e viver a própria vida, falta de raiz, podendo se tornar lunático, mental, superficial e mesquinho.

Se a pergunta for: será que eu vou melhorar? A resposta é sim, podendo não ser imediatamente, mas no futuro há esperança.

Imagem: a Fé, a Esperança, a Confiança, a Direção, o Futuro. A Estrela-Guia, a Estrela de Belém, a Estrela Cadente, a Astrologia, a Caixa de Pandora.

Imagens Arquetípicas

| Tarô Mitológico | Tarô de Marselha | Tarô de Rider-Waite |

Afirmação para A Estrela: "Confio na estrela da esperança entregando-me a orientação divina que ouvirei por meio da compreensão e dos insights que chegarão através da sintonia do meu silêncio interior" (Reis Merath, Elizabeth).

O Mito de Pandora

Aqui encontramos Pandora que, segundo a mitologia grega, abriu a arca que Zeus havia maliciosamente doado à humanidade, liberando todos os males. Depois que Prometeu roubou o fogo sagrado para doá-lo aos homens, o rei dos deuses resolveu punir severamente a raça humana, o que culminou em uma grande inundação, descrita na carta O Enforcado. Entretanto, antes da inundação, a raiva de Zeus foi mais sutil, mas não se aplacou. Ele pediu a Hefesto, o deus ferreiro, para fazer um corpo de argila e água, dar-lhe força vital e voz humana, e fazer dele uma virgem de grande beleza equiparada à das deusas do Olimpo. Todas as divindades acumularam a criatura de dons especiais e foi-lhe dado o nome de Pandora. Mas Hermes colocou traição no seu coração e mentiras em sua boca. Zeus enviou essa mulher para Epimeteu, irmão de Prometeu, juntamente a uma grande arca. Mas Epimeteu, que havia sido avisado pelo irmão a não aceitar qualquer presente de Zeus, inicialmente a recusou. Contudo, depois, lembrando-se da terrível vingança que o rei dos deuses havia infligido a Prometeu, apressou-se em casar com Pandora.

Antes de ser aprisionado e acorrentado em seu rochedo solitário, Prometeu conseguiu advertir Epimeteu a não tocar na arca e este, por sua vez, avisou Pandora. Mas, apesar de sua beleza, Pandora era preguiçosa, perversa e ignorante. Não levou muito tempo para que sua curiosidade a fizesse abrir a arca, e os terríveis males que Zeus havia ali colocado escaparam e se espalharam sobre toda a Terra, contagiando a humanidade. Somente a esperança que, de alguma forma, havia sido presa na arca com os males, não fugiu (mito baseado em BURKE; GREENE, 2007).

As perguntas da Estrela são:

Você acredita no seu potencial de realização?
Você confia em si mesmo e cria suas próprias oportunidades?
Você se sente conectado com a Energia Universal?
Como você pode se tornar uma pessoa mais otimista?

Atividade

Colagem do arquétipo da sua Estrela (use uma folha de papel canson A4, 220 gramas, dividida ao meio).
Tema: Minha nudez.
Represente seu Arcano A Estrela por meio de recortes de revistas, podendo pintar, desenhar e colar materiais diversos (tecido, madeira, pedaço de jornal, papéis coloridos, etc.) e o que mais sua imaginação quiser.

Após a atividade, faça uma escrita criativa e intuitiva a seu respeito.
Dialogando com a colagem
Descreva a imagem que vê:
Quais os sentimentos ela lhe desperta?
Qual o caminho ela lhe indica?
A Imagem lhe diz:
Eu sou...
Eu quero..

Eu posso..
Eu vou...
Minha mensagem é..

A LUA – ARCANO 18
– O Inconsciente, a Intuição

O número 18 simboliza o oculto que, por redução numérica, tem relação com o número 9, o número da escuridão, do inacessível. No Tarô Egípcio, este Arcano é chamado "O Crepúsculo" e, no Tarô Zen, de Osho, "Vidas Passadas". A Lua simboliza nossa imaginação, bem como nossos poderes intuitivos que procedem do nosso interior. Ela é a causadora das mudanças cíclicas. Em alguns Tarôs, podemos perceber ao fundo uma planície deserta, com dois castelos, ou duas pirâmides, ou duas torres, colocados um de cada lado. A Lua está decrescendo, mas ainda ilumina a Terra.

No Tarô de Marselha, há um pântano e uma Lua suga a lama dele. Isso é visto pelas gotas na parte de cima que aparecem na carta. Dois cachorros, um servil e outro hostil, uivam para a Lua. E em outros Tarôs, podem aparecer um cachorro e um lobo uivando para ela.

Para Crowley, esses cachorros que aparecem nas cartas de diferentes tipos de Tarôs seriam mais bem representados pelo deus egípcio Anúbis, em sua forma dupla, pois é o encarregado dos mortos, governa os ritos funerários e a viagem das almas para o outro mundo. Essas duas figuras seguram nas mãos a Cruz Ansata, que é a chave para abrir a porta para o mundo da eternidade. As torres guardam tudo que possa prejudicar o ser humano em sua evolução, por exemplo, registros do passado, o carma, etc. Esse Arcano também pode representar, no seu aspecto negativo, a Lua negra, que leva o homem às drogas, ao escapismo, às ilusões e à total falta de luz. Podemos dizer que a Lua negra simboliza a magia negra, que serve às forças involutivas do planeta.

No Tarô Mitológico, vemos as três faces da deusa grega Hécate, que como as três fases das Moiras, refletem as inevitáveis fases mutáveis da vida. Esse Arcano simboliza também o inconsciente profundo e as muitas faces da personalidade que precisam vir à tona para serem iluminadas, separando o sonho da realidade. A Lua aponta para o fim da ignorância e o despertar da luz para podermos nos curar das feridas da infância.

O arquétipo de Hécate é considerado em outras versões a Deusa Tríplice ou o feminino sagrado, estando relacionada às três fases da Lua e também a diferentes fases da vida do desenvolvimento do feminino (a menina, a mulher e a velha sábia).

Como nos diz Burke e Greene, em seu sentido interior, Hécate, a deusa da Lua, é a imagem das profundezas misteriosas do inconsciente, sendo como um "espelho mágico" que faz com que vejamos nossas ilusões e fantasias projetadas no outro e tudo aquilo que não podemos ver em nós mesmos, por estar encoberto pela Lua, como nossos medos infantis e traumas do passado. Já nos deparamos com esse estranho e fugaz reino em outras duas cartas dos Arcanos Maiores: A Sacerdotisa e A Roda da Fortuna. Essas três cartas estão ligadas em seu significado, e representam uma progressão no aprofundamento da compreensão e da experiência do mundo do inconsciente. Por intermédio de A Sacerdotisa (Perséfone), O Louco tomou consciência da intuição que provém de suas profundezas pessoais, de um "eu" secreto que existe por trás de sua vida cotidiana. Segundo Burke e Greene (2007, p. 96), "por meio das Moiras que presidem a Roda da Fortuna, ele experimentou o poder do Destino por intermédio de mudanças bruscas que revelam uma lei invisível ou um padrão intencional interior. Na carta da Lua, encontramos na imagem de Hécate o oceano da grande coletividade do inconsciente, do qual não somente o indivíduo, mas a própria vida emergiu".

Podemos associar o Arcano A Lua ao conto "La Loba", em que encontramos o arquétipo da mulher selvagem. Clarissa Pinkola Estés nos lembra de que essa figura arquetípica é considerada a velha sábia que habita em todos nós. Ela conhece o passado pessoal e remoto, viajando simultaneamente para o passado e para o futuro. Entendo que La Loba simboliza nosso inconsciente pessoal e coletivo, que é atemporal. Em sua história, La Loba "canta sobre os ossos que reuniu. Cantar significa sussurrar a verdade do poder e da necessidade de cada um, soprar alma sobre aquilo que está doente ou precisando de restauração" (ESTÉS, 1992, p. 45). Mas, esta regeneração só acontecerá quando adentrarmos no ponto mais profundo do amor, do sentimento e do desejo de vínculo com nosso *Self* selvagem, a fim de que ele venha à tona e se manifeste para que a expressão da nossa alma surja a partir desse estado de espírito. Esse conto nos adverte para não cometermos o erro de querer tirar esse sentimento profundo de um ser amado, pois esse compromisso feminino de descobrir e entoar o hino da criação é um fazer individual e solitário, que se realiza no deserto da psique. Tanto a deusa Hécate como La Loba representam a velha sábia vidente que traz para si a essência da terra e a inspiração divina.

No conto "La Loba", diz-se que existe uma velha que vive em um lugar oculto que todos sabem, mas que poucos viram ou conhecem. Como nos contos de fadas da Europa oriental, ela parece esperar que cheguem até ali pessoas que se perderam, que estão vagueando ou à procura de algo. Ela é circunspecta, quase sempre cabeluda, invariavelmente gorda e demonstra especialmente querer evitar a maioria das pessoas. Ela sabe crocitar e cacarejar, apresentando, em geral, mais sons animais do que humanos. Diz-se que ela vive entre os declives de granito decomposto no território dos índios Tarahumara; e que está enterrada na periferia da cidade de Phoenix, perto de um poço

Ela é conhecida por muitos nomes: La Trapera, a Trapaceira, e La Loba, a Mulher Lobo. O único trabalho de La Loba é o de recolher ossos. Sabemos que ela recolhe e conserva especialmente o que corre o risco de se perder para o mundo. Sua caverna é cheia dos ossos de todos os tipos de criaturas do deserto: o veado, a cascavel, o corvo. Diz-se, porém, que sua especialidade reside nos lobos. Ela se arrasta sorrateiramente à procura de ossos dos lobos e, quando consegue reunir um esqueleto inteiro, quando o último osso está no lugar e a bela escultura branca da criatura está disposta à sua frente, ela se senta junto ao fogo e pensa na canção que irá cantar. Quando se decide, ela se levanta e aproxima-se da criatura, ergue seus braços sobre o esqueleto e começa a cantar. É aí que os ossos das costelas e das pernas do lobo começam a se forrar de carne e que a criatura começa a se cobrir de pelos. La Loba canta um pouco mais e uma proporção maior da criatura ganha vida. Seu rabo forma uma curva para cima, forte e desgrenhada. La Loba canta mais, e a criatura-lobo começa a respirar.

E La Loba continua cantando com tanta intensidade que o chão do deserto estremece e, enquanto canta, o lobo abre os olhos, dá um salto e sai correndo pelo desfiladeiro. Em algum ponto da corrida, quer pela velocidade, por atravessar um rio respingando água, quer pela incidência de um raio de sol ou de luar sobre seu flanco, o lobo, de repente, é transformado em uma mulher que ri e corre livre na direção do horizonte.

"Por isso, diz-se que, se você estiver perambulando pelo deserto, por volta do pôr do sol e quem sabe esteja um pouco perdido, cansado, sem dúvida, você tem sorte, porque La Loba pode simpatizar com você e lhe ensinar algo – algo da alma. La Loba indica o que devemos procurar – a indestrutível força da vida, simbolizada pelos ossos" (ESTÉS, 1992, p. 44). O conto é baseado no livro *Mulheres que Correm com os Lobos* (1992, p. 43 e 44).

Letra Hebraica: *Kof*; é a letra atribuída à Lua. Segundo Pramad (2003, p. 185), "significa 'a parte posterior da cabeça' e está relacionada com o cerebelo, que é um órgão de vital importância, pois governa os chamados processos involuntários, como as pulsações cardíacas e a respiração. É o elo entre os centros cerebrais superiores e a medula espinhal. A função corporal atribuída a esta letra é dormir..."

Caminho Cabalístico: é o 29º caminho na Árvore da Vida. O caminho de *Kof* liga a *Sephirah Netzach* (a Vitória) à *Sephirah Malkuth* (o Reino), e é descrito não apenas como a "Vitória do Mundo Material", mas também como o "efeito enganador do aparente poder das Forças Materiais". Crowley chama este caminho de "Portal da Ressurreição" ou "Limiar da Vida" ou "Renascimento Espiritual". Segundo Wang, esse é um caminho que pode ser considerado em dois níveis: o primeiro, é a etapa em que a Alma, ao encarnar, organiza o corpo físico que irá habitar. Refere-se a um "sono" que antecede a consciência normal do estado de vigília, que é uma forma de pré-consciência que se diferencia em matéria a partir da inconsciência coletiva de *Netzach*. No segundo nível, no que diz respeito à pessoa que está se desenvolvendo espiritualmente, é uma conquista dos fantasmas refletidos pelo mundo material. Esse é um caminho de provação, no qual o buscador deve enfrentar e vencer os fantasmas das profundezas mais escuras de sua mente (inconsciente pessoal) e também aqueles da humanidade (inconsciente coletivo). Nesse sentido, ele pode ser um caminho terrível e assustador, implicando a existência de perigos reais para a estabilidade emocional daqueles que não forem suficientemente fortes para lidar com essa experiência. Essas perturbações internas podem ter como consequências sérios problemas físicos. No entanto, a tradição espiritual afirma que atravessar esse caminho com sucesso concede poderes ao iniciado. Quando matamos os dragões dos profundos recessos da nossa consciência adormecida e compreendemos seus mecanismos, adquirimos uma força interior muito grande, que não só nos beneficiará em nosso crescimento, como também no dos outros.

Assim, aquilo que é simbolizado pela Lua precede a brilhante consciência do Sol. No caminho de *Kof*, A Lua, vai do lado escuro da nossa natureza para o lado claro, onde incide a luz do Sol.

Nos manuscritos da Ordem da Aurora Dourada, a figura do caranguejo, presente na maioria dos Tarôs, deriva do Escaravelho. Crowley desenvolveu essa ideia, fazendo do Escaravelho o elemento central de sua carta e enfatizando os aspectos sombrios do caminho.

Wang nos diz que o besouro ou *Scarabaeus* (chamado de *khepera* pelos egípcios) era o principal símbolo de Deus. Trata-se de um besouro que põe ovos em bolinhas de excrementos, que são empurradas a certa distância onde estes se abrem após ficarem expostos ao calor do Sol. A bola de excremento foi considerada equivalente ao próprio Sol, pois contém tudo o que é necessário para o crescimento e a nutrição.

Sob alguns aspectos, esse caranguejo que emerge das águas é, ao mesmo tempo, de natureza superior e inferior, significa a evolução orgânica da espécie humana.

Títulos Esotéricos: "O Regulador do Fluxo e do Refluxo"; "O Descendente dos Filhos do Poderoso".

É o caminho da inteligência corpórea, unindo a natureza física e emocional. Temos aqui o aprimoramento do corpo biológico, para melhor entrar em contato com os planos sutis. Nesse caminho, o iniciado toma consciência de seu corpo físico como instrumento fundamental para sua evolução, encontrando-se com os fantasmas do mundo material da *Sephirah Malkuth* que se instalaram em sua mente quando ele encarna neste mundo. Podemos dizer que são os fantasmas da escuridão do inconsciente coletivo que fazem parte da busca da purificação necessária para o nascimento de um novo ser individualizado.

Segundo alguns estudiosos, o corpo físico é moldado por nossas experiências e processos internos. A Lua está falando de um processo de encarnação. No sentido religioso, a alma, antes de encarnar, prepara o corpo que ela vai habitar. No sentido alquímico, só encarnamos de verdade quando reconhecemos nossos processos internos. A pessoa não tem consciência da reação do corpo porque ela está "dormindo", podendo gerar instabilidade emocional e sérios problemas físicos.

O caranguejo é um símbolo das profundezas, que vive na lama. Nessas águas escuras (*nigredo*) está a luz de Deus ou o *Self*. É nessas profundezas que encontraremos a Pedra Filosofal ou o Ouro Alquímico.

A experiência da Lua é uma etapa intermediária: nem alcançou o que almeja nem está no começo, a pessoa está passando por um processo emocional pelo qual ela pode se transformar.

A Lua tem uma ligação forte com A Sacerdotisa, em que voltamos à dualidade, nos confrontando com as questões mais profundas do inconsciente. A Lua fala do reconhecimento do mundo interno, em que aprender a lidar com as emoções acaba sendo o caminho para nossa consciência corporal. As emoções fertilizam a aridez do nosso racional. Na Lua, já passamos pelo Diabo e, de alguma maneira, já vimos esse lado instintual. A Lua traz o questionamento: quem sou eu fora e dentro de mim? Em algum momento, nós buscamos controlar nossos instintos. Essa carta chama atenção para isso, para não ficarmos dissociados do nosso mundo interior. Ela provoca essa reflexão e a necessidade de integração, sendo uma carta de profunda transformação interna.

Atribuição Astrológica: signo de Peixes. É um signo de água, mutável e feminino, governado por Netuno e Júpiter. Rege os pés, as mucosas, o sistema linfático e a aura. Segundo Pramad, o signo de Peixes, por ser o último signo do zodíaco, traz a possibilidade de transcendência e sua missão é servir. Os piscianos são muito sensíveis e impressionáveis, desequilibram-se com muita facilidade. Seu estado psíquico se reflete na sua saúde física, como em nenhum outro signo.

Os piscianos normalmente são muito virtuosos: intuitivos, imaginativos, sensíveis, compassivos, humildes, empáticos e solidários. Suas ações costumam ser guiadas pelas emoções. Possuem grande capacidade de doação e amor ao próximo, e muitas vezes esquecem-se de si, abdicando-se da própria vida em benefício dos outros. Normalmente são pessoas sensitivas que captam as vibrações à sua volta. São tímidos, retraídos, com certa dificuldade para suportar as pressões e tensões da vida material. No amor são singulares, imaginativos e pouco convencionais. Gostam de criar as próprias regras e viver a vida à sua maneira. Seu temperamento extremamente sensível e emotivo pode ser seu ponto fraco, necessitando de um parceiro que saiba lidar com essas emoções afloradas. Não gostam de conflitos, e para Peixes é muito importante encontrar um equilíbrio nas relações. Costumam gastar muita energia nos relacionamentos, em questões afetivas e emocionais. Um dos seus piores defeitos é a distração.

Pramad nos lembra de que existem dois tipos de piscianos, sendo o primeiro mais intuitivo, espiritualizado, livre das prisões dos valores relativos à vida material. É o buscador da verdade, sendo altruísta, humanitário, criativo e inspirado. O segundo tipo é escapista, disperso, indolente, muitas vezes com vícios em drogas, com baixa autoafirmação e autoestima. Adora se colocar no lugar de vítima. O primeiro tem tendência a entrar em comunhão com o Universo. Seu espírito humanitário, compassivo e tolerante o leva a se entregar amorosamente ao mundo. Já o segundo está desconectado de si mesmo e acaba se confundido e confundindo os outros.

O pisciano tem tendência a engordar, a sofrer dos pulmões, das glândulas e a padecer de inchaço nos pés, sendo muito vulnerável a intoxicações e infecções. Suas crises emocionais o deixam frequentemente fora da realidade.

Seu verbo é: "Eu acredito"; e sua frase integradora é: "Eu sou um na minha integração com a vida".

Também podemos associar A Lua a Ártemis, a deusa grega da caça e do parto. A Lua tem ligação com a força selvagem e rege a mulher. É um caminho relacionado às forças instintuais, fora do controle moral. Ela vem com tanta força que não dá para controlar. Esse arcano está intrinsecamente ligado à morte e à ressurreição. Na Lua, a pessoa se volta para o mundo das imagens do inconsciente pessoal e também do inconsciente coletivo.

A Lua provoca sentimentos estranhos na pessoa, que fica tomada por essa energia, podendo levá-la para o grupo a qual ela pertence. A Lua é a casa do inconsciente, dos nossos medos, da nossa sombra, do nosso lado desconhecido, dos nossos conflitos, de nossas flutuações, decepções, tristezas, melancolia, confusões e oscilações de humor. Tem a ver com relações familiares e as circunstâncias que nos põem à prova para proporcionar nosso crescimento interior. Fala de intuição, de cura, de momentos cíclicos e de incertezas.

Verbos: sentir, perceber, assimilar, aceitar, constatar.

A Lua fala de ilusões, de perder o contato com o corpóreo e ficar no mundo da fantasia. Não é por acaso que a palavra lunático está associada à loucura. Nas noites de Lua Cheia, constata-se o aumento do número de suicídios e de partos.

Considerando as três etapas dessa jornada mítica, podemos dizer que os Arcanos 4, o 11 e o 18 estão conectados, apesar de estarem em etapas diferentes. O homem social seria O Imperador, que simboliza o nascimento da consciência, mas ainda reprime seus instintos estando mais voltado para a matéria. Em A Força, está começando o mergulho, mas ainda está driblando os instintos. Em A Lua, a pessoa já mergulhou totalmente. Nesse ponto, é preciso encarar nosso lado selvagem, instintivo e socialmente domesticado, eliminando nossos mecanismo de defesa intelectual e moral (Superego), para ouvir a voz da nossa essência. Aqui, estamos falando do processo Vida/Morte/Ressurreição.

Essa carta não tem seres humanos, revelando o total predomínio do inconsciente. Este mergulho é muito profundo. Só podemos coagular se unirmos o que está cindido, mergulhando profundamente no inconsciente. Quando a pessoa está em surto, essa carta pode aparecer para ela. A carta tem relação com os medos coletivos. A luz fria da Lua também acalma. Quando é que ela nos acalma? Quando trabalhamos nossos medos.

As torres que aparecem em alguns Tarôs formam um portal, representando a passagem pela morte e pelo renascimento.

A Lua pode falar de uma depressão crônica. Essa carta acolhe os dois aspectos da depressão: o destrutivo patológico e o criativo. Depois que saímos da Lua vamos ao encontro da nossa dimensão indestrutível, que é nossa flor de lótus, que nasce do lodo.

Os cachorros também podem representar conteúdos novos que emergem do inconsciente ou aspectos devoradores de nós mesmos que nos devoram até serem reconhecidos e compreendidos. Simbolizam aspectos duais de nossa personalidade que geram conflitos internos.

No simbolismo do Tarô de Marselha, as nove gotas do lado direito representam o sangue da Grande Mãe, enquanto as dez gotas do lado esquerdo representam o perdão.

O Arcano A Lua é um "puxão de orelha" da natureza para nós revermos algum ponto esquecido. O caranguejo anda para trás nos lembrando de que precisamos resolver alguma coisa do passado que ficou pendente. O caranguejo também serve de ponte e se conseguirmos atravessá-la, chegaremos à cidade dourada, ou seja, à iluminação que vem do Sol.

Quando sai num jogo, pode indicar um momento de confusão, de tristeza, de conflitos, de falta de clareza para enxergar as coisas, de negatividade, de desgaste, de perda de energia e de medo, mostrando um período em que as emoções estão bastante aguçadas. Pode sinalizar um estágio de exacerbação do inconsciente, no qual emoções perturbadoras estão tomando conta. Tende a ser um momento difícil, mas também muito fértil, de criação e produção. Às vezes pode significar que se deva desistir de algo. Diz respeito a uma etapa de retraimento e bloqueio, mas de intensa imaginação. Quando sai junto à carta O Eremita ou O Hierofante, denota um momento de tentar conhecer seus conteúdos internos. Quando sai junto de O Mundo, de A Imperatriz ou de A Força, pode representar gravidez.

Na parte afetiva, fala de coisas não claras nos relacionamentos, por exemplo, decepções, medo de se envolver e se decepcionar, relacionamentos de fachada ou ilusórios. Mostra que a pessoa tem tendência a se iludir e criar fantasias. Pode indicar medo do abandono e da rejeição, levando a pessoa a vivenciar inconscientemente as emoções dos piores momentos da sua infância. Mostra que a pessoa não acredita em si, nem no seu amor, nem em sua beleza, e que quase sempre sabota seus relacionamentos se fechando para não se envolver com ninguém. Quando a pergunta está relacionada à saúde, essa carta fala dos ciclos menstruais, de tristeza, depressão, infecção por vírus ou bactérias, estado de inconsciência e escapismo. Na parte material, pode mostrar desgaste no trabalho, pois a pessoa pode estar sendo sugada por energias intrusas, perdendo dinheiro sem perceber, principalmente se sai perto da carta O Diabo.

Mensagem de A Lua: caminhar sem negar as dificuldades, no caminho do Sol. A Lua pode ser considerada um portal para o Sol.

Imagem: Ilusão, Sonho, Sono, Saudade, Passado, Fantasia, Miragem, o Inconsciente, o Irracional Emocional, o Conto de Fadas, o Encantamento, o Feitiço, a Sombra, o Jogo de Espelhos, a Lua, o Reflexo da Luz, o Guardião do Umbral. Maya, Kali, Lilith, Medusa, Hidra, Hécate, as Senhoras do Pássaro da Noite, a Feiticeira, o Lunático, a Magia Lunar, a Noite, La Loba, a Deusa Tríplice, Vidas Passadas.

Imagens Arquetípicas

Tarô Mitológico    Tarô de Marselha    Tarô de Rider-Waite

Afirmação para A Lua: "Estou em harmonia com minha sabedoria interior, e minha vida é enriquecida por uma compreensão intuitiva e uma percepção humana" (DICKERMAN, 1998, p. 258).

O Mito de Hécate

Aqui encontramos Hécate, a antiga deusa grega do submundo, regente da Lua, da magia e dos feitiços. Na mitologia, Hécate era, às vezes, confundida com Ártemis, a deusa da Lua, uma divindade bem mais antiga e poderosa, tanto no céu quanto embaixo da terra. Filha de Zeus e Hera, Hécate incorreu na ira da mãe ao roubar-lhe um pote de ruge. Ela fugiu para a Terra e escondeu-se na casa de uma mulher que estava prestes a dar à luz. A experiência com o nascimento tornou-a impura e, como consequência, foi levada ao submundo para que a mancha fosse lavada. Ao contrário, ela se tornou uma das soberanas do submundo e foi chamada de a Rainha Invencível, presidindo as purificações e as expiações. Como deusa dos feitiços, ela enviava demônios à Terra para atormentar os homens em seus sonhos, sendo acompanhada de Cérbero, o guardião de três cabeças do portal do Submundo, que era sua forma animal e seu espírito familiar. Os lugares que ela mais assombrava eram as encruzilhadas, tumbas e cenas de crimes; por isso é que imagens sagradas eram erigidas nas encruzilhadas e veneradas na véspera de Lua Cheia.

O próprio Zeus honrou Hécate de tal forma que nunca lhe negou o antigo poder que sempre possuiu: o de conceder ou de negar os desejos dos mortais. Suas companheiras no Submundo eram as três Erínias ou Fúrias, que castigavam as ofensas contra a natureza e representavam, de maneira ameaçadora, as três Moiras ou o Destino. E, assim, Hécate é uma das mais antigas imagens da mitologia grega presidindo a magia, o nascimento, a morte, o submundo e o destino (mito baseado em BURKE; GREENE, 2007).

As perguntas da Lua são:

O que aconteceu com a voz de sua alma?
Como está seu relacionamento com seu *Self* instintivo?
Quando foi a última vez que você correu livremente?
O que você deve fazer para que sua vida volte a ter vida?

Atividade

Colagem do seu arquétipo da Lua (use uma folha de papel canson A4, 220 gramas, dividida ao meio).

Tema: Meu *Self* instintivo.

Represente seu Arcano A Lua por meio de recortes de revistas, podendo pintar, desenhar e colar materiais diversos (tecido, madeira, pedaço de jornal, papéis coloridos, etc.) e o que mais sua imaginação quiser.

Após a atividade, faça uma escrita criativa e intuitiva a seu respeito.

Dialogando com a colagem

Descreva a imagem que vê:
Quais sentimentos ela lhe desperta?
Qual o caminho ela lhe indica?
A imagem lhe diz:
Eu sou..
Eu quero..
Eu posso..
Eu vou...
Minha mensagem é...

O SOL – ARCANO 19
– A Consciência

O 19 é o número da verdade criadora, da virtude e está vinculado ao Sol. É um número relacionado com o 10 e com o 1 (19 = 1 + 9 = 10 = 1 + 0 = 1), e passa a ideia de ciclo completo, voltando à unidade, ou seja, à individuação.

Na maioria dos Tarôs, vemos um Sol com um brilho intenso, fonte de vida, luz e de energia, com seus raios luminosos trazendo a consciência divina, iluminando toda a carta. Duas crianças nuas ou quase nuas aparecem em alguns Tarôs, sendo que, no Tarô Egípcio, são substituídas por um casal de namorados, simbolizando a união necessária à criação e preservação da vida. No Tarô de Rider-Waite, temos uma criança sobre um cavalo e, no fundo, muitas flores simbolizando a pureza, a natureza e a liberdade que isso traz. No Tarô de Crowley, são duas crianças com asas de borboleta, de braços abertos para receberem as bênçãos do Sol, dessa energia vital e luminosa. Em volta da carta encontramos círculos de cores com as figuras zodiacais sobrepostas neles, circundando a carta, mostrando que toda forma de energia parte do Sol. O muro, que aparece na maioria das cartas O Sol, representa o poder de consolidação no mundo material.

O Sol representa o reencontro consigo mesmo, com sua própria luz. Na figura das duas crianças que se encontram sob a luz radiante do Sol, saímos da noite escura da alma e, de braços dados com o Sol, somos iluminados por ele. Sua energia poderosa deve ser utilizada para o crescimento e a criatividade, já que sua luz simboliza um guia de conhecimento intuitivo que leva à liberdade.

Segundo *O Tarô Mitológico* (2007), esse Arcano está relacionado com Apolo, o radiante deus Sol, cavaleiro do Olimpo, sendo considerado o senhor das profecias, da música e do conhecimento, cujo apelido era Febo, significando aquele que brilha. Sua coroa de louros era usada para homenagear os vencedores de torneios atléticos ou concursos artísticos. O espírito empreendedor e a coroa da vitória são ambos os aspectos do deus Sol.

Apolo curava com sua música os sofrimentos e os medos que lhe eram apresentados, sendo essa a forma de expressão que o deus Sol utilizava para transformar a escuridão em luz e significado. Apolo nos lembra de que das trevas nasce a luz.

Segundo Burke e Greene (2007, p. 99): "As flechas de longo alcance que Apolo utilizava deram-lhe o epíteto de 'Apolo de Grande visão', o que implicava o deus ser a imagem daquela nossa parte que pode enxergar o propósito e a razão das experiências muito antes de tê-los emocionalmente processado e eventualmente superado".

Neste momento de sua jornada mítica, O Louco encontra com Apolo, que lhe traz esperança e clareza após a longa noite escura passada no útero de Hécate (A Lua). Após muitos erros e acertos, constatamos que O Louco conseguiu manter seus objetivos e integridade pessoal, iluminando sua sombra com os raios de Sol.

Em *O Tarô Mitológico* (2007), Apolo é a imagem da esperança e da fé que surge em nós, independentemente das nossas tendências, resgatando uma herança humana de nobreza e a determinação que pode restaurar a fé de O Louco em si mesmo e na humanidade. A carta O Sol simboliza o espírito indomável, que sempre combateu as superstições, a inércia, a ignorância, a submissão ao fatalismo, ao desespero e aos medos primitivos.

Podemos também relacionar o Arcano O Sol com o mito da criação iroquês, "Os Dois Gêmeos", por sua riqueza simbólica. Essa relação se dá por encontrarmos em alguns Tarôs a figura central de duas crianças gêmeas, que também simbolizam as duas partes opostas da personalidade: a intelectual e a emocional, a material e a espiritual, o masculino e o feminino, o consciente e o inconsciente, a sombra e a luz, nos colocando frente a essas dualidades dos opostos que acontecem tanto interna quanto externamente.

O mito dos dois gêmeos tem seu início quando o mundo ainda não existia, não havendo nada sobre a Terra... Existia apenas um oceano imenso, onde viviam os peixes e os animais das profundezas, e o ar, com as aves marinhas. E, acima de tudo, havia o mundo dos deuses parecidos com gente: o Mundo do Céu. No centro mundo, ficava a Árvore Sagrada do Centro do Universo, a qual todos eram proibidos de tocar. Ela existia desde sempre, era enorme e possuía ramos sempre carregados de todos os tipos de folhas, flores e frutos.

Nesse mundo, havia um casal. A mulher grávida teve sua filha e, logo, a ensinou a andar em volta da Terra. Continuaram caminhando, e a filha foi crescendo, até que virou uma mulher. E nunca conheceu ninguém como ela e a mãe. Um dia apareceu um homem desconhecido, que alguns dizem tratar-se do Vento Oeste. Quando a menina o viu, sentiu coisas que nunca havia sentido; ficou com medo, com um calorzinho gostoso, o coração acelerado e desmaiou.

O homem colocou duas flechas em cima dela, uma pontuda e outra redonda, e foi embora sem dizer nada. Ela acordou como se nada tivesse acontecido e continuou andando. Depois de um tempo, descobriu-se que ela estava grávida. Só não se sabia que eram gêmeos: um destro e outro canhoto. E, mesmo dentro da barriga, já brigavam. Já no nascimento, foi a maior confusão. O destro queria nascer como todo mundo nasce, por baixo. Porém, o canhoto cismou que tinha visto uma luz em cima e queria nascer por lá. O canhoto tentou e como não conseguiu sair nem pela boca, nem pelo nariz, forçou sua saída pelo sovaco esquerdo e acabou matando sua mãe.

Os gêmeos passaram a vida brigando, pois eram muito diferentes. O destro era um homem "reto", fazia tudo certo e só dizia a verdade. O canhoto era "torto", só fazia as coisas por desvios e nunca falava a verdade. Juntos criaram muitas coisas, o que foi bom, pois, como eram contrários, acabaram criando um mundo equilibrado. Pegaram a argila e criaram vários animais. O destro fez o cervo. O canhoto fez o leão das montanhas que come o cervo. O destro fez todas as plantas de comer. O canhoto fez todos os espinhos e todas as ervas venenosas, mas essas mesmas plantas que matam também curam, servem de remédio nas mãos do curandeiro, ou seja, trazem a saúde ou a doença. E juntos criaram o ser humano a partir da argila, como uma cerâmica.

Até que cresceram e chegaram à conclusão de que as coisas não poderiam continuar desse jeito, teria de haver um vencedor. E decidiram duelar. A princípio, competiram em um jogo iroquês com caroços de ameixa, em que apenas um lado é queimado até escurecer, jogam-nos e contam quantos lados queimados ficaram para cima. Jogaram o dia inteiro e terminaram empatados. E foi assim em todos os embates: a cada dia tentavam algo diferente, duelavam o dia inteiro e terminavam empatados. Os dois então pararam e pensaram: no fundo, reconheciam ter um ponto fraco e, se um tinha, o outro também deveria ter. Dessa forma, para o duelo final, cada um tinha de descobrir o ponto fraco do outro, pois só assim um dos dois poderia vencer.

Conversaram tanto que as mentes começaram a se misturar e, depois de muito tempo, tudo o que cada um conseguiu descobrir foi o próprio ponto fraco. Combinaram, então, de contar um para o outro sua própria fraqueza para o embate final. Porém, o canhoto, que só mentia, disse a verdade e contou que a ponta do chifre de um veado o mataria. E o destro, que só dizia a verdade, mentiu: "Ah, qualquer pedaço de pau me mata...".

Foram à luta. O canhoto com uma arma que não servia para nada e o destro com a arma certa. Com um simples golpe, o destro destruiu o irmão e venceu com uma mentira e traição. Ao retornar para casa, encontrou a avó furiosa. Discutiram e, no meio da raiva, o irmão destro arrancou a cabeça da avó, atirou seu corpo no mar e jogou sua cabeça no céu. É a avó Lua, sempre zelando pelos pais do neto preferido, porque o irmão canhoto morreu e não morreu. O vencedor pegou o corpo do canhoto e o jogou para fora da Terra. Mas, em algum lugar lá embaixo, ele continuou vivendo e ainda reina. De dia, desde a hora em que o Sol aparece e durante toda a sua viagem pelo céu, os homens vivem no reino do irmão destro. Mas assim que o Sol se põe, esse lugar se transforma e vira o domínio do irmão canhoto. Juntos, os dois irmãos ficaram para sempre tomando conta de tudo, cada um em seu mundo.

Esse mito nos mostra também que o excesso de autoconfiança nas próprias conquistas e realizações pode levar ao orgulho cego, à vaidade, ao narcisismo, à arrogância e à ruína. Assim, podemos dizer que a energia do Sol, se for excessiva, pode nos queimar e também ser enganadora, se não pesarmos os prós e os contras de uma situação, por acreditarmos que nossa vitória está garantida pela falsa certeza de que somos melhores que os outros. Desse modo, podemos alcançar a lucidez do Sol por meio da consciência, iluminando os cantos mais obscuros do nosso inconsciente para que as ideias amadureçam e brotem saudáveis com clareza, sem ilusões quanto às aparências.

Um dos contos que relacionamos ao Arcano O Sol é a história "As Duas Filhas do Padeiro". Conta-se que um padeiro tinha duas filhas que, embora fossem gêmeas, eram muito diferentes uma da outra. Enquanto uma era alegre e generosa, a outra era desconfiada e egoísta. Em uma noite fria, uma velha vestida de andrajos entrou na padaria e perguntou à filha generosa se ela poderia dar-lhe um pedaço de massa de pão. "E posso assá-lo no seu forno?", perguntou a velha. "Sem dúvida", respondeu a menina. A velha ficou cochilando em um canto da loja enquanto o pão assava. A menina então a chamou: "Levante-se, minha senhora, sua massa dobrou de tamanho!" "E é assim que sempre será para você, minha criança, por causa de seu coração generoso", respondeu a velha ao mesmo tempo que tirava sua roupa esfarrapada e se transformava em uma deslumbrante princesa. A partir desse dia, tudo que a menina colocava no fogo mudava de tamanho. Em outro dia frio de inverno, uma velha vestida de andrajos entrou na loja e perguntou à filha egoísta se ela poderia lhe dar um pedaço de massa. A menina não gostou da ideia, mas para não desagradar ao seu pai, que lhe dissera para não negar pão aos pobres, acabou dando um pedaço de massa para a velha. "E você o assará para mim?", perguntou a senhora. "Está bem", concordou a menina de má vontade. Enquanto a velha cochilava em um canto da loja, a menina viu que o pão dobrara de tamanho. Ela então separou a grande bisnaga para si, colocando um pedaço de massa ainda maior no forno. Quando o pão ficou pronto, a garota descobriu que ele estava ainda maior do que a primeira bisnaga. Ela então pegou um pedaço de massa ainda menor e colocou no forno. Mas, quando a tirou de lá, viu que a massa se transformara numa bisnaga grande, cheia de frutas, nozes e especiarias. "Isso é bom demais para uma velha mendiga!", pensou ela, e comeu sozinha toda a bisnaga. Em seguira, acordou a velha e disse: "Não há mais pão para você, sua bisnaga se queimou e não temos mais massa sobrando". "Então é assim que as coisas sempre serão para você", retrucou a velha, que tirou a roupa esfarrapada transformando-se em uma deslumbrante princesa. A partir desse dia, tudo que a menina egoísta punha no fogo se queimava.

Essa história serve de parâmetro para analisarmos nossas atitudes perante a vida e também nossas escolhas. Quando temos uma postura mais generosa, positiva e compassiva diante de determinadas situações e experiências que possam surgir em nosso caminho, alteramos também a forma como percebemos o mundo. E o antídoto para o orgulho e o egoísmo é a humildade. Quando ficamos em uma postura arrogante, rugindo para o mundo nossas "verdades absolutas", acreditamos que somos melhores que os outros e, automaticamente, nos colocamos em uma atitude de superioridade nos tornando tirânicos. Desse modo, nos afastamos do Todo, o que pode nos levar ao fracasso e à nossa própria destruição, como no caso da filha egoísta e desconfiada do padeiro. Ao passo que o fortalecimento de um coração amoroso e compreensivo, como o da filha alegre e generosa do padeiro, nos leva à abundância e à iluminação.

Significados gerais: clarividência, divindade manifestada, amor, a inteligência cósmica, consciência, criatividade, realização, luz interior, essência divina, a felicidade e a alegria pela libertação de tudo que se amarra à vontade e alimenta o ego, que é preso a conceitos, regras sociais e proibições.

Quando essa luz é mal recebida, ela reforça o ego, a necessidade de reconhecimento social e de ser o centro das atenções. Ficamos separados da nossa essência, ignorantes de nossa verdadeira natureza, mas essa luz traz glória e sucesso. O Sol é o símbolo do masculino, do pai e da autoridade interna.

Letra hebraica correspondente: *Resh*, que significa "cabeça" ou "fisionomia". Simbolicamente, representa o Fogo e se relaciona com as faculdades de pensar, querer e sentir, e seu planeta é o Sol.

Caminho Cabalístico: é o 30º caminho na Árvore da Vida. Liga a *Sephirah Yesod* (o Fundamento) com a *Sephirah Hod* (a Glória). É o primeiro caminho da tríade da personalidade que encontramos na ascensão pela Árvore da Vida.

O Sol (*Resh*) é descrito como inteligência dedutiva, significando que ele controla um determinado número de componentes – neste caso, os signos do zodíaco, simbolizados pelos 12 raios que emanam do Sol. O caminho do Sol é o mais elevado nível do intelecto humano, assim como a Estrela representa o mais elevado nível das emoções humanas, combinando e equilibrando essas energias, integrando harmonicamente os aspectos do masculino e do feminino.

Atribuição Astrológica: Leão (Fogo) e Gêmeos (Ar). Planeta correspondente: o Sol. Elemento Fogo. Doador da vida, Senhor da Luz, Espírito, Eu Superior.

O Sol simboliza a luz da consciência e nos traz riqueza, individualidade, vontade, objetividade, generosidade, amor-próprio e expansão. O Sol rege nossa vitalidade, criatividade e força de vontade. Sendo fonte de energia, relaciona-se com a libido, nossa energia psíquica. Governa o coração, a circulação sanguínea, as artérias, a coluna vertebral e os olhos.

O Sol traz vida e calor e evidencia as coisas, mas em excesso pode também as destruir. O Sol que se põe a cada noite, renascendo a cada manhã, simboliza ressurreição e imortalidade.

Título Esotérico: "O Senhor do Fogo do Mundo".

Essa carta é uma experiência de alívio, alegria e bem-estar. Fala de um caminho desenvolvido a partir de uma compreensão ampliada, porque neste momento da viagem, O Louco já consegue entender o significado das coisas, indicando sabedoria, trazendo uma síntese de quem somos verdadeiramente: a Criança Divina. O Sol traduz toda uma experiência de vida.

No Tarô de Marselha, as duas criaturinhas ou as duas crianças, presentes na maioria dos Tarôs, simbolizam a integração do Eu Superior (Essência) com o Eu Inferior (personalidade, ou ego). O muro vermelho representa o mundo material, o cotidiano. As crianças simbolizam o eu puro, a chama da nossa essência. É necessário fazer renascer sempre essa chama.

As gotas que caem, no Tarô de Marselha, representam também o conjunto das forças cósmicas que caem sobre nós para que possamos integrar nossos aspectos positivos e negativos, tornando-nos, assim, pessoas mais inteiras, individuadas e iluminadas.

O Sol representa a libertação dos medos e das confusões da carta A Lua. Ao mesmo tempo que a pessoa é libertada, ela começa a se preparar para o Arcano 20, O Julgamento. Só podemos passar pelo Arcano 20 quando temos consciência, pureza, clareza, simplicidade, energia e a alegria do Sol. Para se ter uma carta O Sol que indique sucesso, é preciso que a pessoa tenha integrado a experiência de A Torre e A Lua. Tem que integrar, deixar ruir, varrer os caquinhos, assimilar as experiências e integrá-las à consciência. Quando se fala do Sol, temos a clareza das experiências vividas.

Carta que fala de pureza, simplicidade infantil, espontaneidade, criança interior, criatividade e alegria. Quando temos consciência do que passamos e do que superamos, advém um sentimento de grande alegria. O Arcano O Sol representa a totalidade da luz do universo. No plano humano, o Sol simboliza o centro do ser, sua essência divina, um diamante que não mais será maculado pelas programações limitantes da infância, embora a luz tenha ficado escondida atrás de estruturas de defesa e das montanhas de lixo mental.

A ignorância nos cega para a verdadeira percepção da nossa natureza divina, fazendo com que nos identifiquemos com aspectos passageiros e superficiais do nosso ser. Separados do nosso centro, deixamo-nos conduzir por nossos instintos cegos ou os reprimimos implacavelmente. O caminho para eliminar a ignorância passa pela aceitação de tais impulsos, observando-os atentamente, integrando-os ao nosso cotidiano. Assim, chegará o dia em que não mais nos identificaremos com esses aspectos sombrios e, então, ficaremos centrados e teremos consciência do nosso Sol interior. Quem está no seu centro só pode emanar Amor e Compaixão. Quando cai o véu da Ilusão (Maya), fazemos contato com a luz.

Quando uma pessoa entra em um processo autêntico de individuação, diz-se que ela é iluminada. Ocorre uma explosão de Liberdade, porque a pessoa tem segurança em si. Esse é o Arcano da união verdadeira.

A casa cinco, na Astrologia, é regida pelo signo de Leão, que diz respeito à família, a amores, filhos, namoros, criatividade e festas.

O número 19 também pode ser descrito como o 1 + 9: O Mago e O Eremita juntos. O um é a força de O Mago e o nove, a sabedoria de O Eremita, que é igual à consciência do Amor. O 1 + 9 também pode ser 10, A Roda da Fortuna, que, dessa forma, nos faz compreender a Roda da Vida e seus movimentos. Quando compreendemos essas experiências, damos início a um novo ciclo. A partir do momento em que entendemos isso, fecha-se um ciclo para se abrir outro. A vida é uma experiência cíclica para ser usufruída. O Sol nos traz isto: a espontaneidade e as coisas boas.

Às vezes, necessitamos de um "lugar protegido" para entrarmos em contato com nosso eu mais profundo, por exemplo: nosso ateliê, consultório, escritório ou qualquer espaço que você possa ficar sozinho(a) consigo mesmo (a).

No Tarô de Marselha, as pepitas de ouro nos pés das crianças representam a pedra filosofal, o *Self*, a Essência, nossa Luz. As duas crianças simbolizam o potencial criativo ilimitado. Os raios azuis indicam a reflexão, a passividade; os raios vermelhos simbolizam a ação, o objetivo e a concretização; os raios brancos denotam a união; os raios verdes indicam a cura e a fertilidade; e as linhas Pretas simbolizam a união final de todas as forças para criar uma energia pura.

O Sol (deus grego Apolo) está falando de uma totalidade. A Lua (Hécate) precisa passar por uma longa jornada até chegar a ele. Buda dizia que todo mundo pode ter a experiência do Sol, basta querer. O Sol é o Arcano da anunciação, da nutrição e da iluminação. As gotas que caem são para alimentar, diferentemente das gotas da Lua, que suga. O Sol alimenta e vivifica todas as coisas.

A roupinha azul das crianças no Tarô de Marselha significa não haver mais a energia instintiva indiscriminada, e já integrou a sexualidade, transformando-se em instinto reflexivo.

Em O Hierofante já existe um contato com Deus, mas a pessoa continua presa aos dogmas. Em O Enforcado, ela já olha diferente para a dimensão social e já se entrega de uma forma mais consciente. O Sol seria um desdobramento disso. A pessoa começa a ser ela mesma, não precisa mais dos dogmas e do social. Fala diretamente com Deus, sem intermediários.

Quando sai num jogo, significa momento de alegria, felicidade, saúde, prosperidade, nos trazendo condições de realização da vontade interior no mundo físico. Nesse momento, a pessoa está radiante, tem percepção da beleza e da estética. Indica período de otimismo, energia, vitalidade e clareza de consciência das próprias questões. Pode significar também que se está amando. Sua postura perante o amor é de valorização dele. Gosta de tudo às claras e permite a expressão da vontade do parceiro, de modo que a pessoa é capaz de amar verdadeiramente. É uma relação que revitaliza ambos.

No plano material traz sucesso, promoção, reconhecimento, prestígio e negócios seguros. No plano espiritual, toma-se contato com a Luz, indicando a possibilidade de Iluminação (manifestação da essência). Aqui tomamos consciência da irrealidade do plano físico e da realidade do plano espiritual. Referindo-se à saúde, indica vitalidade, energia e saúde em ótimo estado. Quando mal posicionada, pode dizer falta de energia vital, de vontade ou problemas no coração.

Imagem: Eu Superior, Buda, Jesus, o Sol, Apolo, a Luz, a Iluminação, a Felicidade, a Alegria, a Pureza, a Inocência, a Criança, Cosme e Damião, o Reencontro, o Casamento Físico, o Casamento Místico, Shiva e Shakti unidos.

Imagens Arquetípicas

| Tarô Mitológico |  Tarô de Marselha |  Tarô de Rider-Waite |

Afirmação para o Sol: "Sou entusiasmado e otimista. Tenho uma consciência de clareza e entendimento, e antevejo uma época de criatividade e desenvolvimento pessoal" (DICKERMAN, 1998, p. 265).

O Mito de Apolo

Aqui encontramos Apolo, o radiante deus Sol da mitologia grega, o cavaleiro do Olimpo e senhor da profecia, da música e do conhecimento. Seu apelido era Febo, que significa "aquele que brilha". Diz-se que seus lugares preferidos eram os altos picos das montanhas. Ele era filho de Zeus e de Leto, a deusa da Noite. Diferentemente das outras crianças, Apolo não foi amamentado por sua mãe, mas alimentado com néctar e com doce ambrosia. Assim, imediatamente, o recém-nascido arrancou suas faixas e ficou dotado do vigor de um homem. Ele andava à procura de um lugar para seu santuário, com seu arco e suas flechas de longo alcance, que Hefesto, o deus ferreiro, havia feito para ele. Mas o lugar que ele escolheu foi um desfiladeiro montanhoso, morada da serpente fêmea Píton, uma criatura enviada por Hera que, por ciúmes, queria destruir Leto, a mãe de Apolo. O deus matou Píton com uma de suas flechas, coroou-se com louros e chamou seu novo santuário de Delfos.

Em Delfos, ele estabeleceu seu oráculo, que era interpretado por uma sacerdotisa posteriormente conhecida como Pitonisa. Todos os anos, no outono, Apolo saía de Delfos para visitar a misteriosa terra dos Hiperbóreos, onde ele podia deliciar-se com o eterno céu brilhante. Apolo era inimigo da escuridão, e podia suprimir a maldição da culpa por crimes de sangue e os consequentes sofrimentos. Entretanto, ele era um deus ardiloso, pois seu oráculo era ambíguo e vago, e suas flechas podiam matar tanto animais quanto homens. Consequentemente, era considerado o deus da morte brusca, como também o curador que dissipava as doenças e as sombras. A profecia, em geral o dom das divindades do submundo, foi gradativamente apropriada por Apolo até ele mesmo se tornar o deus da visão de longo alcance (mito baseado em BURKE; GREENE, 2007).

As perguntas do Sol são:

Quais são os dois aspectos divergentes da sua personalidade? Como equilibrá-los?

Qual a sombra que você quer deixar para trás?

Quais pensamentos positivos lhe fazem seguir adiante?

Você aceita seu (sua) parceiro(a) ou amigo(a) como é ou tenta mudá-lo(a)?

Atividade

Colagem do arquétipo do seu Sol (use uma folha de papel canson A4, 220 gramas, dividida ao meio).

Tema: O que me faz brilhar?

Represente seu Arcano O Sol por meio de recortes de revistas, podendo pintar, desenhar e colar materiais diversos (tecido, madeira, pedaço de jornal, papéis coloridos, etc.) e o que mais sua imaginação quiser.

Após a atividade, faça uma escrita criativa e intuitiva a seu respeito.

Dialogando com a colagem

Descreva a imagem que vê:

Quais os sentimentos ela lhe desperta?

Qual o caminho ela lhe indica?

A Imagem lhe diz:
Eu sou..
Eu quero..
Eu posso..
Eu vou...
Minha mensagem é..

O JULGAMENTO – ARCANO 20 – Além da Ilusão. Discernimento. Renascimento

O 20 é duas vezes o 10, dois ciclos, duas totalidades, ou seja, a conclusão de um ciclo mais elevado que foi reiniciado após a conclusão do inicial. Representa o Deus Solar, o arquétipo do Homem Perfeito, Livre, Superior, Renascido de Si Mesmo. O número 20 representa o ser humano com seus 20 dedos.

No Tarô de Marselha e no de Rider-Waite, em uma nuvem no céu, aparece um anjo com uma trombeta anunciando a libertação da alma. As figuras humanas se elevam do túmulo, como que acordando para uma nova vida. No Tarô de Crowley, a figura central é Hórus – o deus egípcio com cabeça de falcão –, representação na forma humana da Nova Era ou Novo Aeon. O deus Hórus menino, com o dedo em frente à boca, está decidindo qual o rumo a tomar nessa nova vida. Abaixo, três figuras de bebês estão prestes a nascer. A carta mostra um momento de transição entre uma encarnação e outra, entre uma era e outra. No Tarô Mitológico, a figura principal é Hermes Psicopompo, o Condutor das Almas. As três múmias que simbolizam o passado esquecido no inconsciente, agora, se libertam das tumbas. Dessa forma, a figura de Hermes conduzindo as almas para o julgamento representa o processo de renascimento que levará a pessoa a ser mais completa, pois provém das experiências combinadas do passado entremeadas pelo discernimento e pelo sentido de que, na realidade, eventos e opções aparentemente aleatórias estão secretamente ligados pela sincronicidade.

Em *O Tarô Mitológico* (2007) Hermes, Juiz dos Mortos, decide qual futuro merecem os esforços feitos pelas pessoas no passado, pois são esses esforços que edificarão o futuro. Apesar de o Juiz estar no nosso interior e não no exterior, pagamos, na realidade, por nossos erros de inconsciência e colhemos os frutos da recusa em assumirmos a responsabilidade por nossas próprias escolhas, em cada estágio na jornada da vida.

À medida que nos aproximamos do fim do ciclo dos Arcanos Maiores, vamos encontrar novamente o deus grego Hermes, o Psicopompo, o condutor das almas com que nos deparamos no início da jornada, na figura do Arcano 1, O Mago.

Segundo Burke e Greene (2007), a figura de Hermes na mitologia, neste momento da jornada, é revelada como uma entidade poderosa do submundo, emissário de Hades, o deus do mundo dos mortos; Hermes convoca com gentileza e eloquência os moribundos e aplica sobre seus olhos sua vara dourada, podendo convocar as almas dos mortos de volta à vida ou introduzi-las no mundo de Hades, de volta à morte. "Dessa forma, o Hermes da carta do Julgamento não é somente o guia, mas também aquele que convoca e leva as almas para seu juízo, preparando-as para uma nova vida" (BURKE; GREENE, 2007, p. 104).

Um conto que podemos relacionar à carta de O Julgamento é "A Mulher dos Cabelos de Ouro", do livro *Mulheres que Correm com os Lobos*, de Estés. Esse conto fala de um segredo do passado que ficou enterrado e que foi trazido à tona para ser julgado. Para Estés, "A história é provavelmente um fragmento de uma narrativa de morte e ressurreição muito maior e mais antiga, girando em torno de uma divindade feminina".

A história conta que existia uma mulher lindíssima, mas muito estranha, de longos cabelos dourados, finos como fios de ouro. Ela era pobre e não tinha pai nem mãe. Morava sozinha no bosque e tecia em um tear feito de galhos de nogueira-preta. Um brutamonte, que era filho de um carvoeiro, tentou forçá-la a se casar com ele, e ela, em uma tentativa de se livrar do homem, lhe deu uma mecha de seus cabelos dourados.

Ele não se importou em saber se o ouro que ela lhe dera tinha valor espiritual. Assim, quando tentou trocar o cabelo por mercadorias, no mercado, as pessoas zombaram dele e o consideraram louco.

Furioso, ele voltou à noite à cabana da mulher, matou-a com as próprias mãos e enterrou o corpo junto ao rio. Por muito tempo, ninguém notou sua ausência. Ninguém perguntava por ela nem se preocupou como e onde ela estava. Na sua cova, porém, os cabelos dourados não paravam de crescer. A linda cabeleira abriu o solo negro para subir em curvas e espirais e foi crescendo cada vez mais, em arcos e volteios, crescendo até que sua cova se cobrisse de ondulantes juncos dourados.

Uns pastores cortaram os juncos anelados para fazer flautas e, quando foram tocá-las, elas começaram a cantar sem parar:

Aqui jaz a mulher dos cabelos dourados
Assassinada e enterrada
Morta pelo filho do carvoeiro
Porque tinha vontade de viver

E foi assim que o homem que havia tirado a vida da mulher dos cabelos dourados foi descoberto e levado à justiça para que quem vivesse nos bosques selvagens do mundo pudesse, mais uma vez, estar em segurança. (ESTÉS, 1994, p. 467 a 468).

Aqui temos um convite à reflexão para analisarmos nosso passado e nossas relações familiares de uma perspectiva mais consciente, a fim de podermos nos libertar dos traumas e dos medos irracionais da infância e seguirmos adiante. Quando estamos sob o domínio do passado, memórias remotas trazem à tona sentimentos e percepções que julgávamos enterrados.

Velhos ressentimentos são revisitados para serem questionados e analisados sob uma nova luz. Esse processo de nos posicionarmos perante os fatos passados, com discernimento, nos faz tomar novas decisões que antes eram baseadas em hábitos destrutivos e inconscientes. Dessa forma, são gerados comportamentos repetitivos que nos aprisionam no passado, atravancando nossa vida, nos deixando estagnados. O Julgamento ou Juízo Final nos evoca à renovação de atitudes que geram soluções novas, criativas e construtivas para nosso renascimento.

O Arcano O Julgamento não diz respeito apenas a um novo começo, mas também a um início que surge do passado. É aquilo que nas filosofias orientais é chamado de carma: todos iremos colher aquilo que plantamos. Tudo vai ser pesado, registrado, e nosso herói O Louco vai finalmente encontrar as consequências de todas as suas escolhas feitas no passado.

A passagem de uma era para outra, na vida da pessoa, envolve descobrimentos internos, e uma nova visão substitui a antiga que ficou para trás, representando o juízo final, a ressurreição dos mortos, uma nova compreensão do passado e elevação de consciência, indicando a libertação do carma. Esse Arcano está também ligado ao mito da Fênix, a ave que renasce das próprias cinzas. Esse mito diz respeito a um renascimento feito a partir do fogo. A ave cumpre seu ciclo de Morte e Ressurreição, nascendo purificada da sua antiga vida.

Letra hebraica correspondente: *Shin*; está associada ao elemento Fogo. Sua forma lembra a de uma fogueira de três chamas. Seu significado é "dente", e tem a ver com o processo de mastigação. O que você não mastiga, não pode ser digerido. O sentido do dente que mastiga é o de processar. Nossas experiências passadas têm de ser trituradas, processadas, digeridas e assimiladas pela consciência para podermos renascer. O Julgamento fala também de experiências passadas, algo que estava dado como morto que ressurge para ser trabalhado. Essa carta tem relação com a família e com algo novo que surge para se resolver.

Caminho Cabalístico: é o 31º caminho da Árvore da Vida. O caminho de *Shin* une a *Sephirah Malkuth* (o Reino) com a *Sephirah Hod* (o Esplendor). Esse caminho é chamado "O Esplendor do Mundo Material", por estar relacionado com o aperfeiçoamento do corpo físico.

Atribuição Astrológica: tem relação com Escorpião, Câncer e Sagitário. Orienta-nos para olharmos para cima. O Escorpião é o que vem das profundezas do inconsciente. Câncer tem uma ligação forte com a família. O elemento Fogo é predominante no Arcano de O Julgamento ou Eão (Era), como também é chamado. O fogo tem como características principais: transformar; purificar e regenerar; sutilizar, sendo também fonte de energia.

Alguns autores relacionam o planeta Plutão a este Arcano. Fala da luz e da sombra, sendo considerado um planeta transpessoal, que rege o inconsciente coletivo. É a regeneração, a transformação, vida e morte e renascimento.

Neste Arcano, podemos dizer que ele ativa o intelecto, tendo relação com o elemento Ar (o anjo da figura da carta) e também com a Terra (as coisas que saem da terra). O Julgamento fala de um processo contínuo: nascer, viver, morrer e renascer. A imagem da nuvem, no Tarô de Marselha e de Rider-Waite, é a representação da água, no sentido de renascimento. Cai a água para fertilizar e fazer renascer a vida. Podemos dizer que essa carta possui os quatro elementos: Terra, Água, Ar e Fogo.

Aqui também encontramos as quatro funções psíquicas desenvolvidas por Jung: Pensamento (Ar), Sentimento (Água), Sensação (Terra) e Intuição (Fogo). As figuras que estão de costas para o Anjo, no Tarô de Marselha, representam a função considerada inferior, aquela que está mais inconsciente, mas que será posteriormente trazida à tona para ser elaborada e integrada pela consciência. Trazer os aspectos da sombra à consciência é fundamental no processo de individuação.

Essa carta tem um sentido alquímico, simbolizando ressurreição. O Anjo anuncia o novo, algo que está nascendo, sendo renovado. Diz-se que tem também relação com o arcanjo Mikael. Quando ele anuncia o renascimento, algo sai da tumba. A corneta é um símbolo de ligação do Céu com a Terra.

Em uma questão familiar, fala que um de seus membros é o sujeito identificado como bode expiatório. A família adoeceu e cada membro tem seu papel. Quando a pessoa não aceita mais esse papel, este se desloca para outra pessoa da família. A pessoa pode ou não assimilar essas experiências positivamente. Essa carta sai para dizer que toda experiência traumática de rejeição, etc., está tendo a oportunidade de ser transformada para haver uma renovação. O Julgamento representa a saída do mundo de Hades, a pessoa vai para as profundezas de seu inconsciente e agora tem a oportunidade de sair dessa situação de inconsciência. Ela confronta suas questões mais difíceis e sobe, saindo do reino de Hades. O Túmulo simboliza nossa bagagem de experiências passadas.

O Renascimento a qual estamos nos referindo muda o patamar da nossa consciência: eu renasço para uma terra dourada que simboliza uma nova vida, melhor e mais rica. A carta fala muito da intuição. O Anjo da carta é o mensageiro do *Self*. É um momento de se comunicar com algo transcendental. Fala de uma realização interna. É um mergulho ou parada necessária. Parece que a vida não anda, mas por dentro ela está em ebulição. Por fora tudo parece árido, sem frutos, como no inverno. Mas essa situação é necessária para seguirmos no processo de individuação.

Em O Julgamento, passamos pelo conhecimento da Papisa, pela mudança da Roda da Fortuna e quando chegamos ao Julgamento já percorremos duas vezes 10 (= 20). No Arcano 20, já podemos elaborar nosso processo, separando o joio do trigo neste balanço interior, nos abrindo para novas possibilidades.

O personagem da carta que está virado para o Anjo é um aspecto nosso que se relaciona com Ele. Agora, já podemos reconhecer o divino em nós porque nos fragilizamos. Se não nos fragilizarmos, ficaremos com o ego rígido e inflado. Quando estamos fragilizados, o *Self* aparece e nos ampara nesses momentos difíceis. É preciso estar aberto para falar com o Divino dentro de nós por meio da intuição.

No Tarô de Marselha, o ser que está nu de costas na carta representa o novo que está nascendo e ainda não tem uma identidade anterior e agora não consegue mais ser a mesma pessoa. Ele se pergunta: quem sou eu? Está se formando uma nova identidade começando tudo de novo, significando a parte da pessoa que está mais madura, que teve muitas experiências transformadoras e enriquecedoras e, agora, já pode renascer.

Essa nova fase é chamada na Alquimia de Rubedo, na qual esse novo patamar de consciência que alcançamos vai também emanar para os demais. Os outros dois seres da carta estão reverenciando esse contato da pessoa com o Anjo que, segundo a Alquimia, é chamado *Multiplicación* em que passamos essa experiência divina para o outro. As pessoas reconhecem que tivemos uma trajetória de dor, conquistas, derrotas e vitórias, e agora podemos emanar algo de positivo. O ser passou por um processo e renasceu para uma nova vida. Mas, para isso, precisamos deixar morrer o velho em nós para alcançarmos a totalidade representada no Arcano O Mundo, que o Arcano O Julgamento vem nos preparando.

Os aspectos que estavam soterrados necessitam ser resgatados e trazidos à tona para fazermos uma revisão de tudo que nos aconteceu até agora: sejam aspectos considerados negativos ou positivos. Ainda existe algo do passado que ficou pendente para ser resolvido e, literalmente, sai da tumba para encarar a realidade e o mundo sobre uma nova perspectiva. Essa carta pode aparecer para nos liberar de uma energia de fixação em que ficamos presos, para, então, conseguirmos enxergar além da ilusão.

Quando sai num jogo, pode significar que você está sendo chamado a realizar mudanças, ou que passou ou está passando por confrontos no seu subterrâneo (inconsciente). Essa carta traz a compreensão de fatos passados que podem trazer alívio no momento presente. Essa é uma situação em que coisas ocultas podem vir à tona, incluindo segredos antigos e bem guardados representando o Juízo Final em que tudo será julgado em função de uma fase mais elevada.

Esse Arcano indica a passagem de uma fase para outra inteiramente nova, podendo ser lenta, pois envolve descobrimentos internos, implicando novos relacionamentos ou uma mudança para melhor. Traz um período de despertar de uma nova consciência e uma sensação de liberdade. Representa possibilidades de nascimento na família ou uma situação familiar nova.

Se a pessoa receber um convite para fazer alguma coisa, significa que deve esperar um pouco, aguardar um "sinal" para ter certeza se deve ou não fazer. Se a pergunta estiver relacionada ao trabalho, por exemplo: Qual a melhor forma de fazer algo? A resposta é realizar essa tarefa em grupo. Ela fala sempre de grupo, pelo fato de a carta conter vários personagens, apesar de a experiência ser sempre individual.

Na vida material, pode falar de uma promoção no emprego, resolução ou oportunidades para resolver problemas financeiros do passado.

Encontramos aqui o amadurecimento de uma relação, alcançado por meio de uma reavaliação do passado. Uma análise de coisas mal resolvidas que interferiam na relação emerge para serem solucionadas, trazendo um novo enfoque para elas. A pessoa pode estar despertando para o amor ou mudando a visão que tinha do parceiro, enxergando-o além da ilusão. Traz uma nova decisão para um futuro relacionamento, libertação de mágoas e ressentimentos passados. Temos um despertar para a vida espiritual, mudança de plano, evolução da alma, maior conscientização do espírito (*Self*) que leva à liberação do carma, juntamente a uma nova visão e à mudança de paradigmas.

Na saúde, fala de recuperação e cura.

Imagem: Ressurreição, o Renascimento, a Salvação, o Conhecimento, a Verdade, a Consciência, a Voz de Deus, a Vocação, a Responsabilidade, o Juízo Final, o Apocalipse, Cristo Ressuscitado, a Fênix.

Imagens Arquetípicas

| Tarô Mitológico | Tarô de Marselha | Tarô de Rider-Waite |

Afirmação para O Julgamento: "Respondo ao chamado do anjo e ao despertar da minha alma. Tenho um novo senso de vida e de propósito" (DICKERMAN, 1998, p. 283).

O Mito de O Julgamento

Aqui, à medida que nos aproximamos do fim do ciclo dos Arcanos Maiores, deparamo-nos com o deus com o qual nos encontramos no início da jornada na figura de Hermes, o mensageiro e guia interior de O Louco. Ele pode indicar o caminho por vias misteriosas, por meio da intuição e da sincronicidade.

Agora, ele é revelado como a divindade poderosa do submundo, emissário de Hades, que convoca gentil e eloquentemente os moribundos, aplicando sua vara dourada sobre seus olhos. Mas Hermes não só podia convocar as almas dos mortos de volta à vida, como também introduzi-las no domínio de Hades.

A mitologia diz que quando Tântalo, o rei da Lídia, cortou seu filho em pedaços para servi-los aos deuses, Hermes reuniu-os, devolvendo a vida ao jovem. Como arauto dos deuses, Hermes também libertava heróis, como Teseu, que entravam no reino de Hades ilicitamente e ali ficavam presos. Ele também guiou Orfeu nesse reino obscuro à procura de sua esposa Eurídice e o guiou novamente para fora quando ele a perdeu pela segunda vez. Dessa forma, o Hermes da carta O Julgamento não é apenas o guia, mas também aquele que convoca e leva as almas para seu juízo, preparando-as para uma nova vida (mito baseado em BURKE; GREENE, 2007).

As perguntas do Julgamento são:

Você tem algum esqueleto guardado no armário? Qual?
Você se sente julgado por algo que fez no passado?
Como você pode se libertar das velhas crenças?
Quais escolhas você precisa fazer no momento que possam lhe abrir para novas possibilidades?

Atividade

Colagem do arquétipo do seu Julgamento (use uma folha de papel canson A4, 220 gramas, dividida ao meio).

Tema: Meu renascimento.

Represente seu Arcano O Julgamento por meio de recortes de revistas, podendo pintar, desenhar e colar materiais diversos (tecido, madeira, pedaço de jornal, papéis coloridos, etc.) e o que mais sua imaginação quiser.

Após a atividade, faça uma escrita criativa e intuitiva a seu respeito.

Dialogando com a colagem

Descreva a imagem que vê:
Quais os sentimentos ela lhe desperta?
Qual o caminho ela lhe indica?
A Imagem lhe diz:
Eu sou..
Eu quero...
Eu posso...
Eu vou..
Minha mensagem é..

O MUNDO – ARCANO 21 – A Totalidade

O 21 é a perfeição completa, a finalização, a síntese final e realização pessoal, sendo três vezes sete (3 x 7 = 21). Significa a trindade absoluta, sendo o Arcano da totalidade, da vivência, da inteireza e da completude, simbolizando o Tao (*yin* e *yang*, o encontro do masculino com o feminino).

Se no Arcano 7, O Carro, terminamos um ciclo, no Arcano 21 chegamos ao ápice de um ciclo mais elevado, portanto, o maior grau que se possa alcançar. O Mundo, Arcano 21, é o objetivo a ser alcançado nesta jornada de autoconhecimento no caminho da individuação. Dentro desse processo de individuação, acontece uma mudança de paradigmas da própria psique, em que o ego deixa de ser o centro, passando esse lugar para *o Self*.

Temos no número 21 o inverso do número 12. O 12 é par e representa uma situação equilibrada, que resulta da organização harmoniosa dos ciclos perpétuos, enquanto o 21 é ímpar, relativo ao indivisível e simboliza o esforço dinâmico da individualidade (indivíduo único), que vai sendo elaborado por meio da luta dos opostos e abrange o caminho sempre novo dos ciclos evolutivos.

Podemos constatar, como tradicionalmente acontece em algumas culturas, que a maioridade se atinge aos 21 anos de vida, justamente quando se completa a dentição, com o nascimento do dente do siso. Nesse sentido, podemos considerá-lo o número da maturidade, da responsabilidade e de algo que se completou.

A representação desse Arcano é quase sempre a mesma em todos os Tarôs. Temos uma Mandala, um círculo que simboliza o universo, e seu espaço interno funciona como ponto de concentração das forças universais em um ser que representa o microcósmico. Uma vez em seu centro, ele penetraria no macrocosmo. Analogamente falando, experimentaria o processo cósmico de desintegração e reintegração em si mesmo. A figura humana andrógina no centro da carta representa sua transcendência, o homem superior integrado totalmente ao cosmos. Na maioria dos Tarôs, nos quatro cantos, temos a cabeça de um anjo, uma águia, um leão e um touro. Representam os quatro elementos: Água

(Águia), Ar (Anjo), Fogo (Leão) e Terra (Touro). No Tarô de Crowley, é uma figura dançante que manipula uma grande força em espiral.

No Tarô Mitológico, temos Hermafrodito, filho de Hermes (Mercúrio), mensageiro dos deuses, senhor do conhecimento de todos os mundos, o único deus que podia transitar livremente no mundo dos mortos, e Afrodite (Vênus), a deusa do amor. A carta nos mostra um rosto feminino e outro masculino em um mesmo corpo, simbolizando a autofecundação, o poder de criação pela integração. Assim, Hermafrodito une o amor ao conhecimento e à sabedoria.

Conta o mito que Hermafrodito nasceu belo e perfeito, mas, como era fruto de um relacionamento ilícito, sua mãe Afrodite o entregou aos cuidados das ninfas da floresta. Um dia, ele despertou a paixão de uma bela ninfa que tentou seduzi-lo de todas as formas. Mas Hermafrodito tentava escapar dela sempre, deixando-a desesperada. Em uma última tentativa, ela o abraça e pede aos deuses que façam com que eles nunca se separem. Nesse instante, eles se transformam em um único ser, metade homem, metade mulher.

Em Burke e Green, Hermafrodito, no seu sentido interior, "é a imagem da experiência de estar completo. Macho e fêmea são mais do que identificações limitadas aos órgãos sexuais" (BURKE; GREENE, 2007, p. 108). Representa as polaridades que contém todos os opostos da vida. O simbolismo do ser de duplo sexo remete ao potencial da integração dos opostos em todos nós.

Nesse momento, O Louco adquiriu sua dupla sexualidade (Hermafrodito) por meio das múltiplas experiências durante a jornada dos Arcanos Maiores, que o transformaram em um ser completo. Todos os seus medos e anseios chegam ao final. Ele encontrou a chave para o sucesso e a prosperidade, e a experiência de estar inteiro, chegando o momento de sua iniciação por caminhos mais elevados relativos à sua espiritualidade. Aqui, O Louco reconhece o universo em si mesmo, percebendo que tudo que está fora está dentro, assim como tudo que está em cima está embaixo.

As qualidades do cuidado materno e das éticas paternas, a intuição e a expressão física, a mente e o sentimento, o relacionamento e a solidão, o conflito e a harmonia, o espírito e o corpo – todos esses pares de opostos que brigam dentro de nós estão unidos nessa carta, vivendo harmonicamente dentro do grande círculo da Serpente do Mundo (Ouroboros) que é a imagem da vida inesgotável.

Quando nos deparamos com esses opostos em nossas vidas e dentro de nós mesmos, geralmente, negamos o conflito, reprimindo uma parte e relegando-a ao submundo do inconsciente. A outra metade, projetamos em outra pessoa ou sobre algo que pertença ao mundo externo. Mas, como seres humanos, somos complexos, e a jornada de O Louco é de descobertas por meio dos nossos próprios opostos, consciente e inconsciente juntos.

Dizem que a serpente de O Mundo, chamada Ouroboros pelos gregos, tinha em si os dois sexos, feminino e masculino, macho e fêmea, com a propriedade da autofecundação e da autoalimentação, sendo imortal e completa. Ela representa a mítica imagem tanto de Deus quanto da natureza, que aqui é incorporada em um único símbolo.

Podemos dizer que este momento da viagem está relacionado com a síntese final de todo um processo, que leva à transcendência e à abertura de uma nova história. Traz realização e liberação do carma por sua completa superação. Representa celebração da vida, integridade, resolução de um problema, síntese, liberdade, transcendência e individuação.

Um dos contos que diz respeito à transcendência e à integração referente ao Arcano O Mundo é "A Joia Preciosa", do livro *Histórias da Tradição Sufi*. Ele narra a história de dois irmãos que viviam no paraíso em grande felicidade. Um dia, chegou o momento em que eles deveriam partir para outro mundo a uma distância infinita, para procurar uma joia preciosa e, assim que a encontrassem, deveriam retornar para seu lugar de origem, trazendo-a com eles. Então, eles foram levados em grande segredo a um lugar onde quase todos os habitantes viviam na obscuridade e na noite de seu sono. Porém, o choque foi tão grande que os irmãos se separaram e foram perdendo progressivamente a memória, esquecendo-se de sua origem. Graças à ajuda de um enviado do rei, que era um velho sábio, as duas crianças acordaram e puderam retornar ao seu reino de luz, vencendo os grandes perigos e ilusões que as separavam da Joia Preciosa ou Pedra Filosofal. Então, quando a encontraram, retornaram para o paraíso e foram mais felizes do que nunca.

O conto "A Joia Preciosa" representa simbolicamente a volta ao paraíso do qual saímos e ao qual devemos retornar. Ele nos orienta no sentido de encararmos os desafios da vida e acordar da ilusão de quem pensamos que somos, a fim de nos lembrarmos de quem somos verdadeiramente. Assim, podermos encontrar finalmente nossa "joia preciosa" (ou *Self*) e triunfarmos no final da jornada. Esse conto representa o encontro com nosso *Seff* ou Si-Mesmo. Para Grinberg (1997, p. 228), "psicologicamente, ter passado por uma iniciação significa que o ego foi capaz de suportar o sofrimento trazido pela perda e pela própria transformação, conseguindo abrir mão de uma condição emocional ou de um hábito profundamente enraizado para renascer com uma nova atitude".

Letra hebraica correspondente: *Tau* ou *Tav*, cujo significado é Cruz. Hieroglificamente representa a alma universal, a reciprocidade, a proteção, a abundância e a perfeição.

Caminho Cabalístico: é o 32º caminho na Árvore da Vida. Esse caminho vertical une e equilibra a *Sephirah Malkuth* (o Reino) com a *Sephirah Yesod* (o Fundamento), indo da Terra à Lua. Como nos lembra Pramad, esse caminho parece o último, mas, na realidade, é o primeiro, pois é daqui que o buscador começa sua evolução, saindo do puro condicionamento material em direção à compreensão da personalidade (ego), reflexo do Eu Superior ou *Self*. É aqui e agora, no corpo físico e no plano físico, que começamos nossa jornada espiritual. Como diz o ditado taoísta: "O caminho para o infinito começa debaixo de nossos pés".

O desafio desse caminho é perceber que a energia divina está presente em nossa natureza humana e que somos seres divinos encarnados, percebendo que a matéria também é sagrada. Aqui o ser é livre das programações e de seu carma. Saiu da mesmice, integrado, pleno e em comunhão com seu impulso vital inconsciente. Livre e feliz, baila extasiado, celebrando a Vida e a Existência. Em termos práticos, simboliza a culminação de qualquer empreendimento, a realização concreta e final de um projeto.

Título Esotérico: "A Grande Unidade da Noite do Tempo".

Atribuição Astrológica: planeta Saturno, o mestre da imposição. Senhor do tempo (Cronos).

O Mundo fala de administrarmos nossas potencialidades. Indica a necessidade de avançar ainda mais na compreensão da nossa personalidade. Há uma experiência circular nessa carta. O Louco (Arcano 0) começa com um círculo e em O Mundo (Arcano 21), encontramos outro círculo e final de um ciclo. Um começa e o outro termina. Essa carta tem uma imagem mandálica na qual existe um centro, que simboliza nosso equilíbrio, nosso jardim interior ou espaço sagrado. Esse Arcano é a representação da nossa Totalidade, em que a união dos opostos acontece dentro da psique. Esse processo de se tornar Si-Mesmo, íntegro, indivisível, da experiência do Arcano O Mundo está relacionado ao processo de individuação, quando a personalidade dividida se unifica e o indivíduo torna-se consciente de seu ser mais profundo, único e autêntico no mundo.

O significado da Cruz da letra *Tau* tem relação com o poder do livre-arbítrio. Mesmo que tudo conflua para nossa individuação, temos o livre-arbítrio (o *Self* é autorregulador, assim como a psique). Todos nós temos condições de nos individualizarmos quando suportamos repetidas transformações em busca de um significado para nossa vida. Mas temos o livre-arbítrio de fazê-lo ou não, pois isso implica não só nossa capacidade de resiliência e de força de vontade, como também sustentar conscientemente a tensão entre os opostos dentro da nossa psique.

Observação: No filme *O Contador de Histórias*, a força interna do herói se consolida. Ele escuta o chamado interior, e quando a pessoa escuta esse chamado ela consegue se superar, se individuar. Se o indivíduo se nega a atender ao chamado pode somatizar ou ficar deprimido. A pessoa pode ceifar sua vida ou seguir seu destino de forma construtiva, enfrentando seus medos. Essa carta fala de uma ressonância com seu mundo interno. Ceifada, essa pessoa rompe com o que tem relação com ela e vai fazer algo que não está em conformidade com sua natureza. Quando você trai o inconsciente, ele aflora com toda força. Se você reprime seu dom por dinheiro, *status*, etc., ele (o inconsciente) vai se manifestar sob a forma de doença física ou psíquica. Mas se fizermos algo que se relaciona conosco, nossa vida flui.

Esse Arcano nos pede que tomemos consciência das consequências dos nossos atos. Precisamos saber que temos responsabilidade com nossa própria história. Ele fala também do discernimento com que nos deparamos na carta O Julgamento na qual aprendemos a separar o joio do trigo. Traz a pergunta: "E agora, para onde vamos?". Fala também daquilo que queremos e do que não queremos mais em nossa vida.

Nessa carta, os quatro elementos estão misturados com equilíbrio. Em alguns Tarôs, a figura central da carta O Mundo é representada por uma mulher, que permanece se equilibrando em uma perna só. Ela simboliza a bailarina, com sua disciplina e dedicação, trabalhando todo o seu corpo de forma que possa dançar qualquer ritmo que lhe for requerido, significando também nossa quintessência. Desse modo, devemos também, neste caminho de autoconhecimento, harmonizar nosso interior, flexibilizando-nos de tal forma que consigamos enfrentar qualquer situação que se apresente em nossas vidas, sem perder o equilíbrio e a harmonia interna. A guirlanda que está em volta da mulher representa o útero da Grande Mãe. Este ser, que se encontra no meio, está dançando porque já existe uma leveza. As duas varinhas que ela traz nas mãos representam a dualidade que ela equilibra na dança por meio desse movimento de leveza.

A vida é cíclica, cheia de movimento, de altos e baixos, podendo aqui ter a liberdade de estarmos sem roupa, mostrando nossa nudez, e que já podemos estar num pé só, no equilíbrio.

Esse Arcano pode falar também de um ego rígido e inflexível que está por um fio, fragilizado, necessitando se equilibrar para se adaptar às situações, saindo do seu pequeno e fechado mundo.

No número 21 (2+1=3), temos a união de A Sacerdotisa com O Mago, originando A Imperatriz. Aqui novamente encontramos os dois princípios, o masculino e o feminino, e desses dois aspectos surge o 3. Agora, já estamos prontos para nosso segundo nascimento.

Essa carta tem relação com A Roda da Fortuna, mas aqui ela vai girar de uma forma mais equilibrada: o consciente com o inconsciente. Ela associa-se também com o Arcano 12, O Enforcado, mas agora o sacrifício já foi assimilado e integrado pela consciência com equilíbrio. O ego já tem estrutura e se encontra em uma relação saudável com o *Self*.

No Tarô de Marselha, a cor vermelha que aparece na carta tem relação com a Kundalini e com O Louco, com a serpente, com a libido e com a força instintual. Quando chegamos ao Arcano O Mundo, já podemos falar da sexualidade como transcendência. A cor azul fala da espiritualidade e da comunicação (cor do chacra laríngeo). O amarelo está associado com a consciência adquirida nesse momento da viagem.

A característica andrógena da figura da carta está relacionada com o casamento alquímico, *coniunctio* (conjunção), em que a união entre duas substâncias químicas (*hierosgamos*) acontece, propiciando o nascimento de uma terceira. Jung utilizava o termo conjunção para representar a integração consciente dos aspectos inconscientes da personalidade, levando a uma união destes, e a uma transformação e renovação da atitude do ego e da consciência.

O pé da mulher da carta que está apoiado no chão tem relação com o físico, com a matéria. O pé que está fora do chão é a comunicação com a Alma. É a matéria e a Alma se comunicando. O espaço criado entre a pessoa e a guirlanda é sagrado. O que tem significado fica dentro e o que está fora da guirlanda não tem ligação direta com a pessoa, mas com o mundo externo.

Em alguns Tarôs, a figura está totalmente nua, mas uma echarpe esconde o sexo. O sexo é o símbolo da nossa potência e não precisa ser mostrado o tempo todo. Essa carta é da dançarina, ela dança com si mesma. A guirlanda é constituída por coisas naturais que representam o cuidado que devemos ter com esse espaço sagrado. Esse espaço necessita ser sempre cuidado para florescer.

As quatro figuras que estão fora da guirlanda, que aparecem na maioria dos Tarôs, representam os quatro elementos da Natureza: o Leão representa o Fogo, a Intuição e o aspecto criativo, o Espírito encarnado. O Anjo representa o elemento Ar, a função psíquica do Pensamento e da Liberdade. A Águia representa a função Sentimento, o poder emocional, a capacidade de morte e de regeneração. E o Boi representa o elemento Terra, a função psíquica da sensação, e a capacidade de concretizar, a solidez, a segurança e a estabilidade.

Aqui temos um círculo (o espírito) dentro de um quadrado (a terra), simbolizando o poder celeste dentro de uma realidade terrena. Tudo contém o cosmo: o micro dentro do macro e o macro dentro do micro. Cada vez que temos uma experiência de O Mundo, voltamos para O Louco em um processo circular ascendente, até alcançarmos a totalidade da nossa consciência.

O Arcano O Mundo simboliza um caminho no qual os componentes do Plano Universal tornam-se manifestos, embora não sejam necessariamente compreensíveis. É importante dizer que, nessa carta, as energias estão todas equilibradas e presentes em sua plena expressão.

Do ponto de vista do misticismo prático, o Arcano O Universo ou O Mundo pode ser considerado a carta mais importante do Tarô, pois é o ponto no qual iniciamos o processo de exploração interior. É nesse ponto onde penetramos abruptamente numa realidade que pode ser, ao mesmo tempo, apavorante e tranquilizadora, porque boa parte do que encontramos nesse caminho foi produzida por nós mesmos (o que está dentro está fora). É nesse caminho que encontramos a consciência da nossa própria personalidade individual. Podemos dizer que essa é a iniciação do homem (microcosmo), em que ele encontra símbolos e ideias de uma consciência maior, começando a ver as coisas dentro de um quadro geral do universo (macrocosmo).

Esse é um caminho que só poderá ser percorrido com sucesso por aquele que começar a trazer sua personalidade para um equilíbrio, com base na percepção e na compreensão de si mesmo. Entretanto, quem não agir dessa maneira será atormentado por fantasmas produzidos por sua própria mente e, como consequência, terá as portas fechadas diante de si. Por outro lado, os que realmente aproveitarem suas experiências de vida encontrarão ajuda e encorajamento em todos os seus passos.

Quando sai num jogo, significa sucesso, realização, satisfação, união com o Todo, deixando para trás os véus da ilusão, libertando-se de situações inconscientes. Nessa carta, o salto de O Louco se completa com leveza e celebração. Temos aqui o fechamento de um ciclo, uma ampla renovação e uma síntese final que leva ao início de uma nova história. Traz conclusões de processos e a realização completa daquilo que se iniciou em O Mago.

Esta é uma fase de unificação com nossos sentimentos, simbolizando alegria, liberdade e leveza. Pode significar uma gravidez física ou de um novo projeto. Pode estar se referindo a um aborto físico, de uma ideia ou projeto, quando a carta sai no negativo, dependendo das cartas contíguas. Quando a pessoa se encontra em desequilíbrio, nas dificuldades, pode criar uma redoma em volta de si para não se relacionar com o resto do mundo, ficando na defensiva, fechada, sem perspectiva.

No plano afetivo, podemos falar de realização completa, de harmonia e de êxtase supremo. A relação atingiu seu clímax, podendo indicar a conclusão de uma história de amor ou sua transcendência, levando à necessidade de abertura para uma nova história. No lado negativo, pode mostrar uma atitude tremendamente passiva e acomodada na relação e, no positivo, mostra alguém totalmente realizado com seu par.

No plano material, fala da resolução de dificuldades financeiras, de realização no plano profissional e sucesso nos projetos. No plano espiritual, significa a entrada na dimensão cósmica, a transcendência do ego, evolução espiritual, proteção e contato com as forças cósmicas. Fala de uma saúde boa e estável ou indica um restabelecimento completo de uma doença, a cura. Pode indicar a necessidade de exames médicos e de uma conscientização do estado físico e psíquico da pessoa, sempre dependendo das cartas contíguas.

Significa completude, espontaneidade. O ser interno se torna livre, completo e feliz. Indica um momento de experiência com grupos, dizendo também que, em certos casos, a pessoa precisa se colocar mais na vida. Pode ainda indicar viagem para o estrangeiro ou necessidade de se estar mais aberto para se relacionar com o mundo. Perto da carta O Enforcado, fica muito forte a questão da gravidez ou da criação de algo novo. Perto de O Louco ou de O Carro, a questão relativa à viagem fica mais acentuada. Essa carta fala sempre da vida na totalidade e traz a pergunta: "O que eu quero preservar no meu Espaço Sagrado?"

Imagem: O Mundo, o Universo, a Totalidade, a Vida, o Reino, o Paraíso, *Anima Mundi*, a Dança, a Completude, a Realização, o Andrógeno, o Infinito no Finito, o Finito no Infinito, o Ser Divino no Humano, o Humano no Divino, o Espaço Sagrado.

Imagens Arquetípicas

| Tarô Mitológico | Tarô de Marselha | Tarô de Rider-Waite |

Afirmação para O Mundo: "Sou filho do universo. Estou seguro e certo do meu lugar no plano das coisas. Todas as minhas necessidades são atendidas" (DICKERMAN, 1998, p. 294).

O Mito de Hermafrodito

Aqui encontramos Hermafrodito que, na mitologia grega, era filho de Hermes e de Afrodite. Em uma versão da lenda, ele nasceu como um ser de duplo sexo, mas, em outra versão, essa dualidade ou unidade foi adquirida. Originalmente, Hermafrodito era uma criança do gênero masculino e, para esconder seu nascimento ilícito, Afrodite imediatamente o confiou às ninfas do Monte Ida, que o criaram na floresta.

Aos 15 anos, ele era um jovem selvagem, cujo principal prazer era caçar nos bosques das montanhas. Um dia ele chegou às margens de um lago límpido, cujo frescor convidativo fez com que ali se banhasse. A ninfa Salmácis, que governava o lago, apaixonou-se por ele. Ela declarou seu amor a Hermafrodito e o tímido jovem tentou rejeitá-la. Mas Salmácis o abraçou e o cobriu de beijos. Ele continuou resistindo, porém, a ninfa exclamou: "Ó deuses! Façam com que jamais algo me separe dele ou ele de mim!" Imediatamente, seus dois corpos foram unidos e se tornaram um só (mito baseado em BURKE; GREENE, 2007).

As perguntas do Mundo são:

Você já sabe quem é e o que quer?
Do que você mais necessita para se tornar íntegro(a)?
Você tem um olhar objetivo no que diz respeito à sua realização? O que lhe falta?
Como você pode preservar seu espaço sagrado?

Atividade

Colagem do arquétipo do seu Mundo (use uma folha de papel canson A4, 220 gramas, dividida ao meio).
Tema: Meu espaço sagrado.
Represente seu Arcano O Mundo por meio de recortes de revistas, podendo pintar, desenhar e colar materiais diversos (tecido, madeira, pedaço de jornal, papéis coloridos, etc.) e o que mais sua imaginação quiser.
Após a atividade, faça uma escrita criativa e intuitiva a seu respeito.
Dialogando com a colagem
Descreva a imagem que vê:
Quais os sentimentos ela lhe desperta?
Qual o caminho ela lhe indica?
A Imagem lhe diz:
Eu sou..
Eu quero...
Eu posso...
Eu vou..
Minha mensagem é..

O LOUCO RENASCIDO – ARCANO 22 –
A Criança Divina. Encontro com a
Essência. O Salto Quântico

Parabéns, você chegou! Sua viagem levou-o do nascimento à morte e à ressurreição. Você foi iniciado nos mistérios existentes dentro de si, usando símbolos para expressar e revelar suas verdades interiores, tendo um vislumbre de como funciona seu interior e suas potencialidades. Descobriu um lugar onde existe poder e sabedoria. Empenhou-se na busca do seu verdadeiro Eu, por meio das adversidades e da noite escura da alma. Sobreviveu às implacáveis tentativas de autossabotagem do seu ego. Encontrou sua sombra em O Diabo; deixou cair suas máscaras em A Torre; enfrentou seus medos em A Lua; reviu seu passado em O Julgamento; e conseguiu encerrar sua jornada em O Mundo, mais forte, mais sábio e mais equilibrado, com as forças internas e externas atuando juntas, tornando-o como você realmente é. Dessa forma, essa viagem levou-o ao longo do rio das suas emoções, na direção do oceano da sua mente, onde todas as perguntas começam e todas as suas respostas aguardam para serem descobertas em uma nova visão a partir desses novos conhecimentos.

Podemos também relacionar esse Arcano com o conto sufi "O Homem cuja História Era Inexplicável", do livro *Histórias da Tradição Sufi*. Esse conto nos fala de um homem chamado Mojud que vivia numa cidade onde conseguiu um emprego como funcionário público, o qual lhe dava estabilidade financeira, mas não realização pessoal. Certo dia, ele se deparou com uma aparição de um misterioso guia que o levou a abandonar seu emprego e tudo que tinha como seguro, a rasgar suas roupas e a lançar-se em um rio, sendo considerado louco por todos. Ninguém conseguia compreender essa sua atitude, no entanto, ele seguiu seu caminho com seus diversos desafios, aprendendo novos ofícios sempre com a orientação de seu guia que o direcionou à iluminação. Todos queriam compreender como foi que ele conseguiu chegar a esse ponto. "O que você fez em sua vida?", todos perguntavam. E ele respondeu: "Eu me atirei em um rio, me tornei pescador e, no meio de uma noite, abandonei uma cabana de junco. Depois disso, me converti em ajudante de um granjeiro. Enquanto estava ensacando lã, mudei de ideia e fui para Mosul, onde me tornei vendedor de peles. Lá economizei algum dinheiro, mas o dei. Caminhei para Samarcanda, onde trabalhei para um merceeiro. E aqui estou agora".

Como sua narrativa era tão fantástica, seus biógrafos tiveram de inventar uma nova para satisfazer a curiosidade de todos os que queriam conhecer a vida desse homem, cuja história era inexplicável.

Esse maravilhoso conto iniciático nos mostra que quando seguimos a voz interior, representada na figura do misterioso guia de Mojud, demonstrando desapego aos bens materiais, coragem para seguir os ditames da alma e confiança plena na existência, podemos alcançar a iluminação, dando o Salto Quântico.

Cada vez que você fizer uma viagem nas profundas águas da sua psique para enfrentar suas sombras e seus medos, será capaz de ir mais fundo e vislumbrar sua natureza divina que lhe trará inspiração. Permaneça centrado e, nesse equilíbrio, encontrará paz, sabedoria e compreensão para guiá-lo em sua jornada de vida.

Respire fundo, acalme sua mente e reserve um momento de introspecção para observar a vida de uma perspectiva mais calma e serena. Saboreie esse vislumbre de autoconhecimento, porque nesse instante você já sabe quem é e o que quer, e está realmente vivo e em harmonia consigo mesmo. Feche os olhos e traga para si este momento de visão e descobertas interiores, encontrando uma imagem que represente esse senso de autocompreensão e conserve-a consigo. Lembre-se de que o equilíbrio está no centro de A Roda, onde todas as polaridades se equilibram.

"Há o nascimento físico – todos passam por ele –, mas ele só nos dá o complexo corpo-mente, só nos dá uma oportunidade de nascer espiritualmente. A menos que ocorra o segundo nascimento, a pessoa não terá vivido de fato. A pessoa foi apenas uma oportunidade, uma semente, mas a semente não germinou, nunca se tornou uma árvore. A semente não viu a primavera, não floresceu, não exalou fragrância" (OSHO, 2006, p. 248).

Assim, redescobrindo a alegria de viver, você encontra seu chamado na desconstrução interna de tudo que o impede de experimentar sua natureza original ou sua verdadeira face, podendo ser transformado em um novo ser humano com uma nova consciência.

E, para que isso aconteça, é preciso passar por duas coisas: a primeira é a Morte – a morte do velho, do passado e da forma como viveu até agora. E a segunda é o Renascimento, ou o segundo nascimento, que simboliza o início de uma nova vida que passa a se expressar livremente no mundo.

Esse arquétipo nos convida a renascer seguindo em constante transformação. Isto não é apenas uma metáfora, de fato você entrou em uma nova e diferente fase de sua vida. Tenha consciência disso desligando-se do passado abrindo-se para as bênçãos que o momento presente lhe proporciona.

Conselho: Siga a voz do seu coração abrindo-se para novos começos, assumindo riscos, lançando-se rumo ao desconhecido, com confiança renovada no fluxo da vida.

Imagem: O Louco, o Andarilho, o Renascido, a Criança Divina, Alegria de Viver, a Face Original, Alto Potencial Criativo, Quebrando Regras e Tabus, Resgate do Pã, a Cura da Criança Interior, Chamado da Alma, Liberdade.

Afirmação para O Louco Renascido: "Eu aqui e agora descubro a alegria de viver, e renasço para uma nova vida plena e saudável" (REIS, Merath Elizabeth).

O Mito de Dioniso

Aqui, reencontramos o herói de nossa jornada sob a identidade de Dioniso, o misterioso deus grego, chamado de "O que Nasceu Duas Vezes". Dioniso era filho de Zeus, rei dos deuses, e de Sêmele, princesa de Tebas, porém mortal. A esposa imortal de Zeus, Hera, enfurecida com a infidelidade do marido, disfarçou-se de ama-seca e foi ter com Sêmele, ainda grávida, e persuadiu-a a pedir que o marido se mostrasse em todo o seu esplendor e glória divina. Zeus que prometera a Sêmele jamais lhe negar coisa alguma, assim o fez para satisfazê-la, e a princesa, não suportando a visão do deus circundado de clarões, tombou fulminada. Zeus apressou-se, então, a retirar a criança que ela gerava e ordenou que

Hermes, o mensageiro dos deuses, costurasse o bebê em sua própria coxa. Assim, ao terminar a gestação, Dioniso nasceu vivo e perfeito.

Contudo, Hera, não satisfeita, continuou a perseguir a estranha criança de chifres e ordenou aos Titãs, deuses terrenos, que matassem o menino, fazendo-o em pedaços. Mas novamente Zeus interferiu e conseguiu resgatar o coração da criança, que ainda batia. Colocou-o para cozinhar junto a sementes de romã, transformando tudo em uma poção mágica, a qual deu de beber para Perséfone, que acabara de ser raptada por Hades, deus do submundo, de quem se tornaria esposa. Perséfone engravidou e novamente Dioniso nasceu, renascido das trevas. Por esse motivo era chamado Dioniso-Iaco, "O que Nasceu Duas Vezes", deus da Luz e do Êxtase. Convocado por seu pai Zeus para viver na terra junto aos homens e compartilhar com eles as alegrias e o sofrimento dos mortais, Dioniso foi atingido pela loucura de Hera, indo perambular pelo mundo ao lado dos sátiros selvagens, dos loucos e dos animais. Deu à humanidade o vinho e suas bênçãos, e concedeu a redenção espiritual a todos os que decidiam abandonar e renunciar à riqueza e ao poder material. Por fim, seu pai celestial, Zeus, permitiu-lhe retornar ao Olimpo, onde tomou seu lugar à direita do rei deuses (mito baseado em BURKE; GREENE, 2007).

As perguntas do Louco Renascido são:
Como você pode renascer para a vida?
O que faz você feliz?
O que sua essência quer manifestar?

Colagem do arquétipo do seu Louco Renascido (use uma folha de papel canson A4, 220 gramas, dividida ao meio).
Tema: Meu Louco Renascido.
Represente seu Arcano O Louco Renascido por meio de recortes de revistas, podendo pintar, desenhar e colar materiais diversos (tecido, madeira, pedaço de jornal, papéis coloridos, etc.) e o que mais sua imaginação quiser.
Após a atividade, faça uma escrita criativa e intuitiva a seu respeito.

Dialogando com a colagem

Descreva a imagem que vê:
Quais os sentimentos ela lhe desperta?
Qual o caminho ela lhe indica?
A Imagem lhe diz:
Eu sou..
Eu quero...
Eu posso...
Eu vou..
Minha mensagem é...

Assim, usando a criatividade, a inventividade e a intuição na colagem e na escrita, utilizando a tesoura como pincel, vamos escolhendo as imagens, recortando e colando, reunindo seus fragmentos para desvelar e compor nossas manifestações artísticas tornando mais fluida a expressão dos nossos sentimentos, ajudando na integração dos conteúdos inconscientes, podendo funcionar como meio de diagnóstico.

Conclusão

E para a conclusão da nossa jornada, após as 23 colagens dos Arcanos Maiores, pedimos faça um breve relato a respeito do seu processo, e quais as percepções mais importantes que você teve a respeito de si, de suas dificuldades e formas de superá-las. Terminamos com as seguintes perguntas: Quem sou eu agora? O que eu quero continuar escrevendo no livro da minha vida?

Reflexão Final

Os mitos são considerados relatos de uma história verdadeira que teria ocorrido desde o início dos tempos, que explica pela ação de seres sobrenaturais a criação do mundo e da vida. Portanto, podemos dizer que a Verdade teve de se disfarçar para ser aceita pelos homens. E para ilustrar essa concepção, contaremos uma história, que se chama "Uma Fábula sobre a Fábula", baseada no livro *Caldeirão de Histórias*, de Priscila Camargo.

Conta-se que, um dia, a Verdade resolveu conhecer um grande palácio onde morava um poderoso sultão. Vestiu-se com uma roupa diáfana e transparente, indo bater às portas do rico palácio. Ao ver aquela linda mulher, toda transparente e quase nua, o chefe dos guardas perguntou-lhe: "Quem é você?" "Sou a Verdade", respondeu a mulher. "Quero falar com o sultão." Zeloso pela segurança do palácio, o chefe dos guardas foi consultar o grão-vizir: "Senhor, está aí uma mulher desconhecida que quer falar com o sultão. Ela se chama Verdade". "Verdade!", exclamou o grão-vizir. "A Verdade quer entrar no palácio? Não, a Verdade não pode entrar aqui." Então, o chefe da guarda levou o recado do grão-vizir, dizendo: "Minha filha, a Verdade não pode entrar aqui. Você, assim, quase nua, poderia ofender o sultão". A Verdade então se vestiu com peles e pelos grosseiros de animais e, assim, disfarçada, foi bater novamente às portas do palácio. O chefe dos guardas perguntou-lhe: "Quem é você?" "Sou a Sinceridade e quero falar com o sultão." O chefe dos guardas foi novamente consultar o grão-vizir, dizendo haver outra mulher no portão, grosseiramente vestida, querendo falar com o sultão. Ela chama-se Sinceridade. "A Sinceridade quer entrar neste palácio!", exclamou o grão-vizir aterrorizado. "Diga-lhe que a Sinceridade não pode entrar." Voltou então o chefe da guarda e disse à Verdade: "Minha filha, a Sinceridade não poderá entrar neste palácio. Você vestida com essas roupas grosseiras poderia assustar nosso sultão". A Verdade então se vestiu como uma princesa, colocou um belíssimo vestido de seda, enfeitou-se com joias e pedras preciosas e, assim, foi bater novamente à porta do grande palácio. Ao ver aquela encantadora mulher, o chefe da guarda perguntou-lhe: "Quem é você?" "Sou a Fábula e quero falar com o sultão", respondeu a Verdade com uma voz meiga e delicada. Novamente, o chefe dos guardas correu para consultar o grão-vizir: "Senhor, está aí no portão uma encantadora mulher que diz se chamar Fábula". "Fábula!", exclamou o grão-vizir cheio de alegria. "Bendita seja a encantadora Fábula que quer entrar neste palácio! Quero que a Fábula seja recebida como uma verdadeira rainha". E foi assim, disfarçada de Fábula, que a Verdade conseguiu entrar no rico palácio e ser recebida pelo grande sultão.

Dessa forma, podemos dizer que os mitos e os contos expressam verdades simbolicamente reveladas.

Observações importantes

O resumo dos Arcanos Maiores é disponibilizado para que os participantes do nosso curso/jornada terapêutica possam colocar as palavras-chave no próprio jogo de Tarô realizado em cada fase deste percurso, com a orientação da facilitadora e com a contextualização do momento atual da pessoa. Desse modo, o indivíduo pode desenvolver a intuição, colaborando para o processo de autoconhecimento. Os jogos apresentados nessa jornada que facilitamos há mais de uma década promovem o autoconhecimento e evidenciam o conceito junguiano de sincronicidade.

Esta jornada/curso pode ser realizada com ou sem a ajuda dos Jogos Terapêuticos. Podemos manter a sequência da jornada, bem como escolher um ou mais Arcanos para trabalhar a necessidade do momento presente. Cada pessoa vai utilizar sua capacidade de criação para se beneficiar dessas vivências, e usá-las em seu *setting* terapêutico para benefício de seus clientes.

Todas as aulas são acompanhadas de imagens para pintar, apostilas e mitos e/ou contos relativos a cada um dos Arcanos Maiores.

Considerações Finais

Os Arcanos Maiores nos contam uma história simbólica a respeito do nosso inconsciente, e nos apontam o caminho da individuação ou processo de evolução interior e, consequentemente, exterior, propiciando novas atitudes e mudanças comportamentais benéficas. Compreender os arquétipos presentes em cada lâmina ou cartas do Tarô é entender as várias partes de si mesmo e de sua jornada pessoal.

Os jogos terapêuticos aplicados nas práticas do curso/jornada terapêutica "O Tarô na Arteterapia e a Viagem do Herói/Heroína para o Autoconhecimento" elucidam a situação do momento, trazendo orientações das profundezas do inconsciente, servindo de espelho e de metáfora para explicar uma situação interna ou externa de vida, promovendo autoconhecimento e possibilidades de superação dos conflitos.

A partir dos símbolos presentes em cada Arcano Maior do Tarô, de mitos e contos a eles relacionados, das técnicas arteterapêuticas e de autoconhecimento, convidamos nossos participantes a refletirem sobre os padrões emocionais, expectativas e negligências vividas no momento presente. Por intermédio da autoanálise, levamos à revisão de valores e posturas adotados até então. O Tarô serve de bússola, mapa e estratégia neste caminho de autoconhecimento rumo à individuação, à autorrealização ou à iluminação.

O "Tarô na Arteterapia" pode beneficiar muito o processo de individuação. Por meio de todas as fases desse percurso e na amplificação de seus símbolos, vamos interagindo com os conteúdos inconscientes para integrá-los à consciência, facilitando a função transcendente, que produz instantaneamente a união desses opostos dentro da psique. E a partir da união dessas polaridades (*yin* e *yang*, masculino e feminino, consciente e inconsciente) podemos viver a totalidade, no aqui e agora, resgatando a identidade, a autonomia e harmonia das emoções, tendo como meta a individuação.

Podemos concluir que nós, seres humanos, somos constituídos por símbolos, sendo estes ligados a um centro regulador (o *Self*) com um único propósito: nossa individuação. E que a consciência está em constante movimento e transformação para nossa evolução, sempre inserida no contexto histórico e cultural de que fazemos parte. Nossa personalidade (consciente e inconsciente), que inclui o ego, os complexos, os instintos, os arquétipos e demais elementos da psique, é regulada pelo *Self* ou Si-Mesmo, que funciona como uma espécie de maestro que mantém a orquestra afinada em cada um de nós, em uma melodia única durante toda a trajetória de nossas vidas.

Referências Bibliográficas

ALT, Cleide Becarini. *Contos de Fadas e Mitos*. São Paulo: Vetor, 2000.
ANDERSEN, Hans Christian. *Contos de Andersen*. São Paulo: Paulus,1996.
BANZHAF, Hajo. *Simbolismo e o Significado dos Números*. São Paulo: Pensamento, 2009.
BARTLEETT, Sarah. *A Bíblia do Tarô*. São Paulo: Pensamento, 2011.
BERNARDO, Patrícia Pinna. *A Amarelinha como Árvore da Vida*. São Paulo: Arterapinna Editorial, 2014.
BETTELHEIM, Bruno. *A Psicanálise dos Contos de Fadas*. 21.ed. São Paulo: Paz e Terra, 2007.
BOLEN, Jean Shinoda. *As Deusas e a Mulher*. 9. ed. São Paulo: Paulus, 2009.
_____. *Os Deuses e o Homem*. São Paulo: Paulus, 2002.
BONAVENTURE, Jette. *O que Conta o Conto*. 3. ed. São Paulo: Paulus, 1992.
BRANDÃO, Junito de Souza. *Mitologia Grega*. Petrópolis: Vozes, 1986. v. 1.
BURKE, Juliet Sharman; GREENE, Liz. *O Tarô Mitológico*. São Paulo: Madras Editora, 2007.
_____. *Uma Viagem Através dos Mitos*. Rio de Janeiro: Jorge Zahar, 2001.
BYINGTON Carlos. *Desenvolvimento da Personalidade*. São Paulo: Ática, 1987.
_____. Dimensões Simbólicas da Personalidade. São Paulo: Ática, 1988.
CAMARGO, Priscila. *Caldeirão de Histórias*. Rio de Janeiro: Rocco, 2004.
CAMPBELL, Joseph. *O Poder do Mito*. São Paulo: Palas Atena, 1991.
_____. *O Herói de Mil Faces*. São Paulo: Pensamento, 2007.
CHINEN, Alan B. ...*E Foram Felizes para Sempre*. São Paulo: Cultrix, 1997.
DICKERMAN, Alexandra Collins. *A Aventura da Autodescoberta*. São Paulo: Cultrix, 1998.

DINIZ, Lígia (org.). *Mitos e Arquétipos na Arteterapia*. 2.ed. Rio de Janeiro: Wak, 2014.
ESTÉS, Clarissa Pinkola. *Mulheres que Correm com os Lobos*. Rio de Janeiro: Rocco, 1994.
FRANZ, Marie-Louise von. *A Interpretação dos Contos de Fada*. 2. ed. São Paulo: Paulus, 1990.
_____. O Significado dos Motivos de Redenção nos Contos de Fadas. 9. ed. São Paulo: Pensamento,1993.
FURTH, Gregg M.*O Mundo Secreto dos Desenhos*. 3. ed. São Paulo: Paulus, 2009.
GODO, Carlos. *O Tarô de Marselha*. 28. ed. São Paulo: Pensamento, 2006.
GRILLO, Nísia de Queiroz (coord.). *Histórias da Tradição Sufi*. Rio de Janeiro: Edições Dervich, 1993.
GRIMM, Jakob. *Os Contos de Grimm*. 6. ed. São Paulo: Paulus,1989.
GRINBERG, Luiz Paulo. *Jung: o Homem Criativo*. São Paulo: FTD, 1997.
HOLLIS, James. *A Passagem do Meio*. 2. ed. São Paulo: Paulus, 1995.
JUNG, Carl Gustav. *O Homem e Seus Símbolos*. Rio de Janeiro: Nova Fronteira, 1977.
_____. Os Arquétipos e o Inconsciente Coletivo. Petrópolis: Vozes, 2000.
_____. *Psicologia e Alquimia*. 6. ed. Petrópolis: Vozes, 2012.
_____. *O Desenvolvimento da Personalidade*. 8. ed. Petrópolis: Vozes, 2002.
_____. *A Natureza da Psique*. Petrópolis: Vozes, 1984.
_____. *Sincronicidade*. 21. ed. Petrópolis: Vozes, 2014.
LERNER, Isha; LERNER, Mark. *O Tarô da Criança Interior*. 13.ed. São Paulo: Cultrix, 2008.
NICHOLS, Sallie. *Jung e o Tarô*. São Paulo: Cultrix, 1988.
OSHO.*O Tarô Zen*. 7. ed. São Paulo: Cultrix, 2006.
_____. *Meditações para a Noite*. São Paulo: Verus Editora, 2006).
PAÏN, Sara; JARREAU, Gladys. *Teoria e Técnica da Arteterapia*. Porto Alegre: Artmed, 2001.

PHILIP, Neil. *A Volta ao Mundo em 52 Histórias*. São Paulo: Companhia das Letrinhas, 1998.
PHILIPPINI, Angela. *Cartografias da Coragem:* Rotas em Arteterapia. Rio de Janeiro: Clínica Pomar, 2000.
_____Linguagens e Materiais Expressivos em Arteterapia: Uso, indicações e propriedades. Rio de Janeiro, Wak Editora, 2009.
PRAMAD, Veet. *Curso de Tarô e Seu Uso Terapêutico*. São Paulo: Madras Editora, 2003.
RODRIGUES, Maria Celeste. *Tarô, uma Proposta de Vida*. Rio de Janeiro: Mauad; Bapera, 2006.
SAMS, Jamie. *As Cartas do Caminho Sagrado*. Rio de Janeiro: Rocco, 1993.
SILVEIRA, Nise da. *Jung*: Vida e Obra.17. ed. Rio de Janeiro: Paz e Terra, 1997.
VÁRIOS AUTORES. *Revista Arteterapia*, Rio de Janeiro: Clínica Pomar, v. 8, n. 8, 2001 (Coleção Imagens da Transformação).
VÁRIOS AUTORES. *Revista Arteterapia*, Rio de Janeiro: Clínica Pomar, v. 5, n. 5, 1998 (Coleção Imagens da Transformação).
VIVARTA, Veet. *O Caminho do Mago*. Rio de Janeiro: Francisco Alves Editora,1996.
WAITE, Arthur Eduard. *Rider Tarot*. U.S. Games Systems, Inc., 1971.
WANG, Robert. *O Tarô Cabalístico*. 10.ed. São Paulo: Pensamento, 1998.
WOLFF, Patrícia Rae. *O Duende da Ponte*. São Paulo: Brinque-Book, 1999.
ZAHCK, Aiyan. *Como Utilizar os Cristais – A Relação Mágica e Terapêutica entre os Cristais e o Tarô*. 3 ed. São Paulo: Madras Editora, 1999.